橘黄色的浪潮
印度国民志愿服务团研究

THE SAFFRON WAVE
A STUDY ON RASHTRIYA SWAYAMSEVAK SANGH

王凯 著

中国社会科学出版社

图书在版编目（CIP）数据

橘黄色的浪潮：印度国民志愿服务团研究／王凯著．—北京：中国社会科学出版社，2023.5

ISBN 978-7-5227-1604-6

Ⅰ.①橘⋯　Ⅱ.①王⋯　Ⅲ.①志愿者—社会服务—研究—印度　Ⅳ.①D735.183

中国国家版本馆 CIP 数据核字（2023）第 067082 号

出 版 人	赵剑英
责任编辑	赵　丽
责任校对	杨　林
责任印制	王　超

出　　版	中国社会科学出版社
社　　址	北京鼓楼西大街甲 158 号
邮　　编	100720
网　　址	http://www.csspw.cn
发 行 部	010-84083685
门 市 部	010-84029450
经　　销	新华书店及其他书店

印刷装订	三河市华骏印务包装有限公司
版　　次	2023 年 5 月第 1 版
印　　次	2023 年 5 月第 1 次印刷

开　　本	710×1000　1/16
印　　张	15.5
插　　页	2
字　　数	258 千字
定　　价	85.00 元

凡购买中国社会科学出版社图书，如有质量问题请与本社营销中心联系调换
电话：010-84083683
版权所有　侵权必究

前　言

　　印度国民志愿服务团（Rashtriya Swayamsevak Sangh，RSS）成立于1925年，是右翼的印度教民族主义组织，在历史上先后三次被政府取缔，目前已成为印度最大的非政府组织。国民志愿服务团和众多分支组织形成了规模庞大的团家族，深度嵌入印度政治、经济、社会、宗教和文化等领域，同时，还设有诸多海外分支组织。国民志愿服务团是印度人民党的意识形态母体，深刻影响着印度的社会政治发展。因此，国民志愿服务团如何参与并影响印度社会政治发展是值得深入探讨的研究问题，具体可拆分为国民志愿服务团如何产生和发展壮大，在不同历史时期如何参与印度政治过程，印度人民党执政时期该组织对印度内政和外交影响三个子问题。

　　国民志愿服务团脱胎于印度教民族主义运动，以复兴印度教文化和建设印度教国家为目标，试图通过社会运动实现社会变革。因此，国民志愿服务团本质上是一个社会运动组织。政治机会、资源动员和框架建构是影响社会运动产生与发展的三大核心要素。政治机会决定社会运动的产生和运动形式，资源动员影响组织运行和动员效果，框架建构则聚焦观念塑造和目标认同，三者存在相互作用的关系。因此，采用包括上述三大要素的整合性解释框架，有助于加深对社会运动的分析和理解。

　　自成立以来，国民志愿服务团先后经历了组织成立与发展建设初期、组织转型与团家族形成时期、激进主义与政治崛起时期，依靠社会运动不断发展壮大，深度参与印度的政治过程。从政治机会来看，国民志愿服务团根据政治机会选择相应发展路径，不断调整运动形式。同时，采取多种行动策略扩大政治机会。从资源动员来看，国民志愿服务团根据资源动员需求，逐步完善组织和制度建设，在各领域成立分支组织。同时，通过大规模社会运动巩固和扩大社会基础。从框架建构来看，国民志愿服务团坚持印度教民族主义的叙事话语体系，形成以"反穆斯林"为核心的框架建构基础，不断操纵印度教民族主义议题，强化印度教身份认同。

社会运动与政党特别是执政党的关系，是衡量社会运动对一国政府决策和内政外交影响的重要因素。20世纪90年代以来，印度人民党先后两次执政。瓦杰帕伊政府时期，印度人民党与国民志愿服务团产生矛盾分歧，二者合作关系破裂导致制度化政治渠道的有效性降低。因此，国民志愿服务团对印度政府决策以及内政外交的影响比较有限。莫迪政府时期，印度人民党与国民志愿服务团关系经历磨合调整，形成在政治和文化领域的共生关系，制度化政治渠道的有效性迅速提升。因此，国民志愿服务团深刻影响着印度政府决策以及内政外交。

国民志愿服务团和印度人民党直接推动印度教民族主义复兴并迅速向教育文化等领域扩散，使之逐渐上升为印度国内主流意识形态，穆斯林等宗教少数群体的地位日益边缘化，印度世俗民主的政治基础受到严重侵蚀。同时，国民志愿服务团的地缘政治思想塑造了印度人民党政府的安全和外交战略思维，二者紧密合作，深刻影响着当代印度外交决策。特别是莫迪执政以来，印度的外交政策立场日趋激进强硬，导致印巴对立冲突有所加剧，南亚地区局势不稳定因素增多。另外，国民志愿服务团长期坚持对华敌对态度，使得印度对华政策的竞争性和冒险性显著增强，可以预期中印关系将面临很大的不确定性。

目 录

导 论 …………………………………………………………… (1)
    一　问题的提出 …………………………………………… (2)
    二　文献综述 ……………………………………………… (3)
    三　研究思路与方法 ……………………………………… (13)
    四　研究价值与创新之处 ………………………………… (16)
    五　主要内容与结构安排 ………………………………… (19)

第一章　基于社会运动理论的解释框架 ……………………… (21)
    第一节　社会运动研究的基本脉络 ……………………… (21)
    第二节　社会运动的概念与三大要素 …………………… (25)
    第三节　一个整合性的解释框架 ………………………… (34)

第二章　国民志愿服务团的历史与现状概述 ………………… (39)
    第一节　国民志愿服务团的基本情况 …………………… (39)
    第二节　组织运行与主要分支 …………………………… (49)

第三章　组织成立与发展建设初期 …………………………… (59)
    第一节　有限政治机会与初期发展路径 ………………… (59)
    第二节　组织运行基础与资源动员模式 ………………… (68)
    第三节　印度教民族主义话语与框架建构基础 ………… (77)
    本章小结 …………………………………………………… (85)

第四章　组织转型与团家族形成时期 ……………………………… (88)
第一节　正式参与政治与争取政治机会 …………………………… (88)
第二节　团家族的形成与大规模社会动员 ………………………… (101)
第三节　框架建构的延续调整与聚焦核心议题 …………………… (115)
本章小结 ……………………………………………………………… (126)

第五章　激进主义与政治崛起时期 ……………………………………… (129)
第一节　行动策略调整与政治机会的扩大 ………………………… (129)
第二节　宗教政治动员与印度人民党的迅速崛起 ………………… (138)
第三节　强化印度教身份认同与对抗反框架建构 ………………… (150)
本章小结 ……………………………………………………………… (162)

第六章　印度人民党执政时期国民志愿服务团对内政外交的影响 ……………………………………………………………… (165)
第一节　瓦杰帕伊政府时期 ………………………………………… (166)
第二节　莫迪政府时期 ……………………………………………… (183)
第三节　国民志愿服务团影响政府决策的机制分析 ……………… (210)
本章小结 ……………………………………………………………… (214)

结　论 ……………………………………………………………………… (216)

参考文献 …………………………………………………………………… (226)

后　记 ……………………………………………………………………… (240)

导　　论

　　2014年5月，莫迪领导的印度人民党以绝对多数赢得第16届大选，结束了印度政局近30年的悬浮议会状态。莫迪执政以来，印度国内社会政治环境发生了重要变化，以印度教特性为核心的印度教民族主义强势崛起，在很大程度上主导了印度政治运行和发展的走向。与此同时，印度社会、文化和教育等公共领域的橘黄色化趋势也不断加剧，掀起了一场强劲的橘黄色浪潮。[①] 长期占据主导地位的世俗主义原则受到巨大冲击，印度教民族主义正逐渐成为印度国内的主流意识形态。

　　国内政治的深刻变化往往会外溢并影响国家的外交战略和政策，因此，对一国外交战略和政策的分析需要以国内政治为前提，并从中寻找解释和答案。莫迪执政以来，印度寻求大国地位的预期目标从平衡性大国升级为领导性强国，积极强化与世界主要大国的战略关系。同时，印度的外交立场较以往也更加强势和激进，尤其体现在对中国的示强外交。[②] 印度外交行为逻辑的变化既有国内印度教民族主义情绪高涨的外溢影响，也有莫迪强人政治的领导人因素，但根源仍是印度国内社会政治的变化，推动了印度人民党迅速崛起以及莫迪上台执政。印度的社会结构极具复杂性，政治领袖和政党背后往往存在着规模庞大的社会力量。因此，对当代印度政治运行和发展的分析，需要深入挖掘莫迪和印度人民党背后的社会力量。

　　[①] 橘黄色（Saffron）是印度教的标识颜色，学界通常把印度教民族主义对印度社会政治的渗透和影响称为橘黄色化（Saffronisation）。
　　[②] 胡仕胜、王珏：《印度对华示强外交的行为逻辑》，《现代国际关系》2020年第7期。

一　问题的提出

随着莫迪和印度人民党的执政，作为印度国内最大的非政府组织，印度国民志愿服务团（Rashtriya Swayamsevak Sangh，RSS）受到的关注程度迅速提升。[①] 一方面，印度人民党的前身是国民志愿服务团的政治分支组织，莫迪和内政部部长阿米特·沙阿（Amit Shah）等政府高层领导人均出身于国民志愿服务团。另一方面，大量具有国民志愿服务团背景的人员担任政府内阁成员、邦政府首席部长以及主要教育文化机构的负责人。因此，印度人民党和莫迪政府具有浓厚的国民志愿服务团底色。此外，印度人民党与国民志愿服务团紧密关系的背后还存在着一个规模更为庞大的社会网络，即以国民志愿服务团为核心、由众多分支组织构成的团家族。团家族网络深入印度政治、经济、文化、宗教、教育、医疗卫生等各领域，在政党、学生、工人、农民、妇女和部落等社会阶层中均设有分支组织，正在成为深刻影响当代印度社会政治发展的"深层国家"。

国民志愿服务团成立于1925年，以团结印度教社会，复兴印度教文化，重建印度教国家为最高愿景。尽管国民志愿服务团宣称是文化组织，但该组织在近百年的发展过程中创立了众多分支组织并逐步壮大，深度参与并影响着印度的社会政治发展过程。无论是英国殖民时期，还是国大党统治时期，国民志愿服务团始终作为政治体系潜在挑战者的角色而存在，先后三次被国大党政府取缔。此外，脱胎于国民志愿服务团的印度人民党一直致力于成为国大党的替代者，从20世纪80年代以来开始迅速崛起。在一定程度上，如果说"尼赫鲁—甘地"家族领导的国大党代表了印度社会政治发展的主线，国民志愿服务团和印度人民党则代表了另外一条平行线。前者践行西式民主的精英政治路线，后者则带有本土印度教和草根阶层动员的底色。

莫迪执政以来，国民志愿服务团开始更多地参与和影响政府的决策过程，与印度人民党的关系也更加紧密和公开化。国民志愿服务团和印度人民党定期举行政策协调会议，团家族各分支组织的代表就重要的政策议题

[①] 为表述简洁，本书将统一使用"国民志愿服务团"指代"印度国民志愿服务团"。

集体讨论。可以说，国民志愿服务团在一定程度上扮演了政府顾问甚至导师的角色，与印度人民党逐步形成了在文化与政治领域分工合作的共生关系。《印度快报》记者西拉·巴特（Sheela Bhatt）指出，莫迪政府有两个权力中心，一个是总理办公室，另一个是位于那格浦尔（Nagpur）的国民志愿服务团总部。因此，对当代印度社会政治发展以及莫迪政府内政外交决策的分析判断，有必要对国民志愿服务团进行系统深入的研究。鉴于此，本书拟提出并尝试解决的核心问题是：国民志愿服务团是如何参与并影响印度社会政治发展的？具体包括三个子问题：第一，国民志愿服务团是如何产生并发展壮大的？第二，国民志愿服务团在不同历史时期是如何参与印度政治过程的？第三，印度人民党执政时期国民志愿服务团对内政和外交产生了怎样的影响？

二　文献综述

目前，学界关于国民志愿服务团的研究以印度和欧美国家为主，中国国内的相关研究仍较为缺乏。本书将主要以时间为线索，分别从印度、欧美国家和中国学界针对国民志愿服务团的研究进行文献回顾，分析既有研究已解决的问题和主要贡献，并在此基础上指出不足之处和进一步的研究空间。

（一）印度国内的研究现状

印度国内关于国民志愿服务团的研究成果比较丰富，主要可以分为两类：一类是印度大学、研究机构以及新闻媒体人员的研究文献，该类研究主要从印度国内政治、政党政治和印度教民族主义等角度切入，使用的资料数据和经验案例较为扎实丰富，具有较高的学理价值，对本书具有较大的参考和借鉴意义。另一类是国民志愿服务团和团家族成员的研究文献，该类研究的优势是掌握了大量的内部资料信息，包括非正式的谈话、会议记录等第一手资料，资料内容十分丰富。尽管该类研究带有一定的主观立场，但对于深入了解国民志愿服务团的组织结构、运行方式和决策过程等具有较大的帮助。

印度国内关于国民志愿服务团的早期文献主要分为两类：一类是国民

志愿服务团和团家族组织的出版物，宣传色彩较为浓厚。① 另一类则是左翼政党等批判国民志愿服务团的文献资料，通常将其指控为教派主义和法西斯组织。② 上述文献主要介绍了国民志愿服务团的意识形态、组织运行、宣传方式和资金来源等内容。然而，整体上关于国民志愿服务团的专门学术性研究十分有限。根据笔者所掌握的资料，印度学界针对国民志愿服务团的专门研究始于 20 世纪 70 年代，1979 年戈亚尔出版专著《印度国民志愿服务团》，阐述了该组织的成立背景、最高领袖、组织发展、参与政治过程以及制造教派冲突事件等内容，该书是印度国内首部系统介绍和研究国民志愿服务团的著作，奠定了相关研究的早期基础。③

进入 20 世纪 80 年代，印度国内的社会政治环境发生了重要转变，印度教民族主义开始迅速复兴。1984 年，团家族成员组织世界印度教大会发起罗摩出生地运动，印度人民党依靠国民志愿服务团和团家族的动员支持迅速崛起。以 1992 年阿约迪亚事件为标志，国民志愿服务团在印度社会政治发展中留下了深刻且持久的烙印。随着 20 世纪 90 年代中后期印度人民党的迅速崛起和执政，印度国内集中出现了较多关于印度人民党和国民志愿服务团的研究文献，比较有代表性的学者有帕萨·戈士和巴姆博里。④ 两位学者均强调了国民志愿服务团和世界印度教大会在印度人民党发展崛起中的重要作用，同时还重点分析了印度教特性意识形态对印度人民党政治议程和决策的影响。然而，上述研究的重点是分析 20 世纪 80—

---

① 国民志愿服务团在早期发展中不注重甚至避免对外宣传，因此，公开的出版物较少。相关出版物主要出现在 20 世纪 70 年代之后，参见 Jagat S. Bright, *Guruji Golwalkar & R. S. S.: India's Man of Destiny and His Mighty Movement*, New Delhi: New India Publishing, 1972; Rashtriya Swayamsevak Sangh, *RSS: A Bird's Eye View*, Banglore: Prakashan Vibhag, 1978; Balasahab Deoras, *Hindu Sangathan: The Need of the Nation*, New Delhi: Suruchi Sahitya, 1979。

② 参见 Govind Sahai, *R. S. S.: Ideology, Technique, Propaganda*, Delhi: Naya Hindustan Press, 1956; Subhadra Joshi ed., *RSS: A Danger to Democracy*, New Delhi: Sampradayikta Virodhi Committee, 1967; Ram Lall Dhooria, *I Was a Swayamsevak: An Inside View of The RSS*, New Delhi: Sampradayikta Virodhi Committee, 1969; Eklavya, *How RSS Is Financed*, New Delhi: Sampradayikta Virodhi Committee, 1971; K. L. Mahendra, *Defeat the RSS Fascist Designs*, New Delhi: Communist Party Publication, 1977。

③ D. R. Goyal, *Rashtriya Swayamsevak Sangh*, New Delhi: Radhakrishna Prakashan, 1979.

④ 参见 Yogendra K. Malik and V. B. Singh, *Hindu Nationalism in India: The Rise of Bharatiya Janata Party*, New Delhi: Vistaarr, 1994; Partha S. Ghosh, *BJP and the Evolution of Hindu Nationalism: From Periphery to Centre*, New Delhi: Manohar, 1999; C. P. Bhambhri, *Bharatiya Janata Party: Periphery to Centre*, New Delhi: Shipra Publications, 2001。

90年代印度人民党的崛起过程，阐述了国民志愿服务团对印度人民党的竞选动员支持，但没有对国民志愿服务团以及与印度人民党的关系进行针对性的研究。

2000年，努拉尼出版专著《印度国民志愿服务团和印度人民党：分工与合作》，该书重点关注印度人民党与国民志愿服务团及团家族的关系，指出印度人民党与国民志愿服务团形成了一种分工合作的关系。[①] 努拉尼从国民志愿服务团与印度人民党的互动关系进行分析，对于理解团家族的内部协调提供了有益的思路。2002年，普拉雷·卡努戈出版专著《印度国民志愿服务团的政治密谋：从海德格瓦到苏达山》。[②] 卡努戈对国民志愿服务团的产生和发展、组织运行和意识形态进行系统性梳理，同时，重点分析了1925年成立至20世纪末，国民志愿服务团如何参与印度政治过程并争取政治权力。他指出，国民志愿服务团的最终目标不是获得政治权力，而是重建由印度教统治的印度教国家。卡努戈关于国民志愿服务团参与和影响印度政治过程的研究视角，对后续研究有着很大的启发性。2006年，莎苏尔·伊斯拉姆出版专著《印度教民族主义的宗教维度：针对印度国民志愿服务团的研究》，[③] 该书从印度教民族主义的视角出发，对国民志愿服务团的产生和发展、意识形态和政治参与进行了较为系统的研究。

2014年莫迪和印度人民党执政以来，印度国内再次集中出现了较多关于国民志愿服务团和印度人民党的研究文献。2014年，金舒克·纳格发表专著《橘黄色的潮流：印度人民党的崛起》，该书分析了国民志愿服务团对印度人民党崛起和执政的重要作用，标志着印度媒体界对国民志愿服务团关注和研究的提升。[④] 2017年，苏切特拉·库尔卡尼发表专著《国民志愿服务团与印度人民党的共生关系：在文化与政治的风口浪尖》。[⑤]

[①] A. G. Noorani, *The RSS and The BJP: A Division of Labour*, New Delhi: Left Word, 2000.

[②] Pralay Kanungo, *RSS's Tryst with Politics: From Hedgwar to Sudarshan*, New Delhi: Manohar, 2017.

[③] Shamsul Islam, *Religious Dimensions of Indian Nationalism: A Study of RSS*, New Delhi: Media House, 2006.

[④] Kingshuk Nag, *The Saffron Tide: The Rise of The BJP*, New Delhi: Rupa Publications, 2014.

[⑤] Suchitra Kulkarni, *RSS-BJP Symbiosis: On the Cusp of Culture and Politics*, New Delhi: Prabhat Prakashan, 2017.

库尔卡尼认为,国民志愿服务团和印度人民党形成了一种在文化和政治领域的共生关系,尤其是 2014 年印度人民党执政以来,这种共生关系更加明显。二者的关系从最初国民志愿服务团对印度人民党的控制影响,到意识形态的分歧与磨合,最终过渡到了共生关系的新阶段。库尔卡尼的研究对分析当前国民志愿服务团与印度人民党、莫迪政府的政策协调提供了新的思路。2018 年,萨巴·纳克维出版《橘黄色的阴影:从瓦杰帕伊到莫迪》一书,[1] 将印度人民党的两次执政时期进行了比较分析。她指出,瓦杰帕伊和莫迪政府时期,国民志愿服务团对印度人民党和政府的影响不同,瓦杰帕伊尝试与国民志愿服务团保持距离,放弃有争议的印度教民族主义议题,二者存在分歧矛盾。而莫迪政府时期二者关系较为融洽,国民志愿服务团能够更多地参与和影响政府的决策过程,不断推进印度教民族主义议题,与印度人民党的关系也更加公开化。将瓦杰帕伊和莫迪政府进行比较分析,有助于认识国民志愿服务团与印度人民党关系的变化以及对政府决策的不同影响。2019 年,努拉尼出版专著《国民志愿服务团:印度之毒》,[2] 系统梳理了国民志愿服务团自 1925 年成立至莫迪执政的发展过程。努拉尼以印度政治发展的重要节点为线索,系统分析了国民志愿服务团对印度社会政治发展的影响。他指出,尽管国民志愿服务团的政治影响力十分可观,但对印度民主制度也造成了巨大破坏。2020 年,迪尼斯·纳拉亚南出版《印度国民志愿服务团与深层国家的形成》一书,[3] 纳拉亚南将国民志愿服务团视为印度的"深层国家",体现了国民志愿服务团和团家族对当代印度社会政治发展的深刻影响。

此外,笔者对 20 世纪 90 年代以来国民志愿服务团成员的代表性研究进行简要回顾。1998 年,帕萨·巴纳吉出版《野兽的腹中之物——印度的印度教极端主义势力:国民志愿服务团与印度人民党》一书,[4] 对于了

---

[1] Saba Naqvi, *Shades of Saffron: From Vajpayee to Modi*, New Delhi: Westland Publications, 2018.

[2] A. G. Noorani, *The RSS: A Menace to India*, New Delhi: LeftWord Books, 2019.

[3] Dinesh Narayanan, *The RSS and the Making of the Deep Nation*, New Delhi: Penguin Viking, 2020.

[4] Partha Banerjee, *In the Belly of the Beast: The Hindu Supremacist RSS and BJP of India an Insider's Story*, New Delhi: Ajanta Books International, 1998. 该书作者曾加入国民志愿服务团并与之保持联系 20 年左右,最终选择退出。

解国民志愿服务团的组织结构、运行方式和团家族等有着较大的帮助。①2011年，桑吉夫·科尔卡出版《国民志愿服务团的迷失岁月》一书，②该书指出国民志愿服务团在不同最高领袖领导时期，对参与政治活动的积极程度不同，格尔瓦卡时期强调与政治事务保持距离，德奥拉斯时期则转向政治激进主义。该书对了解国民志愿服务团不同时期的发展趋势和特点具有较大的参考价值。2014年以来，随着国民志愿服务团政治影响力和受关注程度的提升，该组织成员也出版了较多的研究义献，对进一步了解国民志愿服务团的背景知识和内部运行提供了较大帮助。③

综上，印度国内学界关于国民志愿服务团的研究文献整体数量较多，类型也比较丰富多样，为本书研究提供良好的研究基础和丰富的文献资料。然而，有一定比例的文献仅仅停留在组织介绍和事件梳理，尤其是国民志愿服务团成员的研究文献往往带有一定的主观立场，宣传色彩较浓，客观理性的学理分析不足。另外，印度学界研究的重点往往是印度人民党而不是国民志愿服务团，而且多集中在20世纪80—90年代和2014年以来两个主要时期。总体而言，针对国民志愿服务团和团家族的系统专门研究以及与印度人民党互动关系的研究并不充分。

（二）欧美学界的研究现状

欧美学界针对国民志愿服务团的专门研究起步较早，始于20世纪50年代。1951年，美国太平洋国际学会学者杰恩·科伦出版《印度政治中的激进印度教：针对国民志愿服务团的研究》。④该书介绍了国民志愿服务团的沙卡、志愿者、政策制定和资金运行等基本情况，开创了欧美学界针对国民志愿服务团研究的先河。1972年，美国学者沃尔特·安德森在印度

---

① 20世纪90年代国民志愿服务团成员的研究文献，还可参见 H. V. Seshadri, *The Way*, New Delhi: Suruchi Prakashan, 1991; K. R. Malkani, *How Others Look at The R. S. S.*, New Delhi: Deendayal Research Institute, 1992。

② Sanjeev Kelkar, *Lost Years of the RSS*, New Delhi: Sage Publications, 2011.

③ 参见 Ratan Sharda, *RSS 360: Demystifying Rashtriya Swayamsevak Sangh*, New Delhi: Bloomsbury India, 2018; Arun Anand, *The Saffron Surge: Untold Story of RSS Leadership*, New Delhi: Prabhat Paperbacks, 2019; Nilanjan Mukhopadhyay, *The RSS: Icons of the Indian Right*, New Delhi: Tranquebar, 2019; Sunil Ambekar, *The RSS: Roadmaps for the 21st Century*, Rupa Publications India, 2019。

④ Jean Alonzo Curran, *Militant Hinduism in Indian Politics: A Study of the R. S. S.*, New York: Institute of Pacific Relations, 1951.

《经济与政治周刊》连续发表4篇文章,分别聚焦国民志愿服务团的产生发展、国民志愿服务团与印度教大斋会的关系、甘地遇刺与国民志愿服务团被禁、人民同盟的产生与国民志愿服务团的作用四个主题,标志着美国学界逐渐重视对国民志愿服务团的研究。[①] 1987年,安德森和印度学者什里达尔·达姆莱合作出版了专著《橘黄色的兄弟情义:印度国民志愿服务团和印度教复兴主义》,[②] 系统介绍了国民志愿服务团的产生和发展,意识形态和组织运行,团家族的形成以及国民志愿服务团参与政治的过程。该书奠定了欧美学界关于国民志愿服务团研究的早期基础,是目前相关研究引用率较高的著作之一。安德森于20世纪60—70年代在印度进行田野调查,长期专注国民志愿服务团的研究,其间对国民志愿服务团和团家族的负责人和成员进行了大量的深度访谈。安德森的合作研究者达姆莱是国民志愿服务团美国分支组织的成员,因此能够提供较多接触内部成员和信息的机会。由于国民志愿服务团的组织活动相对隐蔽,较少对外公开,深度访谈能够获得较多的第一手资料,这也是安德森研究的突出优势和贡献。

20世纪90年代,随着印度教民族主义的复兴和印度人民党的迅速崛起,欧美学界开始重点关注印度教民族主义运动以及国民志愿服务团和团家族的发展,并集中出现了较多的研究成果。其中,最具代表性的是法国巴黎政治学院南亚研究学者克里斯托夫·杰弗雷洛的专著《印度教民族主义运动与印度政治:从1925到1990s》,该书于1993年以法文出版,此后又出版英文版。[③] 杰弗雷洛将20世纪20—90年代的印度教民族主义运动作为研究对象,按照不同阶段重点分析国民志愿服务团和团家族的身份构建、宣传和动员策略,同时,结合作者在中央邦地区田野调查进行案例分析。杰弗雷洛的研究跨度从1925年国民志愿服务团成立到20世纪90

[①] Walter Andersen, "The Rashtriya Swayamsevak Sangh: I: Early Concerns." *Economic and Political Weekly*, Vol. 7, No. 11, 1972, pp. 589 - 597; WalterAndersen, "The Rashtriya Swayamsevak Sangh: II: Who Represents the Hindus?" *Economic and Political Weekly*, Vol. 7, No. 12, 1972, pp. 633 - 640; Walter Andersen, "The Rashtriya Swayamsevak Sangh: III: Participation in Politics." *Economic and Political Weekly*, Vol. 7, No. 13, 1972, pp. 677 - 682; Walter Andersen, "The Rashtriya Swayamsevak Sangh: IV: Jan Sangh and Other Organisations." *Economic and Political Weekly*, Vol. 7, No. 14, 1972, pp. 724 - 727.

[②] Walter K. Andersen and Shridhar D. Damle, *The Brotherhood in Saffron: The Rashtriya Swayamsevak Sangh and Hindu Revivalism*, New Delhi: Vistaar Publications, 1987.

[③] Christophe Jaffrelot, *The Hindu Nationalist Movement and Indian Politics: 1925 to 1990s*, New Delhi: Penguin Books, 1999.

年代的政治崛起，对国民志愿服务团参与和影响印度政治进行了全面梳理，研究资料十分翔实，是国民志愿服务团研究十分重要的参考资料来源。此外，1996年，德国哥廷根大学学者彼得·维尔出版专著《宗教民族主义：印度的印度教徒与穆斯林》，[1] 他特别强调采用人类学视角对宗教运动进行研究，从话语和实践层面重点分析了国民志愿服务团和世界印度教大会发起的罗摩出生地运动，并具体阐述了印度教徒和穆斯林的身份建构过程。1998年，美国斯坦福大学学者托马斯·汉森和杰弗雷洛合作编著《印度人民党与印度的政治强制力》，[2] 阐述了印度人民党政治崛起的过程以及对印度政治的影响。1999年，汉森出版专著《橘黄色的浪潮：现代印度的民主与印度教民族主义》，[3] 该书分析了印度教民族主义的意识形态，国民志愿服务团和团家族的组织运行与动员方式。同时，重点探讨了20世纪80年代以来印度教民族主义的复兴和印度人民党的崛起，并论述了对印度民主进程的影响。总体而言，20世纪90年代的研究主要基于印度教民族主义的视角，随着印度人民党的迅速崛起以及国民志愿服务团政治影响力的提升，相应也出现了一个学术研究上的高潮。彼得·维尔和托马斯·汉森的研究基于人类学的理论视角，体现了印度国内政治研究从政党政治和选举分析视角向社会学和人类学视角的扩展。鉴于印度社会政治结构以及国民志愿服务团和团家族的特殊性，政治学与人类学、社会学的跨学科交叉研究显得尤为重要。

进入21世纪以来，以杰弗雷洛为代表的学者出版了一系列编著，对国民志愿服务团和团家族进行更为系统和全面的介绍研究。例如，《团家族概况》汇集了对国民志愿服务团和团家族各领域分支组织的针对性研究，包括印度人民党、世界印度教大会、印度青年民兵、印度工人联合会、民族觉醒论坛、印度妇女服务委员会、部落福利中心、印度维迪亚组织和海外分支组织，基本涵盖了团家族的主要分支组织。[4]《印度教民族

---

[1] Peter van der Veer, *Religious Nationalism: Hindus and Muslims in India*, New Delhi: Oxford University Press, 1996.

[2] Thomas Blom Hansen and Christophe Jaffrelot, eds., *The BJP and the Compulsions of Politics in India*, New Delhi: Oxford University Press, 1998.

[3] Thomas Blom Hansen, *The Saffron Wave: Democracy and Hindu Nationalism in Modern India*, Princeton: Princeton University Press, 1999.

[4] Christophe Jaffrelot ed., *The Sangh Parivar: A Reader*, New Delhi: Oxford University Press, 2005.

主义概况》一书主要介绍了印度教民族主义运动的起源以及国民志愿服务团的产生发展。① 同时，该书还收集了主要印度教民族主义者的著述，包括关于克什米尔特殊自治地位、改宗问题、"圣牛保护"、罗摩出生地等印度教民族主义议题的讲话、决议和竞选宣言等资料。杰弗雷洛的专著《印度的宗教、种姓与政治》重点关注20世纪后半叶，尤其是80—90年代印度政治的变化，即世俗主义的式微和印度教民族主义的复兴，基于宗教、种姓和政治相结合的视角，分析了团家族在印度社会政治发展中的作用和影响。②

2014年以来，随着莫迪和印度人民党的执政，国民志愿服务团和团家族开始更多地参与和影响政府决策，印度的社会政治环境也随之发生了深刻变化。2018年，安德森和达姆莱合作出版了《国民志愿服务团内幕》，继1987年之后时隔30年再次推出针对国民志愿服务团的研究专著。③ 该书主要关注20世纪90年代以来国民志愿服务团和团家族的发展变化，结合多个印度教民族主义议题的案例，具体分析国民志愿服务团和团家族的协调过程以及如何影响政府的决策。安德森认为，团家族庞大组织网络分属不同社会领域，不同组织和利益集团之间存在矛盾冲突，但是，国民志愿服务团能够在分支组织自主性和团家族内部协调统一之间实现平衡。安德森的研究延续了进行大量深度访谈的传统，该书也提供了较多最新的内部资料信息。另外，2019年，查特吉、杰弗雷洛和汉森合作出版编著《多数主义国家：印度教民族主义如何改变印度？》，该书分析了印度教特性意识形态如何渗透到印度政府部门和组织，并对印度的政治、经济、文化和教育政策施加影响，同时还指出国民志愿服务团和团家族代表的印度教民族主义势力正在深刻改变当代印度社会政治。④

综上，以安德森和杰弗雷洛为代表的欧美学者对国民志愿服务团、团家族以及印度教民族主义运动进行了系统全面的研究，为本书研究提供了良好的研究基础。同时，综合政治学和人类学的跨学科、多元的研究视角

---

① Christophe Jaffrelot ed., *Hindu Nationalism: A Reader*, Ranikhet: Permanent Black, 2019.
② Christophe Jaffrelot, *Religion, Caste, and Politics in India*, New Delhi: Primus Books, 2010.
③ Walter K. Andersen and Shridhar D. Damle, *The RSS: A View to the Inside*, New Delhi: Penguin Viking, 2018.
④ Angana P. Chatterji, Thomas Blom Hansen and Christophe Jaffrelot, eds., *Majoritarian State: How Hindu Nationalism Is Changing India*, New Delhi: HarperCollins Publishers India, 2019.

也为后续研究提供了很多启发。然而，现有研究少有采用社会学的视角，没有从社会运动的理论视角针对国民志愿服务团进行系统性研究，也为本书研究预留了一定的探索空间。

(三) 中国国内的研究现状

总体而言，国内早期关于国民志愿服务团的专门研究文献十分有限。根据笔者掌握的研究资料，国内最早的研究始于1994年，江亦丽发表《橘黄旗下的联盟——印度教教派组织国民志愿服务团（RSS）剖析》一文，对国民志愿服务团的产生发展、指导思想、组织结构及团家族进行介绍。① 1999年，刘静发表《印度国民志愿服务团》一文，对国民志愿服务团的产生发展、政策主张和和组织结构进行了介绍。② 上述两篇论文是20世纪90年代国内为数不多的关于国民志愿服务团的介绍性研究，是国内针对国民志愿服务团专门研究的开端。

20世纪90年代以来，印度国内社会政治环境发生重要变化，印度教民族主义迅速复兴。随着印度人民党的迅速崛起和执政，国内学界开始关注印度人民党和印度教民族主义的发展，并出现了较多的研究文献。③ 相关文献主要聚焦印度教民族主义的发展演变及影响，印度人民党的发展历史、崛起原因、选举表现和意识形态等内容，标志着国内对印度政治和政党研究重心开始从国大党转向印度人民党。上述文献指出了国民志愿服务团与印度人民党的组织和意识形态联系，但仍以印度人民党为主要研究对象。尽管在研究中对国民志愿服务团有所涉及，但并没有展开进一步的专门研究。不过相关文献引起了国内学界对印度人民党意识形态母体组织——国民志愿服务团的关注。

---

① 江亦丽：《橘黄旗下的联盟——印度教教派组织国民志愿服务团（RSS）剖析》，《南亚研究》1994年第2期。
② 刘静：《印度国民志愿服务团》，《当代世界》1999年第5期。
③ 比较有代表性的文献参见邱永辉《印度教、民族主义与印度人民党》，《南亚研究季刊》1998年第4期；朱明忠《印度教民族主义的兴起与印度政治》，《当代亚太》1999年第8期；周陈《试析20世纪80年代印度教民族主义的政治复兴》，《南亚研究季刊》2004年第2期；宋丽萍《印度人民党研究述略》，《世界历史》2004年第2期；宋丽萍《试析印度人民党的双重属性》，《当代世界社会主义问题》2005年第4期；宋丽萍《印度人民党意识形态的发展变化》，《唐都学刊》2008年第6期；陈金英《价值与工具：印度人民党意识形态诉求的政治学分析》，《武汉大学学报》（哲学社会科学版）2008年第5期；傅菊辉、汪长明《印度教民族主义对南亚国际关系的影响》，《世界民族》2009年第2期。

2014年，莫迪领导的印度人民党以绝对多数赢得大选并成功执政。印度人民党的执政离不开民志愿服务团和团家族的动员支持，作为政治交换，莫迪政府任命了大量国民志愿服务团背景的人员担任政府要职和教育文化机构的负责人，国民志愿服务团开始更多地参与政府决策过程，对印度社会政治发展和外交政策也产生了深刻的影响。该时期国内学界出现了较多关于印度人民党的研究文献，① 主要关注国民志愿服务团和团家族对印度人民党崛起的推动作用以及对印度社会政治发展的影响。至此，国民志愿服务团对印度人民党、莫迪政府和印度内政外交的深刻影响已成为国内学界基本共识。2019 年，莫迪领导印度人民党以绝对多数实现连任。印度人民党高票连任是印度国内社会政治发展的重要现象，国内学界也集中出现了较多关于印度人民党和印度教民族主义的研究文献。② 该时期文献的特点是国民志愿服务团的重要性和关注程度迅速提升，逐渐成为一个单独的研究对象。

值得注意的是，2014 年以来国内出现了两部关于国民志愿服务团的编著，分别是《印度国民志愿服务团研究》和《印度社会政治发展与印度国民志愿服务团》，③ 标志着国内学界对国民志愿服务团系统专门研究的正式开始。两部编著针对国民志愿服务团的发展历史、组织结构和重要的团家族成员组织等进行了较为系统的梳理介绍，成为国内学界相关研究的重要参考文献。然而，上述文献以介绍性研究为主，关于国民志愿服务团如何影响印度社会政治发展的问题，并没有开展进一步的深入研究。随着国内相关研究的推进，国民志愿服务团与印度人民党的互动关系逐渐成

---

① 比较有代表性的文献参见陈小萍《从印度人民党的选举战略看莫迪政府政策走向》，《南亚研究季刊》2014 年第 2 期；陈金英《莫迪执政以来印度人民党的扩张及其原因》，《当代世界》2018 年第 5 期；陈小萍《印度教民族主义与独立后印度政治发展研究》，时事出版社 2015 年版。

② 比较有代表性的文献参见王娟娟《冷战后印度政党格局与政党政治：历史经验与未来走向》，《南亚研究季刊》2019 年第 3 期；王瑞领《论莫迪执政以来印度外交政策的调整——基于印度政治发展的视角》，《南亚研究》2019 年第 4 期；宋丽萍《印度教特性运动的政治文化解读》，《南亚研究》2019 年第 4 期；王世达《印度教民族主义强势崛起及其影响》，《现代国际关系》2020 年第 2 期；许娟《宗教政治化：印度教民族主义的再次兴起及其对印度外交的影响》，《南亚研究》2020 年第 2 期；杨新天《印度人民党意识形态的适应性演变及其成效分析》，《南亚研究》2020 年第 2 期；冯立冰《莫迪执政以来印度人民党的组织资源与动员策略》《南亚研究》2020 年第 4 期。

③ 谢代刚：《印度国民志愿服务团研究》，巴蜀书社 2016 年版；刘嘉伟：《印度社会政治发展与印度国民志愿服务团》，四川美术出版社 2018 年版。

为相关研究的新视角。例如，曾祥裕等从二者的互动关系入手，分析了二者的选举、组织、人事、政策协调以选举和政策分歧。① 另外，国内学界也出现了从社会运动理论视角针对印度人民党和国民志愿服务团的研究。例如，刘思明从社会运动理论的视角分析了"圣牛保护"运动、罗摩出生地运动的宗教动员对印度人民党崛起的重要作用。② 王凯基于社会运动理论的视角，探讨了国民志愿服务团对莫迪政府决策以及对印度人民党行动逻辑的影响机制。③ 上述文献为本书提供了良好的研究基础和思路启发。

（四）既有研究的不足之处

国内外学界相关研究是伴随着印度教民族主义复兴和印度人民党崛起的过程不断展开的。总体而言，印度国内和欧美研究针对国民志愿服务团的研究文献较为丰富，为本书提供了较好的研究基础和资料来源。然而，已有研究主要采取政党政治、印度教民族主义等政治学和人类学的研究视角，并没有从社会运动理论视角进行的系统研究。另外，中国国内研究主要集中在印度人民党和印度教民族主义，从 2014 年莫迪执政以来开始出现针对国民志愿服务团的专门研究。然而，相关研究以关于国民志愿服务团的介绍性研究为主，同时，主要关注国民志愿服务团对印度人民党崛起和执政的推动作用。针对国民志愿服务团如何参与并影响印度社会政治发展的问题，仍有待于进一步的系统性研究。鉴于此，从社会运动理论的视角出发，对国民志愿服务团参与并影响印度社会政治发展的过程进行系统性研究，是一个值得探索的新方向，对于丰富和完善现有研究文献也十分有益。

三　研究思路与方法

（一）社会运动视角的研究思路

国民志愿服务团脱胎于 20 世纪初的印度教民族主义运动，在英国殖

---

① 曾祥裕、张春燕：《印度人民党与印度国民志愿服务团：协调、分歧与未来走向》，《南亚研究季刊》2017 年第 4 期。
② 刘思明：《社会运动与印度人民党的发展》，硕士学位论文，南京大学，2016 年。
③ 王凯：《印度国民志愿服务团对莫迪政府决策的影响——基于社会运动制度化的视角》，《南亚研究季刊》2020 年第 3 期；王凯：《社会运动、委托代理与印度人民党的行动逻辑》，《南亚研究》2021 年第 1 期。

民时期，该组织主要针对英国殖民统治和西方文化入侵进行抗争，争取民族独立。在印度独立之后，国民志愿服务团主要针对国大党主导的世俗主义政治体系进行抗争，试图建立印度教民族主义意识形态的主导地位。随着国民志愿服务团的发展壮大，政治影响力不断提升，有效推动了印度人民党的崛起和执政，实现了从政治体系边缘进入内部权力中心的转变。因此，国民志愿服务团参与和影响印度社会政治发展的过程，可以被视为一个典型的、长期的政治抗争过程。

政治抗争行为可以根据组织化程度、制度化程度和追求社会变革的程度分为集体行动、社会运动和革命三种类型。[①] 通过国民志愿服务团参与和影响印度社会政治发展的过程和途径来看，呈现出了带有明确的目的性，追求大范围的社会变革，高度组织化，采用冲突对抗性策略和进行制度外动员等基本特征。因此，国民志愿服务团的活动介于集体行动和革命之间，基本符合社会运动的定义，即许多个体参加、高度组织化、寻求或反对特定社会变革的制度外政治行为[②]。国民志愿服务团先后发起了"圣牛保护"运动、罗摩出生地运动等一系列大规模的社会运动，并主要依靠社会运动而发展壮大。因此，从政治抗争和社会运动的角度而言，可以将该组织界定为一个社会运动组织。

根据关于国民志愿服务团社会运动组织属性的界定，同时结合研究问题和已有研究基础，本书拟提出基于社会运动理论视角的整体研究思路。首先，构建一个基于社会运动理论的解释框架。其次，运用该框架解释国民志愿服务团是如何产生和发展壮大的，在不同历史时期是如何参与印度政治过程的。最后，以社会运动与政党的互动关系为线索，分析印度人民党执政时期国民志愿服务团对内政和外交的影响。

（二）主要研究方法

根据理论基础、研究对象、研究资料等基本情况和特点，本书拟采用历史研究法、文本解读法、案例分析法、比较研究法和田野调查法，尝试在宏观与微观、纵向与横向的研究视角之间实现平衡。

---

① 赵鼎新：《社会与政治运动讲义》，社会科学文献出版社2012年版，第2—4页。
② 赵鼎新：《社会与政治运动讲义》，第2页。

1. 历史研究法

历史研究法强调以史料为基础，按照纵向的时间顺序再现事物发展历史的全过程，对于探究特定时间范围内事物的发展变化规律有着重要的作用。本书将系统梳理20世纪初至今印度社会政治发展过程以及国民志愿服务团的产生和发展过程，以时间为线索整理资料卡片。在此基础上，以关键时间点和重要事件为依据，将整体研究的时间范围划分为四个时期。同时，根据具体情况将每个时期细分为不同的阶段。历史研究法提供了一个相对宏观的研究视角，构成了本书研究方法的主体。

2. 文本解读法

文本解读法是分析和研究第一手资料的重要方法之一，对文本进行细致的解读能够使研究更为扎实。由于国内关于国民志愿服务团的研究文献较为匮乏，本研究需要借助大量的第一手资料，对相关原始文本的解读必不可少。因此，本书将重点收集、整理和分析国民志愿服务团章程、全国代表大会和中央执行委员会的决议、领导讲话、出版物、网站资料、人民同盟和印度人民党的章程、会议决议、竞选宣言、选举数据和团家族其他分支组织的各类第一手资料。文本解读法主要着眼于微观视角，对本书的宏观分析框架形成了有效支撑。

3. 案例分析法

案例分析强调对解释框架进行实证检验，也是本书的核心组成部分。选择代表性的案例进行分析能够加深对研究对象的认识，同时还有助于提炼一般性的机制和规律，增强研究的解释力和说服力。在具体研究中，尤其是从资源动员层面的分析过程中，本书着重选择国民志愿服务团和团家族发起的大规模社会运动作为代表性案例，例如"圣牛保护"运动、宣传辨喜思想与修建纪念馆运动、"统一朝圣"运动、罗摩出生地运动、"斯瓦德希"运动等进行深度的案例分析。

4. 比较研究法

作为社会科学研究方法的核心之一，比较研究的目标是解释差异，探寻机制，本书尝试将比较研究的思想贯穿研究过程之中。通常，比较研究方法包括横向比较和纵向比较，本书在研究中主要采用纵向比较方法。例如，国民志愿服务团三次被政府取缔与解禁过程及影响的异同；历任最高领袖对组织发展影响的差异；瓦杰帕伊政府和莫迪政府期间，国民志愿服务团与印度人民党互动关系的差异；等等。依托比较研究的思路能够有助于挖掘国民志愿服务团相关活动现象背后的规律和机制。

5. 田野调查法

田野调查是社会科学研究的基础性方法之一，也是获取关于研究对象第一手资料的重要途径。2019 年，笔者赴印度开展田野调查，其间走访了尼赫鲁大学、德里大学、尼赫鲁图书馆、印度政策研究中心、印度基金会、印度中国研究所等高校和学术机构，收集了较多关于国民志愿服务团的各类研究资料。相关资料的时间范围从 20 世纪 50 年代至今，主要包括专著、论文、早期出版物等，类型也较为丰富。另外，笔者还与部分国民志愿服务团成员和印度人民党党员进行个人访谈，掌握了一定的第一手访谈资料。田野调查能够带来更加直接的经验和认知，对基于文献的研究形成了较好的补充。

四 研究价值与创新之处

（一）研究价值

本书从社会运动理论的视角对国民志愿服务团进行系统的研究，既包括社会运动理论层面的学理探究，又包括对印度国内政治与外交的政策分析。因此，兼具一定的学理价值和政策意义。

1. 学理价值

首先，从社会运动理论层面对印度独特的社会政治现象进行解释。印度是世界上多元化程度较高的国家之一，社会结构因宗教、种姓、语言和阶层差异而呈现高度分裂的状态。同时，印度又被称为世界上最大的民主国家，政党林立，数量庞大但仅有少数政党占据绝对的政治优势。因此，印度的社会政治现象具有较强的非典型性和特殊性。国民志愿服务团和团家族成员组织深入印度社会各个阶层和领域，给印度社会政治发展留下了深刻的烙印。同时，国民志愿服务团与印度人民党建立了紧密的分工合作关系，深度参与并影响着政府决策，这种社会政治现象在其他发展中国家或西方民主国家是十分罕见的。因此，国民志愿服务团作为一种独特的社会政治现象值得进行深入的学理探究。

其次，拓展了社会运动理论的研究对象和范围。社会运动理论源于美欧等西方国家，并且大多数研究都是基于西方国家经验。由于社会历史条件和政治制度的差异，非西方国家的社会运动具有显著的特殊性，然而，学界对非西方国家社会运动的关注和研究则相对不足。本书选择非西方国家和发展中国家印度的社会运动作为研究对象,在一定程度上拓展了社会运动理论的研究对象和范围,有助于加强对非西方国家和发展中国家社会运动的认识和研究。

再次,有助于丰富和完善社会运动理论及相关研究。在一定程度上,现有社会运动研究所生产的是基于西方国家的、带有地域性特征的理论经验,只有增加大量非西方国家和发展中国家的研究经验才能更具包容性和解释力。印度作为重要的非西方国家和发展中国家之一,兼具特殊性、代表性和重要性。本书将分析印度与其他国家社会运动在政治机会、资源动员与框架建构层面的区别和联系,尝试在社会运动发展形式、制度化等方面丰富和完善社会运动理论的内涵。

最后,有助于加深对社会运动的制度化以及社会运动与政党关系的理解。社会运动在产生和发展的过程中,会在不同程度上尝试与制度化政治体系建立联系,因此,需要在一定程度上遵循常规政治准则,也就意味着某种程度的制度化。然而,为什么社会运动会呈现未制度化、部分制度化或完全制度化的不同状态,本书将有助于回答这一问题。另外,在现实政治中,社会运动与政党往往会产生不同程度的关系,二者的关系也较为复杂多样,既有抗争关系,也有结盟关系,并且处于动态变化之中。通过分析国民志愿服务团与印度主流政党的互动关系,有助于加深对社会运动与政党关系的进一步认识。

2. 政策意义

首先,有助于加深对印度国内社会政治发展过程和规律的认识。印度作为中国的重要邻国和地区大国,是影响南亚和印度洋地区局势乃至国际力量对比的重要国家。然而,中印两国长期缺乏战略互信,其中很重要的原因之一就是缺乏对双方国内社会政治的深刻理解,由此引发了对彼此国际地位和战略意图的误判。① 现有文献就国大党和世俗主义对印度社会政治发展的作用进行了充分研究,但在一定程度上未能有效阐释印度人民党和印度教民族主义的重要作用。因此,通过对国民志愿服务团参与和影响印度社会政治发展的研究,能够从历史和现实两个维度,进一步加深对印度国内社会政治发展过程和规律的认识。

其次,有助于加强对印度尤其是莫迪政府外交战略和政策的分析判

---

① 叶海林:《身份认知偏差对中印关系前景的影响》,《印度洋经济体研究》2020年第3期。

断。国际关系研究中通常将印度视为代表发展中国家和地区大国的国家行为体,从国际体系和国家利益层面分析印度的外交战略和政策制定。然而,这种研究范式在一定程度上忽略了国内政治的作用和影响。本书认为,印度国内政治的特殊性多于一般性,对外交战略和政策的分析判断更需要从国内政治层面寻找根源。莫迪领导的印度人民党执政以来,印度国内社会政治生态发生重要变化,印度教民族主义强势崛起并逐渐成为主流意识形态。印度国内社会政治的变化迅速外溢并影响到外交战略政策领域。因此,通过对国民志愿服务团以及印度人民党的系统研究,能够有助于加强对莫迪政府外交战略和政策的分析判断。

最后,为创造稳定的周边及外部环境决策提供一定的参考和启发。近年来,强人政治、民粹主义和宗教民族主义的复兴是一种全球性的现象,呈现出了一定的规律性和共同特点,对中国的有利外部环境形成挑战。南亚属于中国的次要战略方向,印度是这一方向的主要挑战。① 近年来中印边境摩擦冲突频发,双方谈判陷入僵局,两国关系也持续紧张,成为影响中国周边及外部环境的关键因素之一。通过对印度国内社会政治发展变化以及如何外溢和影响到外交战略政策进行深入研究,有助于对其他产生类似现象国家和地区的整体性认识,在一定程度上也有助于对近年来世界潮流趋势变化的理解,从而为创造稳定的周边及外部环境决策提供一定的参考和启发。

(二) 创新点

1. 尝试解决一个新问题

国民志愿服务团是目前印度国内最大的非政府组织,社会和政治影响力十分可观。然而,该组织也是国内南亚研究学界关注相对不足的研究对象。2014 年莫迪执政以来,国内学界开始更多地关注国民志愿服务团。近年来出版的少量专著文献主要以国民志愿服务团及团家族成员组织的介绍性研究为主,部分期刊文献将国民志愿服务团作为单独的研究对象,但整体上仍然缺乏系统深入的专门研究。国民志愿服务团是如何参与并影响印度社会政治发展的?就这一关键的研究问题而言,国内学界现有研究并

---

① 叶海林:《中国崛起与次要战略方向挑战的应对——以洞朗事件后的中印关系为例》,《世界经济与政治》2018 年第 4 期。

没有给出充分有效的解释。因此，在一定程度上，本书填补了国内学界关于国民志愿服务团系统专门研究的不足，这是在研究问题层面的创新点。

2. 采取跨学科的综合视角

印度国内和欧美学界针对国民志愿服务团的关注和研究起步较早，已有较多的文献积累，为本书提供了良好的研究基础。相关研究主要采用政党政治、印度教民族主义等政治学和人类学的视角。然而，国民志愿服务团本质上是一个社会运动组织，借鉴社会学领域的社会运动理论能够更加有效地解释相关现象和问题，同时也能够带来新的发现和启示。因此，本书在已有的政治学和人类学研究视角的基础上，融入了社会学的研究视角，并以社会运动的理论框架统领整个研究过程。尝试采取跨学科的综合研究视角也是本书的创新点之一。

3. 构建一个整合性的解释框架

传统的社会运动研究遵循政治过程、资源动员和框架建构三大理论流派的研究范式，三者的前提假设、核心概念和解释优势各有不同，实际上代表了影响社会运动产生与发展的三大核心要素：政治机会、资源动员和框架建构。传统的研究视角特别强调单一要素的作用，解释侧重有所不同，但往往忽视了其他要素的作用。同时，针对历时较长的社会运动而言，单一视角往往难以反映三大要素的发展变化过程。另外，单一研究视角也未能纳入三大要素之间的相互作用关系。鉴于此，本书拟构建一个包括政治机会、资源动员和框架建构三大要素的整合性解释框架，以期更加全面有效地解释国民志愿服务团参与并影响印度社会政治发展的过程。因此，尝试构建一个整合性的解释框架是本书另外一个创新点。

五　主要内容与结构安排

本书主要运用社会运动理论分析国民志愿服务团参与和影响印度社会政治发展的过程，以印度社会政治发展以及国民志愿服务团产生和发展的重要时期划分主要章节。除导论外还包括七部分，主要内容和结构安排如下。

第一章梳理社会运动研究的基本脉络，对社会运动等核心概念进行界定，同时，重点阐释政治机会、资源动员与框架建构三大要素，社会运动与政党的互动关系，在此基础上构建本书的理论解释框架。第二章聚焦国民志愿服务团的历史与现状，主要梳理基本情况、组织运行与主要分支。由于国内学界对国民志愿服务团的关注和研究相对不足，因此有必要对相关背景知识进行概要性的介绍。第三、第四、第五章主要运用社会运动理论的解释框架展开分析，包括组织成立与发展建设初期、组织转型与团家族形成时期、激进主义与政治崛起时期三个关键历史时期。三个时期分别以政治机会、资源动员和框架建构三大要素为线索，具体解释国民志愿服务团是如何产生并发展壮大，在不同历史时期是如何参与印度政治过程的。第六章主要分析印度人民党执政时期国民志愿服务团对内政和外交的影响。该章以国民志愿服务团与印度人民党的互动关系为切入点，选取印度人民党的两次执政经历——瓦杰帕伊政府时期和莫迪政府时期进行比较分析，探讨国民志愿服务团对印度内政与外交的主要影响。第七部分为结论，简要阐述本书关于国民志愿服务团的研究发现和启示，对社会运动研究和理论的贡献，并指出研究的不足之处与未来的研究方向。

第一章

基于社会运动理论的解释框架

社会运动研究起源于西方国家并存在着美国和西欧两大研究传统,其中以资源动员、政治过程和框架建构三大理论流派为标志的美国传统占据着主导地位。本章首先以美国和西欧的社会运动研究为基本线索,简要梳理社会运动理论的产生和发展过程。然后以资源动员、政治过程和框架建构三大理论流派为切入点,分别阐述三者的前提假设、核心概念与解释逻辑,分析三大理论流派的优势与局限性。最后在上述理论基础上构建一个包含政治机会、资源动员与框架建构三大要素的整合性解释框架。

第一节 社会运动研究的基本脉络

从学术史来看,社会运动研究经历了古典理论时期(19世纪50年代—20世纪60年代)、现代时期(20世纪50—90年代)和当代时期(20世纪90年代至今)三个发展阶段。[①] 古典理论主要是集体行为/集体行动理论,现代时期主要是资源动员、政治过程和新社会运动理论,当代时期则主要是框架建构理论。本节主要结合美国和西欧的社会运动研究传统,简要梳理社会运动研究的基本脉络。同时,重点介绍主要代表人物和理论观点,并对两大研究传统及其基本范式进行对比分析。

一 美国的社会运动研究

美国社会学界普遍将古斯塔夫·勒庞(Gustave Le Bon)关于聚众的研究视为社会运动研究的起源。勒庞认为,理性的个体一旦聚集成为一定

---

① 王金良:《社会运动研究:一个学术史的梳理》,《教学与研究》2015年第8期。

规模的聚众,其行为将变得越来越非理性,该观点奠定了后续关于集体行为研究的基调。实际上,美国的社会运动研究正是始于针对集体行为的研究。1921 年,美国社会学家、芝加哥学派代表人物罗伯特·帕克(Robert Park)在《社会学概论》一书中首次提出集体行为的概念,阐述了集体行为的形态与机制,至此,集体行为被确定为一个新的研究议题。1939 年,帕克的学生、符号互动理论代表人物赫伯特·布鲁默(Herbert Blumer)在帕克主编的《社会学原理纲要》中区分了初级集体行为和组织化集体行为,并在此基础上提出了循环反应理论,进一步推动了集体行为研究的专业化。从 20 世纪 20 年代初到 60 年代中期,美国的社会运动研究围绕集体行为研究经历了一个相对缓慢的创发阶段。总体上,集体行为理论认为集体行为是一种非理性行为,特别强调情感因素尤其是怨愤(Grievance)在集体行为产生和发展过程的重要作用。关于集体行为的研究奠定了美国社会运动研究的早期基础。

随着集体行为理论的不断发展,单纯强调非理性因素的研究范式开始受到质疑。1965 年,美国经济学家曼瑟尔·奥尔森(Mancur Olson)在《集体行动的逻辑》一书中对集体行为理论提出了挑战。奥尔森从经济学"理性人"假定的视角出发并指出,人作为理性的个体在集体行动中必然追求利益最大化,由于集体行动的结果是在受益上具有非排他性的公共产品,就会导致"搭便车"行为的产生。因此,他认为大规模集体行动发生的可能性很低。奥尔森颠覆了集体行为研究基于非理性因素的前提假设,成为美国社会运动研究的重要里程碑。同时,也标志着美国社会运动研究从集体行为论到集体行动论的范式转变。[1]

20 世纪 60 年代以来,美国发生了公民权运动、黑人解放运动、宗教运动、反战运动和女权运动等一系列大规模的社会运动,集体行动理论已经不能有效解释越来越多的、复杂的社会运动现象,资源动员理论便在这种背景下产生。1977 年,约翰·麦卡锡和迈耶·左尔德共同发表《资源动员与社会运动:一个不完全理论》一文,标志着资源动员理论的诞生。[2] 资源动员理论认为,怨愤等情感因素不是社会运动的充分条件,能

---

[1] 冯仕政:《西方社会运动理论研究》,中国人民大学出版社 2013 年版,第 6 页。
[2] John D. McCarthy and Mayer N. Zald, "Resource Mobilization and Social Movements: A Partial Theory," *American Journal of Sociology*, Vol. 82, No. 6, 1977, pp. 1212 – 1241.

否进行有效的资源动员才是社会运动成功与否的关键。资源动员理论的议题和命题基于一个"社会运动市场"的基本想象，[①] 即社会是一个完全开放和充分竞争的市场，不同群体通过各种手段获取所需的社会资源。然而，资源动员理论对资源这一核心概念没有进行严格界定，以至于一切有利于社会运动的方法和手段都被视为资源，难免陷入了循环论证的理论困境。另外，资源动员理论关于"社会运动市场"的想象在现实中是不存在的，任何资源动员过程都处于特定的政治结构之下，不同政治结构下的资源动员关系不同，因此，社会运动研究尤其是宏观层面的分析必须纳入政治结构因素。

实际上，政治结构因素一直是美国社会运动学界关注的重点之一。1973年，彼得·艾辛杰提出政治机会结构的概念，探讨了政治机会结构与城市抗争行为发生频率之间的关系。[②] 1978年，查尔斯·梯利（Charles Tilly）在《从动员到革命》一书中提出政体模型并构建了政治过程理论的初步框架。1982年，道格·麦克亚当（Doug McAdam）的专著《美国黑人运动的政治过程和发展（1930—1970）》出版，标志着政治过程理论的诞生。政治过程理论特别强调社会运动的政治属性，社会运动被视为处在政治体系外部的群体对政治精英的抗争行为。该理论的核心概念是政治机会结构，因此，政治机会结构理论代表了政治过程理论的精髓。政治机会结构理论认为，政治机会的有无或多寡才是决定社会运动发生与发展的最根本因素。然而，由于政治机会结构从字面意义上来看具有很大的包容性，任何结构性甚至非结构性的因素都可以被贴上政治机会的标签，[③] 这一概念的大量滥用也导致了政治机会结构理论解释力的不足。

20世纪80—90年代以来，被资源动员理论和政治过程理论否定的情感等因素又被重新纳入研究视野，并受到越来越多的重视，框架建构理论也随之产生。1986年，大卫·斯诺等人发表《框架规整过程、微观动员与运动参与》一文，[④] 标志着框架建构理论的诞生。与资源动员和政治过

[①] 冯仕政：《西方社会运动理论研究》，第104—105页。

[②] Peter K. Eisinger, "The Conditions of Protest Behavior in American Cities," *American Political Science Review*, Vol. 67, No. 1, 1973, pp. 11–28.

[③] 赵鼎新：《社会与政治运动讲义》，第38页。

[④] David A. Snow, et al., "Frame Alignment Processes, Micromobilization, and Movement Participation." *American Sociological Review*, Vol. 51, No. 4, 1986, pp. 464–481.

程理论不同，框架建构理论关注社会运动的主观层面，即思想动员和观念塑造。个体的心理活动被认为是一个主观解读和建构的过程，框架（Framing）就是塑造和建构个体对社会现实解读的行为和过程。因此，社会运动的成功与否在于如何通过框架过程影响个体对社会现实的基本认知和意义建构，形成认同，继而将认同转变为实际行动。然而，框架建构理论也存在一些不足，一方面，框架建构总是处于特定的社会、政治、经济和文化背景之下，单纯强调观念塑造就忽视了其他结构性因素。另一方面，与资源动员和政治过程理论相比，框架建构理论的描述性有余而分析性不足。

美国的社会运动研究先后产生了集体行为理论、集体行动理论、资源动员理论、政治过程理论和框架建构理论，研究范式经历了从单纯强调非理性因素到强调理性因素，再到理性与非理性因素并重的变化过程。目前，资源动员、政治过程和框架建构三大理论流派仍然处于美国乃至西方社会运动研究的主导地位。

二 西欧的社会运动研究

西欧的社会运动研究起源于马克思关于无产阶级革命的研究，并深受马克思主义阶级斗争思想的影响。由于西欧社会运动研究内部缺乏整合，发展进程不清晰，只能说代表了一种共同的研究趣味、问题取向和理论风格。[1] 根据马克思主义的阶级斗争思想，社会运动在本质上被视为阶级斗争，在历史上主要体现为工人阶级反对资产阶级的劳工运动，西欧的社会运动研究也始于劳工运动研究。

西欧的社会运动研究大致可以分为劳工运动理论阶段（1968年以前）、范式调整和酝酿阶段（1968—1980年）、新社会运动论阶段（1980年至今）。[2] 劳工运动理论作为一种研究范式，并没有明确的起点。20世纪60年代，学生运动、女权运动和环境运动相继出现，特别是1968年5月，欧洲爆发大范围的学生运动，巨大的社会冲击引发了学界的重新思考，社会运动研究也随之不断进行范式调整。1980年，意大利学者阿尔伯特·梅卢西发表《新社会运动：一种理论方法》一文，[3] 正式提出新社

---

[1] 冯仕政：《西方社会运动理论研究》，第9页。
[2] 冯仕政：《西方社会运动理论研究》，第11页。
[3] Alberto Melucci, "The New Social Movements: A Theoretical Approach," *Social Science Information*, Vol. 19, No. 2, 1980, pp. 199 – 226.

会运动概念，标志着新社会运动理论的开端。新社会运动相比传统的社会运动有着几个特点：第一，个体参加社会运动的动机往往是为了实现非物质性的价值目标；第二，新社会运动仅想改变社会上的某种主流价值观和行事方式，同时，成员之间的凝聚基于共同的身份认同；第三，新社会运动不追求打破国家机器并建立新政权；第四，新社会运动往往采取民主性的、平等的组织形态。[1]

新社会运动理论特别强调身份认同的作用，认为"二战"以来，欧洲社会经历了从工业社会向后工业社会的转型，这种社会变迁产生了新的社会怨愤和价值观念，新社会运动是人们寻找新的身份认同的结果。因此，学生运动、女权运动和环境运动源于传统工人阶级的认同基础已经被学生、女性和环保主义者等身份认同所取代。总之，欧洲社会运动理论强调的是社会变迁、社会和阶级结构的变化，以及文化、认同感、话语和合法性在社会运动产生与发展中的作用。[2]

长期以来，美国与西欧社会运动研究传统并行发展，少有交集，直到20世纪80年代才有了正式的交流对话。相比而言，美国的研究传统趋于中观和微观层面的经验研究，主要关注特定社会运动的产生、发展和结果，试图寻找其内在逻辑和机制，具有很明显的实证主义风格。西欧传统则倾向于采取宏观的视角，将人类社会运动视为一个整体，试图总结社会运动发展的一般规律，历史和哲学色彩较为浓厚。总之，美国和西欧两大研究传统并行发展，虽然有所交流但保持着相对独立。总体而言，美国传统仍然占据着西方社会运动研究领域的主导地位。

第二节　社会运动的概念与三大要素

社会运动研究源于早期的集体行为研究，在概念内涵上，社会运动与集体行为、集体行动和革命等既有联系，也有区别。社会运动是本书的核心概念，因此有必要结合现有的文献基础，对其概念内涵进行清晰的界定。另外，根据前文对社会运动研究脉络的梳理可见，政治过程、资源动员和框架建构三大理论流派分别聚焦于社会运动的三大要素：政治机会、

---

[1] 赵鼎新：《社会与政治运动讲义》，第289—290页。
[2] 赵鼎新：《社会与政治运动讲义》，第34页。

资源动员和框架建构,本书将以三大要素为切入点,分别阐述三大理论流派的前提假设、核心概念与解释逻辑,并分析相关理论的解释优势与局限性。

一 社会运动的概念内涵

1850年,德国社会学家洛伦兹·冯·施泰因(Lorenz von Stein)在《1789年至今的法国社会运动史》一书中最早提出了社会运动的概念。虽然社会运动研究经历了长期的发展变化,但由于社会运动的种类和形态复杂多变,不同理论流派的观点和立场各不相同,学界始终没有关于社会运动统一公认的确切定义。一般而言,社会运动的定义有三个基本取向,即社会运动作为集体行为、政治斗争或对权威的挑战。[①] 集体行为取向认为社会运动是社会变迁和秩序失衡背景下,人们重建对社会共同理解的行为,社会运动被视为一种负面的社会现象。政治斗争取向强调社会运动的政治属性,认为社会运动是从外部对现行政治制度体系的抗争行为。对权威挑战取向认为,将社会运动定义为政治斗争显得过于狭隘,社会运动应该是对某种权威体系或结构的挑战,不仅包括政治制度体系等有形的组织和结构,还包括认知和信仰等无形的体系。本书倾向于将社会运动视为对权威体系或结构的挑战,但同时强调其政治属性。

对于不同的政治行为,可以从组织化程度、制度化程度和追求社会变革程度进行描述和定义,社会运动与集体行动和革命不同(见表1-1),其基本特征是高度组织化、反对特定社会变革和非制度性的。社会运动是一个人群为了追求或抵制特定社会变革而以某种集体认同和团结感为基础,并主要采取非制度性方式进行的,具有一定连续性和组织性的冲突性集体行动。[②] 因此,社会运动需要具备明确的目的、以集体认同为基础、采取非制度的行为方式,同时具有连续性、组织性和冲突性。综合考虑社会运动的核心特征与学界相关定义,本书将社会运动定义为有许多个体参加的、高度组织化的、以集体认同为基础、寻求或反对特定社会变革且具有连续性和冲突性的制度外政治行为。

---

① 冯仕政:《西方社会运动理论研究》,第24—34页。
② 冯仕政:《西方社会运动理论研究》,第37页。

表1–1　　　　　集体行动、社会运动与革命的概念内涵

集体行动	社会运动	革命
许多个体参加的、具有很大自发性的制度外政治行为	许多个体参加的、高度组织化、寻求或反对特定社会变革的制度外政治行为	有大规模人群参与的、高度组织化的、旨在夺取政权并按照某种意识形态对社会进行根本改造的制度外政治行为

资料来源：笔者根据相关文献绘制，赵鼎新：《社会与政治运动讲义》，第2—4页。

值得注意的是，社会运动与利益集团和政党不同。利益集团一般是能够合法参与政府决策的制度化和正式化的集体行为体，即政治的"局内人"。政党一般具有严密的组织结构和明确的政治纲领，主要通过选举等制度化政治途径获取权力。而社会运动的制度化水平较低，通常是非正式的并被排除在常规政治之外。[①] 总之，利益集团和政党主要通过选举、谈判和游说等常规政治参与政治过程，而社会运动则主要依靠非制度化政治途径参与政治过程。当然，社会运动与利益集团、政党之间也并非泾渭分明，在特定条件下，社会运动可以通过制度化的方式与利益集团、政党产生联系，甚至产生或转变为利益集团或政党。例如，社会运动可以通过部分制度化的方式，与利益集团或政党建立合作关系，或者通过完全制度化的方式，彻底转变为利益集团或政党。

二　社会运动的三大要素

（一）政治机会

政治机会结构理论认为，政治机会的有无或多寡才是决定社会运动发生与发展的最根本因素，其核心概念是政治机会结构。悉尼·塔罗提出了比较具有代表性的政治机会结构的定义，即那些比较常规的、相对稳定的（但又不是永久不变的）、能改变人们社会运动参与度的政治环境。他还指出，政治机会结构不是一个变量，而是一个变量集合。[②] 麦克亚当综合

[①] OndrejCsfar, "Interest Groups and Social Movements", in David A. Snow, Donatella D. Porta, Bert Klandermansand DougMcAdam, eds. *The Wiley-Blackwell Encyclopedia of Social and Political Movements*, Malden: Wiley-Blackwell, 2013, p. 329.

[②] Sidney Tarrow, "States and Opportunities: The Political Structuring of Social Movements", in Doug McAdam, John D. McCarthyand Mayer N. Zald, eds. *Comparative Perspectives on Social Movements*, New York: Cambridge University Press, 1996, pp. 54 – 56.

了相关代表性学者的理论观点,总结了政治机会结构的四个关键变量:制度化政治体系的相对开放或封闭程度;政体内部精英阶层的稳定性;社会运动组织是否与政治精英形成联盟;国家镇压社会运动的能力和倾向(见表1-2)。

表1-2 学界对政治机会结构变量的分类

布罗克特	柯理希等	鲁赫特	塔罗	麦克亚当
有意义的接入点	正式的制度结构	进入政党体系	政体的开放性或封闭性	制度化政治体系的相对开放或封闭程度
联盟的存在	关于既定挑战的非正式程序	国家政策执行能力	政治联盟的稳定性	政体内部精英阶层的稳定性
精英的分裂与冲突	关于既定挑战者的权力结构	关于既定挑战者的联盟结构	是否与政治精英形成联盟	是否与政治精英形成联盟
镇压水平		关于既定挑战者的冲突结构	政治精英内部的分裂	国家的镇压能力和倾向
抗争周期的阶段				

资料来源:笔者结合麦克亚当关于政治机会结构变量分类表格整理绘制,Doug McAdam, "Conceptual Origins, Current Problems, Future Directions", in Doug McAdam, John D. McCarthy and Mayer N. Zald, eds. *Comparative Perspectives on Social Movements*, New York: Cambridge University Press, 1996, p. 27。

政治机会结构理论认为权力是一种结构,根据查尔斯·梯利的政体模型,权力体现为政体外部挑战者与政体内部成员的力量对比关系,权力结构的变化就代表着政治机会结构的变化。例如,当政体的开放性增加,政治精英阶层的稳定性降低,社会运动与政治精英形成联盟,国家镇压社会运动的难度和成本增加时,意味着外部挑战者相对于内部成员的权力增加,社会运动的政治机会就会扩大。反之,社会运动的政治机会就会缩小,相关变量的变化就会成为政治威胁。值得注意的是,相同的政治机会结构对不同的社会运动以及社会运动不同的发展阶段,其具体的作用和意义不同,需要结合实际情况分析。

政治机会结构一方面影响着社会运动的发生与否,另一方面也在很大程度上决定了社会运动的形式,因此,政治机会结构理论特别关注社会运动形式的变化。麦克亚当指出，如果将社会运动视为从高度制度化的改革到暴力革命的连续体，那么，当制度化政治体系的开放程度增加，社会运动与政治精英形成联盟时，社会运动倾向于采取高度制度化的改革形式。当政体内部精英阶层分裂，国家镇压社会运动的能力或意愿降低，社会运动则倾向于采取非制度化的抗议甚至暴力革命的形式。①

(二) 资源动员

资源动员理论认为，社会运动的成功与否取决于能否动员足够的资源，重点关注社会运动的动员结构。根据不同的分类标准，动员结构可以分为内部结构与外部结构，或者正式结构与非正式结构，其中，内部结构、正式结构指社会运动组织本身，外部结构、非正式结构则是指社会关系网络。在基于"社会运动市场"的假定下，社会运动组织本身是市场的需求方，外部的社会运动参与则是市场的供给方。

社会运动组织是在目标上认同于某个社会运动的信念和主张，并企图实现这些目标的复杂组织或正式组织，一般可分为专业社会运动组织和草根社会运动组织。② 专业社会运动组织的资源来自潜在受益者的外部，有专业化的领导和管理团队，组织结构严密，运行规范。草根社会运动组织则与群众联系紧密，参与性较强。对于社会运动组织而言，领导与决策机制、组织与运行结构是其核心所在。社会运动组织的结构主要有两种：联体结构（Federated Structure）和分散结构（Isolated Structure），③ 就组织结构本身而言，联体结构比分散结构的动员效率更高。另外，专业社会运动组织凭借良好的组织结构和运行机制，相比草根社会运动组织的竞争力更大，即使在外部环境和领导层面发生变化，社会运动处于低谷时期，仍然能够保持组织的连续性，为社会运动的后续发展储备力量。总之，在同等条件下，社会运动组织的组织化和专业化程度越高，资源动员的效率就越高。

社会关系网络构成了社会运动的外部动员结构，从资源动员的角度而言，具体体现为不同群体占有和支配资源的相对结构，也就是社会资源配

---

① Doug McAdam, *Conceptual Origins, Current Problems, Future Directions*, pp. 29–30.
② 冯仕政:《西方社会运动理论研究》，第106页。
③ 约翰·麦卡锡和迈耶·左尔德指出，联体结构是指把社会运动的支持者组织到一个统一单元之中，形成科层体系。分散结构是指社会运动的支持者处于分散状态，缺乏层级机构，通过通信或派员方式实现支持者的动员。

置结构。社会运动资源可以分为有形资源与无形资源,有形资源包括资金、媒体、空间等,无形资源包括技能、关系渠道、时间和奉献精神等。① 在资源配置上,绝大多数的社会资源集中在精英阶层,处于支配地位。因此,精英阶层的支持对社会运动的发展十分重要。相对而言,草根阶层掌握的资源有限,处于从属地位,但是,草根阶层在直接的人力动员上更具优势。同时,草根阶层也能够以撤回支持等方式迫使精英阶层做出让步。总之,资源动员的过程就是有效调动有形资源和无形资源,实现最大限度的社会运动参与。一般而言,社会关系网络对社会运动参与的促进机制包括:社会化功能、结构连接功能和决策塑造功能。② 社会化功能即社会关系网络紧密的群体通过参加社会运动展现价值认同;结构连接功能即个体可以通过社会关系网络吸引更多群体参加社会运动;决策塑造功能即社会关系网络影响个体是否参加社会运动的决策判断。

总之,动员结构主要在正式的社会运动组织和非正式的社会关系网络两个层面,对社会运动的发展和壮大发挥重要作用(见图1-1)。

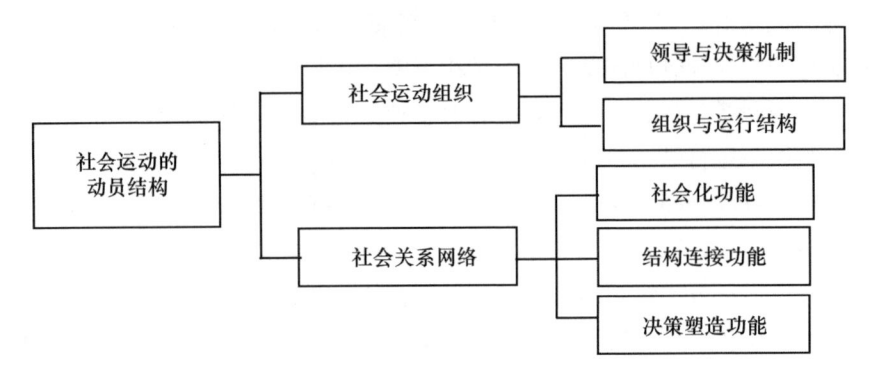

图1-1 社会运动的动员结构

资料来源:笔者自制。

(三)框架建构

框架建构理论主要关注社会运动的主观层面,即思想动员和观念塑

---

① Jo. Freeman, *The Politics of Women's Liberation: A Case Study of an Emerging Social Movement and Its Relation to the Policy Process*, New York: Longman, 1975, pp. 170 – 174.

② Florence Passy, "Socialization, Connection, and The Structure/Agency Gap: A Specification of the Impact of Networks on Participation in Social Movements," *Mobilization: An International Quarterly*, Vol. 6, No. 2, 2001, pp. 173 – 192.

造。该理论认为，社会运动是一个框架建构的过程，其成功与否在于框架过程能够有效引导人们对社会现实的解读和建构，形成认同并真正参与社会运动。欧文·戈夫曼（Erving Goffman）指出，框架是指使个体能够定位、感知、识别和标记在生活空间和更广泛的世界中所发生的事件的理解图式。框架对于人类认知和行动具有聚焦、连接和转变三大功能。[1] 聚焦即通过框架让人们忽略社会现实的某些方面而关注特定方面；连接是通过框架使人们对时间和空间上分散的信息按一定逻辑形成整体系统的认知；转变是通过框架改变对特定对象的固有认知，转移人们的关注对象，或者将关注对象和认知意义进行重新组合。

框架建构不是一个常量，而是一个不断发展变化的动态过程。框架建构包括三个核心任务：社会问题的诊断、社会问题的预后和运动参与动机的激发，相应的三个步骤称为诊断性框架建构（Diagnostic Framing）、预后性框架建构（Prognostic Framing）和促动性框架建构（Motivational Framing）。[2] 诊断性框架建构的目标是确定社会问题及原因，主要包括三方面内容：确定问题的存在，指认"加害者"，明确代言人。预后性框架建构的目标是针对社会问题提出解决方案，确定社会运动的目的和行动方案。促动性框架建构的目标是让人们认同社会运动的问题诊断和行动方案，进而实际参与其中。社会运动一般从以下四个方面进行促动性框架建构：问题的严重性、采取行动的紧迫性、采取行动的有效性和行动在道德上的适当性。[3] 当然，诊断性框架建构、预后性框架建构和促动性框架建构不是单向的顺序过程，而是一个不断调整的互动过程。

在社会运动的框架建构过程中，文化、宗教和意识形态的作用尤为重要。安·斯威德勒指出，文化对人类行动有两个基本功能：一是作为一种信仰系统，规定行动的路线；二是作为一种资源，影响行动

---

[1] David A. Snow, "Framing Processes, Ideology, and Discursive Fields", in David A. Snow, Sarah A. Soule and HanspeterKriesi, eds. *The Blackwell Companion to Social Movements*, MA: Blackwell Pub, 2004, pp. 380 – 412.

[2] David A. Snow and Robert D. Benford, "Ideology, Frame Resonance, and Participant Mobilization", in Bert Klandermans, Hanspeter Kriesi and Sidney Tarrow, eds. *From structure to action: comparing social movement research across cultures*, Greenwich: JAI Press, 1988, pp. 197 – 217.

[3] Robert D. Benford, "You Could Be the Hundredth Monkey: Collective Action Frames and Vocabularies of Motive within the Nuclear Disarmament Movement," *The Sociological Quarterly*, Vol. 34, No. 2, 1993, pp. 195 – 216.

的策略。① 因此，社会运动框架建构的方向和策略会受到文化作为信仰系统的限制。同时，社会运动也会基于目标需求，挖掘并组织社会历史文化要素，充分利用文化资源的"工具箱"。另外，宗教对社会运动的观念建构发挥着重要作用，宗教不仅成为联合所有社会运动参与者的认同，而且还为特定社会运动的发展和目标赋予神圣性。② 一方面，宗教信仰超越了利益最大化的理性主义逻辑，人们会凭借单纯的宗教信仰而主动参与社会运动。另一方面，社会运动借用宗教信仰的"神圣外衣"，能够实现快速而高效的思想动员。因此，在分析宗教国家的社会运动时，需要特别关注其中的宗教因素。意识形态与框架不同，前者更具根本性和稳定性，同时，还有着较浓厚的政治含义，需要长期的社会化和学习过程。而框架则可以短期建构和临时创设，具有较浓厚的社会心理学色彩。意识形态与框架不存在必然的对应关系，即使同一意识形态下也会出现不同的框架建构。此外，意识形态既可以充当框架建构的"合法外衣"，也可能因为意识形态纯洁性之争，成为框架建构的限制因素。

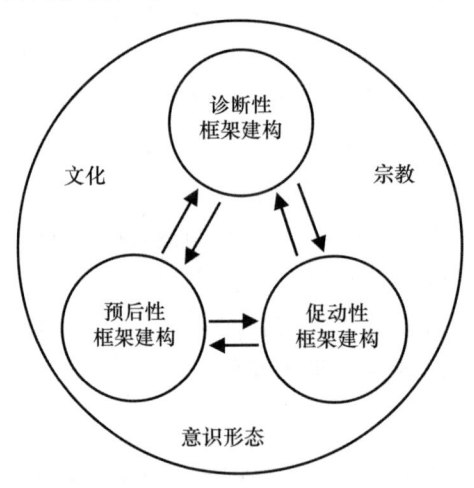

图 1-2 社会运动的框架建构过程

资料来源：笔者自制。

---

① A. Swidler, "Culture in Action: Symbols and Strategies," *American Sociological Review*, Vol. 51, No. 2, 1986, pp. 273-286.
② 王佳尼：《社会运动理论视角下的土耳其伊斯兰运动研究》，博士学位论文，上海外国语大学，2017年。

衡量框架建构有效性的关键指标是共鸣度，即框架建构在多大程度上能够引起计划动员人群的共鸣，使其参加到社会运动之中。影响框架建构共鸣度的因素可分为可信度（Credibility）和关联显著度（RelativeSalience）两类，其中，可信度是指集体行动框架本身的结构特征，关联显著度则是指框架与动员对象之间的关系。可信度包括框架一致性、经验可信度、阐述人和主诉人的可信度；关联显著度则包括中心度、感受通约度和叙述逼真度。[1]

（四）三大要素的比较与互动关系

政治机会、资源动员和框架建构是影响社会运动产生与发展的三大核心要素，由于三者的前提假设和解释逻辑不同，影响社会运动的具体作用机制也不同。同时，三者并非相互独立，而是在相互作用中共同影响社会运动的产生与发展。

就具体的作用机制而言，政治机会主要影响着社会运动的产生和形式。一方面，政治机会的出现往往标志着社会运动产生的关键时间节点，如果缺乏有效的政治机会，社会运动往往难以产生。另一方面，社会运动的形式是从高度制度化的集体行为到暴力革命的连续体，政治机会在很大程度上决定着社会运动以何种形式产生和发展。资源动员主要影响社会运动的组织运行和动员效率。一方面，专业化组织能够保证社会运动在不同时期相对稳定地运行和决策。另一方面，高效的资源动员能够实现有效的社会动员，不断扩大社会基础。框架建构主要关注社会运动的主观层面，即思想动员和观念塑造。只有通过成功的框架建构才能让政治机会和资源动员的客观结构潜能转变为实际的行动参与。因此，政治机会、资源动员和框架建构影响社会运动的具体作用机制不同，单一要素仅仅是社会运动产生和发展的必要但非充分条件。

此外，政治机会、资源动员和框架建构存在着相互作用关系，传统的研究视角突出单一要素的作用，但忽略了三者之间的相互作用关系。例如，政治体系变化产生政治机会，能够改变权力的相对关系以及社会资源的分配结构，进而影响资源动员的过程。同时，政治体系变化还能够引发框架建构过程，加强人们对现有政治体系脆弱性的认知，从而削弱其合法性，进一步扩

---

[1] Robert D. Benford and David A. Snow, "Framing Processes and Social Movements: An Overview and Assessment," *Annual Review of Sociology*, Vol. 26, 2000, pp. 611-639.

大政治机会。另外，在一定程度上，资源动员与框架建构存在着相互依赖的关系。有效的框架建构能够显著地加速资源动员的过程。而不同动员结构下的群体规模也限制着框架建构的潜力，如果缺乏实际的动员结构，框架建构就无法有效传播并影响到足以发生集体行动的最小规模群体。[1]

第三节　一个整合性的解释框架

根据前文对社会运动的概念内涵和三大要素的阐释，本书将论述运用社会运动理论分析国民志愿服务团的适用性，论证包含政治机会、资源动员和框架建构三大要素综合视角的解释优势，同时，探讨社会运动与政党的互动关系。在此基础上，本书尝试提出一个包括三大要素的整合性解释框架。

自1925年成立以来，国民志愿服务团从事的活动实际上构成了长期和大规模的社会运动，即以复兴印度教文化，建设印度教国家为最终愿景，基于印度教民族主义的意识形态推动社会变革。运动形式从最开始的冲突和对抗等非制度化的方式开始，不断从外部与制度化政治体系进行抗争，最终进入政治体系内部，继而以制度化的方式为主，不断推动社会变革。因此，国民志愿服务团从本质上可以界定为一个社会运动组织，采用社会运动理论的研究视角具有天然的适用性。另外，需特别指出的是，社会运动理论起源于西方，研究对象基本上以美国的社会运动为主，后逐渐转向法德等欧洲国家，也就是说绝大多数研究都是基于西方国家经验。但实际上社会运动在具体机制上是相通的，只是在不同的国家与社会关系即国内结构条件下，社会机制的发生方式和优先顺序不同，从而导致社会运动产生、发展和结果的差异。因此，社会运动理论仍然可以有效分析和解释印度等非西方国家的社会运动现象。

一　基于三大要素的综合视角

传统的社会运动研究遵循政治过程、资源动员和框架建构三大理论流派的研究范式，前提假设、核心概念和解释优势各有不同。然而，传统单

---

[1] Doug Mcadam, John D. Mccarthy and Mayer N. Zald, "Introduction: Opportunities, mobilizing structures, and framing processes-toward a synthetic, comparative perspective on social movements", in Doug Mcadam, John D. Mccarthy and Mayer N. Zald, eds. *Comparative Perspectives on Social Movements*, Cambridge: Cambridge University Press, 1996, pp. 8–9.

一理论视角的研究范式存在着一些局限性。

首先，传统的研究视角特别强调单一要素的重要作用，解释的侧重有所不同，但往往忽视了其他要素的作用。经验表明，成功的社会运动往往是政治机会、资源动员和框架建构三大要素综合作用的结果。因此，综合三大要素能够更加全面和深刻地认识社会运动。其次，单一研究视角主要关注特定时期的某一社会运动，在特定时期内，政治机会、资源动员和框架建构三大要素相对稳定，很少发生多次变化。然而，对于发展历时较长的社会运动而言，国家与社会关系可能发生变化，三大要素也可能随之发生多次变化。另外，在不同时期各要素的相对重要性也会随之变化。因此，针对历时较长的社会运动而言，单一视角往往难以反映三大要素的发展变化过程。最后，单一研究视角未能纳入三大要素之间的相互作用关系。政治机会、资源动员和框架建构三大要素并非相互独立，而是存在着相互作用关系，某一要素的变化可能会引起其他要素的变化，这种相互作用关系也会影响社会运动的产生和发展过程。

需要指出的是，基于政治机会、资源动员和框架建构三大要素的综合视角在逻辑上并不矛盾。因为三大要素影响社会运动的具体作用机制不同，解释逻辑并不冲突。其中，政治机会决定了社会运动的产生与运动形式，资源动员主要影响社会运动的组织运行和动员效率，框架建构则聚焦社会运动的思想动员和观念塑造。一个成功的社会运动是政治机会、资源动员和框架建构三大要素共同作用的结果，三者共同构成了成功社会运动的充分必要条件。

与其他社会运动组织相比，国民志愿服务团具有一定的特殊性，有必要纳入政治机会、资源动员和框架建构三大要素的综合视角展开分析。首先，发展历史较长，政治机会发生多次重要变化。该组织成立于1925年，至今已有近百年的发展过程，先后经历了英国殖民、国大党执政和印度人民党执政等重要时期，长期且深度参与并影响印度的社会政治发展。其间，国民志愿服务团面临的政治机会也经历了多次重要变化。其次，国民志愿服务团和团家族的社会网络规模十分庞大，能够进行充分有效的大范围社会动员。该组织具备十分可观的资源动员潜力，沙卡是国民志愿服务团最基层的"细胞单元"，宣传干部是维持组织运行的"黏合剂"，团家族各成员组织深入印度社会各个阶层和领域，共同形成了十分独特且高效的资源动员模式。因此，资源动员是分析研究国民志愿服务团的重要一环。再次，国民志愿服务团的框架建构过程深受印度教宗教、文化传统和印度教民族主义意识形态的影响。国民志愿服务团发起的"圣牛保护"、罗摩出生地运动等大规模的社会运动，背后均有宗教、文化和意识形态的有效支持。如果脱离宗教、文化和意识形态的支持，国民志愿服务团的发展速度、组织规模、动员潜力和政治影响力都将严重削弱。最后，国民志愿服务团的发展壮大和政治影响力的提升是三大要素综合作用的结果。英国殖民和国大党执政时期，国民志愿服务团面临的政治机会比较有限，主要通过组织建设不断积累资源动员潜力。同时，通过框架建构对国大党的执政权威进行持续攻击。印度人民党成立之后，国民志愿服务团通过大规模的社会动员，有效推动了印度人民党的政治崛起，而印度人民党执政又进一步扩大了国民志愿服务团的政治机会。尤其是莫迪执政以来，国民志愿服务团在政治机会、资源动员和框架建构三大要素上均达到较高水平，政治影响力也达到新的高度。因此，采取三大要素的综合视角分析研究国民志愿服务团十分必要。

二 社会运动与政党的关系

政治机会、资源动员和框架建构是影响社会运动产生与发展的三大要素，然而，社会运动的结果和影响则不在三大要素的重点关注范围之内。实际上，衡量社会运动成功与否的关键在于是否实现了运动目标以及对政府决策的实际影响。当社会运动的规模和实力达到一定水平时，如果要持续有效地影响政府决策，就需要与执政党进行合作或形成联盟，通过政府层面推动社会运动的政策实践。当社会运动与执政党的合作关系或联盟紧密时，制度化政治渠道的有效性较高，社会运动影响政府决策的能力就较强。当二者的合作关系或联盟产生分裂时，制度化政治渠道的有效性较低，社会运动影响政府决策的能力将被削弱。因此，社会运动与政党尤其是执政党的互动关系是衡量社会运动影响一国政府决策和内政外交的重要指标。

在现实政治中，社会运动与政党的关系较为复杂多样，[①] 但大致可以

[①] 参见［美］杰克·戈德斯通《国家、政党与社会运动》，章延杰译，上海人民出版社2009年版，第 xxxv—xxxviii 页；Swen Hutter, Hanspeter Kriesi and Jasmine Lorenzini, "Social Movements Interactions with Political Parties", in David A. Snow, Sarah A. Soule, Hanspeter Kriesi and Holly J. McCammon, eds. *The Wiley Blackwell Companion to Social Movements*, New Jersey: Wiley-Blackwell, 2018, pp. 323–324。

区分为两类关系。① 第一，抗争关系。社会运动将挑战执政党的权威地位，执政党则对社会运动进行镇压。由于社会运动与执政党相比处于弱势地位，因此，二者形成了一种"以弱对强"的抗争关系。例如，国民志愿服务团试图挑战国大党主导的世俗主义政治秩序，但受到政府镇压而发展受限。抗争关系是社会运动与政党之间最普遍的关系模式。第二，结盟关系。社会运动与政党通常因竞选动员和政策立场等原因形成联盟，而结盟的前提是优势互补和政治交换。社会运动拥有特定的社会基础和关系网络，能够为政党进行有效的竞选动员支持。政党拥有制度化的政治渠道和政策执行能力，能够满足社会运动的目标诉求。二者的结盟关系既包括社会运动与反对党结盟，也包括与执政党结盟。值得注意的是，在结盟关系中存在一种特殊模式——继承关系，即政党产生于社会运动，社会运动是政党的母体，国民志愿服务团与印度人民党就可以被界定为继承关系。在继承关系模式下，当政党取得执政地位之后，作为母体的社会运动能够对政府决策施加较强的影响。当然，影响的程度还取决于社会运动与执政党之间的互动关系，在较为理想的情况下，二者能够形成一种持久的互利共生关系，社会运动就能够持续有效地影响一国政府的决策。

三 解释框架的提出

根据前文关于三大要素综合视角、社会运动与政党关系的论述，本书拟提出一个基于社会运动理论的整合性解释框架（见图1-3）。该解释框架以本书的研究问题即国民志愿服务团如何参与并影响印度社会政治发展为线索，对应回答三个子问题：第一，国民志愿服务团是如何产生并发展壮大的？第二，国民志愿服务团在不同历史时期是如何参与印度政治过程的？第三，印度人民党执政时期国民志愿服务团对内政和外交产生了怎样的影响？

结合解释框架，本书的研究思路如下：以印度社会政治发展的重要时期和事件为参照，将国民志愿服务团的发展历史划分三个时期：组织成立与发展建设初期（1925年—20世纪40年代）、组织转型与团家族形成时

---

① 为便于理论分析，本书将社会运动与政党的关系简化为抗争与结盟两种类型。在现实情况中，社会运动与政党可能未必产生直接关系，同时，社会运动与其他反对党在争取政治权力的过程中也可能存在竞争关系，但上述情况不在本书研究范围内。

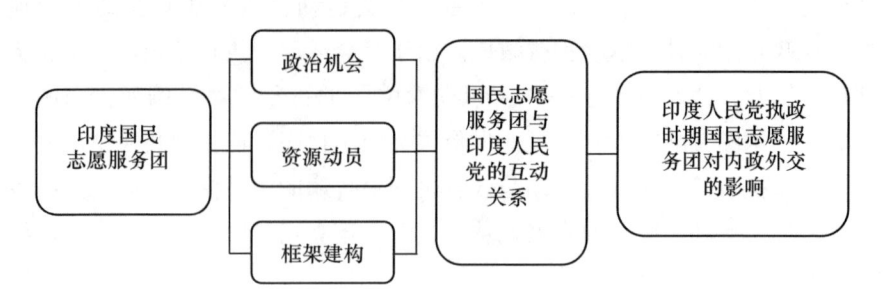

图 1-3　基于社会运动理论的整合性解释框架

资料来源：笔者自制。

期（20世纪50—70年代）、激进主义与政治崛起时期（20世纪80—90年代），每个时期分别从政治机会、资源动员和框架建构三大要素入手，具体分析国民志愿服务团如何产生和发展壮大以及如何参与印度政治过程，对应回答前两个子问题。针对政治机会要素，主要分析国民志愿服务团面临不同政治机会时的发展形式以及如何应对并争取扩大政治机会。针对资源动员要素，主要分析国民志愿服务团在不同时期动员结构和社会网络的发展变化，同时，选择该组织发起的"圣牛保护"运动、罗摩出生地运动等大规模社会运动进行案例分析。针对框架建构要素，主要分析国民志愿服务团的诊断性、预后性和促动性框架建构过程以及框架建构的发展演变。在具体研究过程中还将分析政治机会、资源动员和框架建构三大要素的相互作用。在上述基础上，本书选择印度人民党两次执政经历即瓦杰帕伊政府时期（1998—2004年）和莫迪政府时期（2014年至今），以国民志愿服务团与印度人民党的互动关系变化为线索，对比分析不同时期国民志愿服务团对印度内政和外交的影响，对应回答第三个子问题。

第二章

国民志愿服务团的历史与现状概述

印度国民志愿服务团成立于1925年，经过近百年的发展，已成为目前印度最大的非政府组织。国民志愿服务团拥有众多国内分支组织，涉及政党、学生、农民、工人、妇女、部落等各阶层，同时，在英国、美国、肯尼亚等国还设有海外分支机构。国民志愿服务团及其分支组织共同构成了规模庞大的团家族，成为深刻影响印度社会政治发展的"深层国家"。无论是在印度独立运动时期，还是在独立后国家建设时期，国民志愿服务团始终参与并影响着印度社会政治发展。由于国内学界整体上对该组织的关注和研究相对不足，因此，本书将梳理介绍国民志愿服务团的基本情况、组织运行和主要分支。

第一节 国民志愿服务团的基本情况

一 成立背景

第一次世界大战和俄国十月革命以来，世界民族解放运动迅速发展，帝国主义的殖民体系开始动摇。英印政府为巩固殖民统治基础，采取"分而治之"的策略，挑拨印度教徒和穆斯林的矛盾，印度反殖民主义和教派冲突情绪日渐高涨，一批民族主义政党和宗教组织相继出现。1885年，印度国民大会党在孟买成立，成为诞生于英属印度的第一个现代民族主义政党。20世纪初期，甘地成为国大党的精神领袖，其领导的"非暴力不合作"运动成为印度民族独立运动的主导力量。1905年，英属印度总督寇松颁布《孟加拉分省法令》，根据宗教信仰将孟加拉省强行分割为东西两部分，引发了较大规模的反英斗争。1906年，全印穆斯林联盟在达卡成立，主张在南亚次大陆建立伊斯兰国家。1909年，英印政府颁布

《莫里—明托改革法案》，为穆斯林设置立法机构单独代表权，确认穆斯林联盟的政治地位，进一步激化了印穆教派矛盾。

伴随着反殖民运动的兴起和印穆教派冲突的升级，印度教民族主义也逐步发展壮大。面对来自英国殖民和穆斯林的压力与威胁，1914年，国大党早期领袖提拉克（B. G. Tilak）在加尔各答成立印度教大斋会（Hindu Mahasabha）。该组织是较早成立的印度教民族主义激进组织，致力于捍卫印度教徒利益，在南亚次大陆建立一个印度教国家。1915年，甘地从南非返回印度，并于1919年领导了反对《罗拉特法案》的第一次"非暴力不合作"运动。同时，印度穆斯林发起"基拉法特"运动，"非暴力不合作"运动和"基拉法特"运动曾一度联合，但后期遭到镇压。1923年，萨瓦卡（V. D. Savarkar）完成《印度教特性》（*Hindutva*）一书，奠定了印度教民族主义的思想基础。在独立运动和相关思想学说的影响下，1925年9月27日，海德格瓦（K. B. Hedgewar）在马哈拉施特拉邦的那格浦尔宣布成立印度国民志愿服务团，此后担任该组织首任最高领袖，那格浦尔也成为国民志愿服务团的总部所在地。20世纪20年代，海德格瓦曾积极参与国大党的活动，但由于政策主张尤其是对待穆斯林态度的分歧，遂转向印度教民族主义的行动路线。海德格瓦呼吁抵制英国殖民主义的文化侵袭，通过身体训练和知识学习，复兴印度教文化，团结印度教社会，试图建设一个印度教国家。国民志愿服务团正是在印度独立运动高涨和印穆教派冲突激化的背景成立的。

二 组织概况

国民志愿服务团于1925年成立，但直到1949年8月1日才制定组织章程。章程规定的组织目标是团结印度教社会的不同群体，基于"达摩"（Dharma）和"梵"（Sanskriti）复兴印度教社会，追求婆罗多世界的全面发展。海德格瓦在创立该组织时将其定位为文化组织，主要从事身体训练、志愿服务和救援工作，他认为参与政治不利于品格塑造和意志磨炼，因此，呼吁远离政治事务。[①] 国民志愿服务团是代表印度教高种姓阶层利益的组织，主要负责人均出身印度教高种姓，组织的根基主要分布在印度中部、西部和北部。

---

① Arun Anand, *Know About RSS*, New Delhi: Prabhat Paperbacks, 2019, p. 120.

国民志愿服务团的成立日期是印度教的重要节日十胜节（Vijayadashami Day），每年十胜节最高领袖将发表讲话，介绍国民志愿服务团和团家族的发展情况与未来规划，同时，对国家社会政治文化领域的重要事务表态。国民志愿服务团成员主要是青年男性，高层负责人多为单身。该组织不需要严格的登记注册，只需要参加沙卡活动即视为加入并成为志愿者。沙卡是国民志愿服务团最基层的组织，主要活动内容是体育训练和学习讨论。沙卡志愿者在日常训练中统一着装，即黑色帽子、白色衬衣和卡其色短裤。① 国民志愿服务团的旗帜为橘黄色，形状为两个倾斜的三角形交会在一起，该旗帜源于17世纪印度教帝国马拉塔帝国的国旗，国民志愿服务团将其视为古鲁（Guru），即精神领袖的象征。经过近百年的发展，该组织拥有志愿者100余万人，沙卡6万余个。②

国民志愿服务团的成员绝大多数均为参加沙卡活动、兼职工作的志愿者，普通志愿者需要通过三级训练营的学习训练方能成为正式工作者（Karyakarta）。③ 正式工作者分为全职和兼职两类，其中，绝大多数均为兼职工作者（Grahastha Karyakarta），他们拥有自己的生活和家庭，利用业余时间参加活动。全职工作者又被称为宣传干部，④ 他们保持单身，放弃家庭和个人生活，不领取任何报酬，宣誓为国民志愿服务团的事业奋斗终生，被派往不同地区和分支组织从事宣传组织工作。根据国民志愿服务团相关规定，只有宣传干部才有机会晋升社区及以上的组织领导干部。此外，印度人民党全国和邦一级的组织书记基本上均由国民志愿服务团的宣传干部担任。

虽然国民志愿服务团自称文化组织，远离政治事务，但实际上一直不同程度地参与政治活动。该组织在历史上曾先后三次被政府取缔，最终都得以解禁，最长一次被禁时间也不超过2年（见表2-1）。

---

① 2016年，国民志愿服务团决定将统一制服的卡其色短裤改为棕色长裤。
② 根据国民志愿服务团官方网站（http://rss.org）数据统计。
③ 三级训练营分别为：一年级训练营（Pratham Varsha Sangh Shiksha Varg）、二年级训练营（Dwitiya Varsh Sangh Shiksha Varg）、三年级训练营（Tritiya Shiksha Varg），其中三年级训练营仅在国民志愿服务团总部那格浦尔举行，只有参加完一、二年级训练营的人员才有资格参加。
④ 国民志愿服务团的宣传干部制度始于1932年，宣传干部主要职责包括：开办新的沙卡，改善沙卡运行情况，吸纳新成员，传播组织意识形态。宣传干部一般不领取报酬，可自愿选择退出，但仍然可以与组织保持联系。全职志愿者工作一年及以下称为初级宣传干部（Vistarak），工作一年及以上称为宣传干部（Pracharak）。

表 2 – 1　　　　　　国民志愿服务团被政府取缔相关情况

被禁时间	被禁原因	解禁时间
1948 年 2 月 4 日	1948 年 1 月 30 日，印度教大斋会、国民志愿服务团前成员南度兰姆·高士（Nathuram Godse）刺杀"圣雄"甘地，国民志愿服务团因被控与刺杀行动有关被政府取缔，该组织最高领袖格尔瓦卡（M. S. Golwalkar）被捕	1949 年 7 月 11 日
1975 年 7 月 4 日	1975 年 6 月 25 日，英迪拉·甘地总理宣布进入国家紧急状态，国民志愿服务团等一批组织被政府取缔，该组织最高领袖德奥拉斯（Balasaheb Deoras）被捕	1977 年 3 月 21 日
1992 年 12 月 10 日	1992 年 12 月 6 日，大批印度教徒强行拆毁北方邦阿约迪亚的巴布里清真寺，引发大规模印穆教派冲突，国民志愿服务团被控鼓动教派冲突，策划参与"毁寺"行为被政府取缔	1993 年 6 月 4 日

资料来源：笔者自制。

三　资金来源

尽管国民志愿服务团是印度目前最大的非政府组织，然而，它并没有正式注册，也没有设立专门的银行账户，名下也没有明确的固定资产。因此，国民志愿服务团的资金运行游离在正常的监管范围之外，印度国内指控该组织属于非法组织的声音不断。针对资金来源、是否接受审计、是否纳税等情况的公众质疑，该组织也没有正式做出回应。根据国民志愿服务团的章程，中央执行委员会负责资金的监管和使用。然而，关于该组织的主要资金来源和使用情况，尚没有明确的证据或结论。不过根据组织章程和媒体报道的相关消息，初步判定主要资金来源大致包括三部分：志愿者内部捐款、企业行业资金支持和海外资金支持。

（一）志愿者内部捐款

国民志愿服务团对外宣称不接受任何组织或个人的捐赠或赞助，所有资金都源自志愿者的匿名捐款——敬献仪式（Guru-Dakshina），即志愿者在每年的敬师节等重要节日以个人名义向古鲁敬献资金。该资金一部分用于当地组织的日常运行支出，另一部分则统一上交至那格浦尔总部。国民志愿服务团对外表示，通过内部捐款实现资金独立自主，能够避免受到外部力量的干预或控制。通常志愿者的捐款金额都很小，在组织成立初期尚能够维持日常运行，但按照目前的成员和沙卡数量、分支机构规模而言，单纯的内部捐款基本无法保证组织运行。因此，敬献仪式的象征意义远大于实际意义，内部捐款只是该组织掩盖资金来源的幌子，可以基本判定不是其主要资金来源。

（二）企业行业资金支持

国民志愿服务团和团家族组织投入大量人力和资金用于开办学校、医院，从事慈善救济和社会福利工作。为获得资金支持，该组织与印度知名企业保持密切往来。相关企业以慈善捐赠的名义为其提供了大量财物支持，国民志愿服务团的志愿者则为相关企业进行宣传，有助于塑造良好的企业形象，二者在一定程度上形成了互利的合作关系。因此，印度知名企业的赞助是国民志愿服务团另一个重要的资金来源。

莫迪执政以来，鉴于印度人民党与国民志愿服务团的紧密关系，不少印度知名企业主动接近国民志愿服务团，试图争取莫迪政府的政策支持。印度知名企业家、塔塔集团原董事长拉坦·塔塔（Ratan Tata）与国民志愿服务团最高领袖巴格瓦特（Mohan Bhagwat）关系紧密，曾于2016年和2019年到访国民志愿服务团总部，并出席该组织举行的大型集会。塔塔集团曾向国民志愿服务团分支组织运营的那格浦尔国家癌症研究院捐款10亿卢比，向纳那·帕尔卡纪念委员会（Nana Palkar Smriti Samiti）捐赠大批医疗器材。此外，印度HCL科技董事长希夫·纳达（Shiv Nadar）曾参加2019年国民志愿服务团成立纪念日活动，威普罗（Wipro Limited）董事长阿齐姆·普莱姆基（Azim Premji）于2019年访问国民志愿服务团总部并与巴格瓦特会面。可见，印度知名企业与国民志愿服务团保持了较为密切的关系，企业捐赠也是该组织一个重要的资金来源。

（三）海外资金支持

国民志愿服务团另外一个主要的资金来源是海外分支组织和印度移民的支持。该组织在美国、英国、肯尼亚等多个国家均设有分支组织，主要包括印度教志愿服务团（Hindu Swayamsevak Sangh）、世界印度教大会（Vishwa Hindu Parishad）和国际服务组织（Sewa International）等，相关组织能够有效团结所在国的印度移民，在凝聚印度教认同、争取资金和政治支持方面发挥了重要作用。其中，美国的分支组织是国民志愿服务团海外资金的主要来源，主要包括印度教志愿服务团美国分支、世界印度教大会美国分会、国际服务组织美国分支、单一教师学校基金会（Ekal Vidyalaya Foundation）、印度人民党海外之友（OFBJP）等，大多机构在美国属于免于征税的非营利组织，便于为印度国内提供资金支持。相关组织主要通过美国的印度发展援助基金会（India Development and Relief Fund）为国民志愿服务团提供资金支持。根据南亚公民网站（South Asia Citizens Web）发布的调查报告，该组织于1994—2001年向印度国内提供了500万美元用于发展和援助，其中，超过80%的资金流向团家族成员组织。此外，印度裔是美国收入水平和社会地位较高的移民群体，资本实力雄厚，在美国具有很强的政治影响力，在为国民志愿服务团日常运行、印度人民党竞选动员募集资金的过程中发挥了重要作用。值得注意的是，莫迪政府修改了外国资金监管法案，允许政党接受外国资金支持和匿名捐助，使得印度人民党获得的海外资金支持免于审查。目前，由于印度国内对非政府组织的监管政策收紧，国民志愿服务团也在不断扩大海外组织网络，进一步拓展资金来源渠道。

四 意识形态

国民志愿服务团及其分支组织具有很强的家庭观念，认为共同属于团家族大家庭。除通过派遣干部和会议沟通协调外，国民志愿服务团和分支组织主要通过印度教民族主义的意识形态纽带保持凝聚力。因此，以印度教特性为核心的印度教民族主义意识形态是团家族的鲜明特征。本书将选择对国民志愿服务团的意识形态产生重要影响的主要代表人物萨瓦卡、格尔瓦卡和乌帕德雅亚（Deendayal Upadhyaya），简要介绍其观点思想以及对印度教民族主义意识形态的作用和影响。

（一）萨瓦卡与印度教特性

印度教民族主义意识形态的核心是印度教特性，印度教特性概念由萨瓦卡在1923年提出，并在《印度教特性》一书中进行具体阐述。国民志愿服务团的创立者海德格瓦深受萨瓦卡思想的影响。萨瓦卡指出，印度教特性的含义不同于印度教（Hinduism），印度教属于一种基于精神或宗教教义系统的理论或法典，而印度教特性则是一种文明和生活方式，奠定了印度民族性的基础。可见，印度教特性这一概念所要重点表现的不是宗教，而是历史、文化和民族，特别是民族方面。[①] 萨瓦卡认为，最早在南亚次大陆定居的雅利安人是印度人的祖先，他们所居住的土地叫作印度斯

---

① 邱永辉：《"印度教特性"释义》，《南亚研究》2003年第1期。

坦，北起喜马拉雅山脉，南抵印度洋。印度教徒因为宗教、种族、文化和历史的亲缘关系，结合成一个同质的民族，进而结合成一个同质的国家。对于在印度斯坦土地上诞生的印度教、佛教、锡克教、耆那教等教徒而言，印度斯坦既是他们的祖国，又是其宗教信仰的圣地，他们可以被称为印度人。然而，对于伊斯兰教和基督教而言，二者并非诞生于印度斯坦，生活在印度的穆斯林和基督教徒虽然视印度为祖国，但其宗教信仰的圣地却在沙特阿拉伯或巴勒斯坦，不能被称为印度人。萨瓦卡甚至指出，在印度生活着两个相互敌对的民族：印度教徒和穆斯林，标志着萨瓦卡"两个民族"理论的提出。

萨瓦卡的印度教特性概念主要基于地理统一、种族特征和共同文化三个方面，地理统一即印度斯坦，也被称为"统一的婆罗多"，是包括现巴基斯坦、孟加拉国等在内整个南亚次大陆的地理范围。① 在国民志愿服务团及其分支组织成员讲话、各类文稿等通常以一句标志性话语结尾"母亲，我向您致敬"（Vande Mataram），集中体现了对地理统一的认同。种族特征即所有印度教徒身体里都流淌着伟大种族的血液，这共同的血脉源自雅利安人和吠陀祖先，种姓制度的"顺婚"和"逆婚"没有阻隔相同血脉的传承。萨瓦卡把印度教、佛教、锡克教和耆那教等宗教都视为相同血脉种族的成员，穆斯林和基督教徒则不在之内。共同文化即以梵语和吠陀典籍为核心的吠陀文化，它们将印度教徒凝聚在一起。萨瓦卡视梵语为语言的精华，大力提倡将梵语或印地语确定为国语，认为印地语继承了梵语的精髓与灵魂，而乌尔都语等其他语言则不具备这样的地位。

萨瓦卡还指出，印度教特性不是一个词语，而是一种历史，包括印度民族思想和活动的一切存在。印度教特性构成了印度教民族主义的核心，也代表了印度教民族主义的激进形式。虽然萨瓦卡表示印度教特性与宗教信仰和仪式无关，但通过民族、种族和文化三位一体的概念建构实现印度教特性与印度教的捆绑，伊斯兰教集团和基督教徒集团则被排除在外，从而使印度民族的概念与印度教民族画上了等号。②

---

① 在国民志愿服务团日常宣传中有幅标志性的图片：印度教女神、湿婆之妻杜尔迦（Durga）头枕喜马拉雅雪山，脚抵印度洋，以雄狮为坐骑，手持三叉戟，上飘橘黄色旗，该形象代表了印度教民族主义语境下"统一的婆罗多"（Akhand Bharat）或"婆罗多母亲"（Bharat Mata）。

② 宋丽萍：《印度教特性运动的政治文化解读》，《南亚研究》2019年第4期。

(二) 格尔瓦卡与民族性的界定

格尔瓦卡是国民志愿服务团的第二任最高领袖，他的思想观点进一步发展了印度教特性的内涵，对塑造国民志愿服务团的意识形态发挥了非常重要的作用。格尔瓦卡被称为古鲁即导师，他的思想观点主要体现在1939年发表的《我们或我们民族性的界定》和1966年发表的《思想集成》两本书中。① 格尔瓦卡指出，在民族国家内部强调种族团结是多余的，因为种族是在文化上同根同源的群体，种族构成了国家的主体，种族消失国家也将消亡。格尔瓦卡基于此提出了"国族"的概念，认为印度教徒构成了印度的"国族"，显然这是一个排他性的概念。他进一步指出，"生活在印度斯坦的非印度教徒不能停留在外来者的身份，他们要么尊重和接纳印度教文化、语言、宗教和种族，要么就完全屈从于印度教国家，不能索取任何东西，不享有任何特权，更不用说是公民权利等特殊待遇。"② 格尔瓦卡认为民族是由五个要素构成的统一体，包括地理、种族、宗教、文化和语言。③ 其基本观点可以概括为印度的土地是印度教的土地，印度的文明是印度教的文明，印度的生活方式是印度教的生活方式，印度的国家是印度教的国家。④

格尔瓦卡描述的印度教国家具有高度的同质性和排他性，非印度教徒只能被同化或完全屈服，别无选择，观点十分激进。格尔瓦卡关于种族过于激进的言论，使得此后数十年间国民志愿服务团被指控为法西斯主义组织。为此，该组织曾一度停止出版格尔瓦卡的著作，并否认其关于印度民族性的观点。2018年9月，国民志愿服务团最高领袖巴格瓦特也公开表示，格尔瓦卡的思想产生于特定的时代背景，其中一些观点在当今印度社会已经不再适用。

(三) 乌帕德雅亚与整体的人本主义

乌帕德雅亚整体人本主义（Integral Humanism）思想的提出，标志着

---

① 参见 M. S. Golwalkar, *We or Our Nationhood Defined*, Nagpur: Bharat Prakashan, 1945; M. S. Golwalkar, *Bunch of Thoughts*, Bangalore: Sahitya Sindhu, 2018。

② Chetan Bhatt, *Hindu Nationalism: Origins, Ideologies and Modern Myths*, Oxford: Berg Publishers, 2001, p. 130.

③ Christophe Jaffrelot, *Hindu Nationalism: A Reader*, p. 100.

④ 李珉:《印度教与印度民族主义》,《南亚研究季刊》2004年第4期。

印度教民族主义意识形态的调整。① 1965 年，乌帕德雅亚在孟买以四次演讲的形式阐述了整体人本主义的具体内容，并被确立为人民同盟的基本原则。1985 年，印度人民党将整体人本主义确定为指导思想。乌帕德雅亚认为，"整体"强调一种整体的世界观，即整体并非部分的简单集合，部分之间变化是相互联动的。同理，社会不是个体的简单集合，个体是社会的代表，二者密不可分，是一种共生的关系。因此，人类面临的问题需要从人类与社会和自然环境互动中的寻找解决办法。"人本主义"是指个体的精神、心智与社会经济需求是三位一体，社会和经济秩序不应是剥削性的，而是合作而和谐的，能够充分保障个体的能动性与尊严。② 在国际社会层面，整体的人本主义认为，国家不是作为相互冲突的个体存在，而是组成人类社会整体的不同自然群体，每一个国家都以不同的形式代表了人类社会的整体性。因此，国家间应实现平等与均衡，共同创造整个人类社会的福祉。总体而言，整体的人本主义是基于印度传统哲学思想，以整体的视角和方式来实现人与社会的和谐统一。与萨瓦卡和格尔瓦卡的思想观点相比，整体的人本主义是一种较为温和的印度教民族主义思想。

五 社会基础

在早期的发展过程中，国民志愿服务团的社会基础以印度教高种姓和城市中产阶级为主。然而，相对封闭的社会基础限制了组织规模和影响范围的扩大。因此，国民志愿服务团开始通过团家族成员组织，尝试在不同社会阶层和群体之中建立支持，进一步扩大社会基础。总体而言，国民志愿服务团的社会基础可以分为三类：第一类是以印度教高种姓和城市中产阶级为核心的传统社会基础，属于印度社会的精英阶层。第二类是包括其他落后种姓、表列种姓和表列部落在内的，经济和社会地位相对落后的群体，属于印度社会的大众阶层。第三类是海外印度移民群体，属于美国、英国等西方国家的精英阶层。

---

① 乌帕德雅亚于 1937 年加入国民志愿服务团，1942 年开始担任全职宣传干部，1952 年加入印度人民同盟并担任总书记，1967 年担任主席。
② 参见 Vijay Kumar Malhotra and J. C. Jaitli, eds., *Evolution of BJP* (Party Doucment Vol-10), New Delhi: Bharatiya Janata Party, 2006; Deendayal Upadhyaya, *Integral Humanism: An Analysis of Some Basic Elements*, New Delhi: Prabhat Prakashan, 2016.

（一）核心支持：印度教高种姓和城市中产阶级

国民志愿服务团诞生于印度中部马哈拉施特拉邦那格浦尔，社会根基主要分布在印度中部、西部和北部，也就是传统意义上的印地语地区，是以印度教徒为核心支持力量的右翼印度教民族主义组织。国民志愿服务团的创立者、历任最高领袖和高层干部绝大多数均出身于印度教高种姓阶层，因此，该组织是由高种姓主导并代表高种姓核心利益的社会组织。此外，国民志愿服务团的早期成员多来自城市中产阶级，具有良好的教育背景，志愿者群体中也有较多的青年学生。国民志愿服务团的组织网络主要由高种姓主导控制，同时，通过教派主义煽动实现对低种姓阶层的宣传动员。总之，印度教高种姓和城市中产阶级构成了国民志愿服务团的主要领导阶层和社会基础，该组织也被认作"婆罗门俱乐部"。

（二）外围支持：依托团家族扩大社会基础

国民志愿服务团坚持鲜明印度教民族主义的意识形态，维持了来自社会保守派和经济右翼的稳定支持。① 然而，该组织也面临着在不损害核心支持群体基本利益的前提下，有效扩大社会基础的问题。为此，国民志愿服务团通过团家族成员组织在社会各领域和群体之中建立联系，塑造印度教集体身份认同，尝试扩大社会基础。② 例如，国民志愿服务团先后成立了印度工人联合会、印度农民协会、部落福利中心等分支组织，相关组织吸纳了大量工人和农民成员，鉴于工人和农民阶层在印度人口比重和社会地位，对于扩大社会基础发挥了十分重要的作用。另外，部落福利中心等组织从事创办医院学校、灾难救援、贫困救助等福利工作，建立了国民志愿服务团在其他落后种姓、表列种姓和表列部落中的支持基础，相关群体在印度人口的比重过半，是民众基础的重要组成部分。依托团家族成员组织的社会网络，国民志愿服务团一方面有效扩大了社会基础，另一方面也提高了代表印度教徒集体利益的组织合法性。该策略的效果集体中体现在印度人民同盟和印度人民党选民基础的有效扩大。

（三）海外支持：西方国家的印度移民群体

国民志愿服务团历来重视与海外印度移民群体的联系，成立早期就在

---

① Suhas Palshikar, Sanjay Kumar and Sanjay Lodha, eds., *Electoral Politics in India: The Resurgence of the Bharatiya Janata Party*, New York: Routledge, 2017, p. 29.

② Tariq Thachil, "Elite Parties and Poor Voters: Theory and Evidence from India," *American Political Science Review*, Vol. 108, No. 2, 2014, p. 454.

美国、英国等西方国家建立了海外分支组织，依托相关组织维系印度教集体身份认同。海外印度移民的规模庞大，而且整体上学历层次、收入水平和社会地位较高，在所在国经济和政治领域均具有较强的影响力。同时，积极参与并影响印度国内政治和社会经济发展。海外印度移民既是国民志愿服务团的海外支持基础，也是该组织重要的资金来源。国民志愿服务团重要的海外分支组织包括印度教志愿服务团、世界印度教大会和印度人民党海外之友等，相关组织在对团家族活动运行资金支持、印度人民党竞选动员资金支持以及国际社会舆论动员支持等方面，均发挥了不可替代的重要作用。

第二节 组织运行与主要分支

一 组织架构与决策机制

国民志愿服务团的组织结构等级严密，具体可以分为中央组织机构和地方组织机构两部分（见图2-1）。中央组织机构包括核心领导决策层、全国代表大会和相关职能部门。核心领导决策层包括1名最高领袖（Sarsanghchalak）、1名总书记（Sarkaryawah）、4—6名联合总书记（Sah-Sarkaryawah）以及中央执行委员会。①其中，最高领袖拥有绝对权威，继任者由前任最高领袖直接指定。截至目前，国民志愿服务团共产生了6任最高领袖，除第4任辛格外，均出身婆罗门高种姓（见表2-2）。

表2-2　　　　　　　国民志愿服务团历任最高领袖

序号	最高领袖	种姓	任期
1	海德格瓦（K. B. Hedgewar）	婆罗门高种姓	1925—1940年
2	格尔瓦卡（M. S. Golwalkar）	婆罗门高种姓	1940—1973年
3	德奥拉斯（Balasaheb Deoras）	婆罗门高种姓	1973—1994年
4	辛格（Rajendra Singh）	刹帝利高种姓	1994—2000年
5	苏达山（K. S. Sudershan）	婆罗门高种姓	2000—2009年
6	巴格瓦特（Mohan Bhagwat）	婆罗门高种姓	2009年至今

资料来源：笔者自制。

---

① 2018年3月，国民志愿服务团的联合总书记由4名增加至6名。

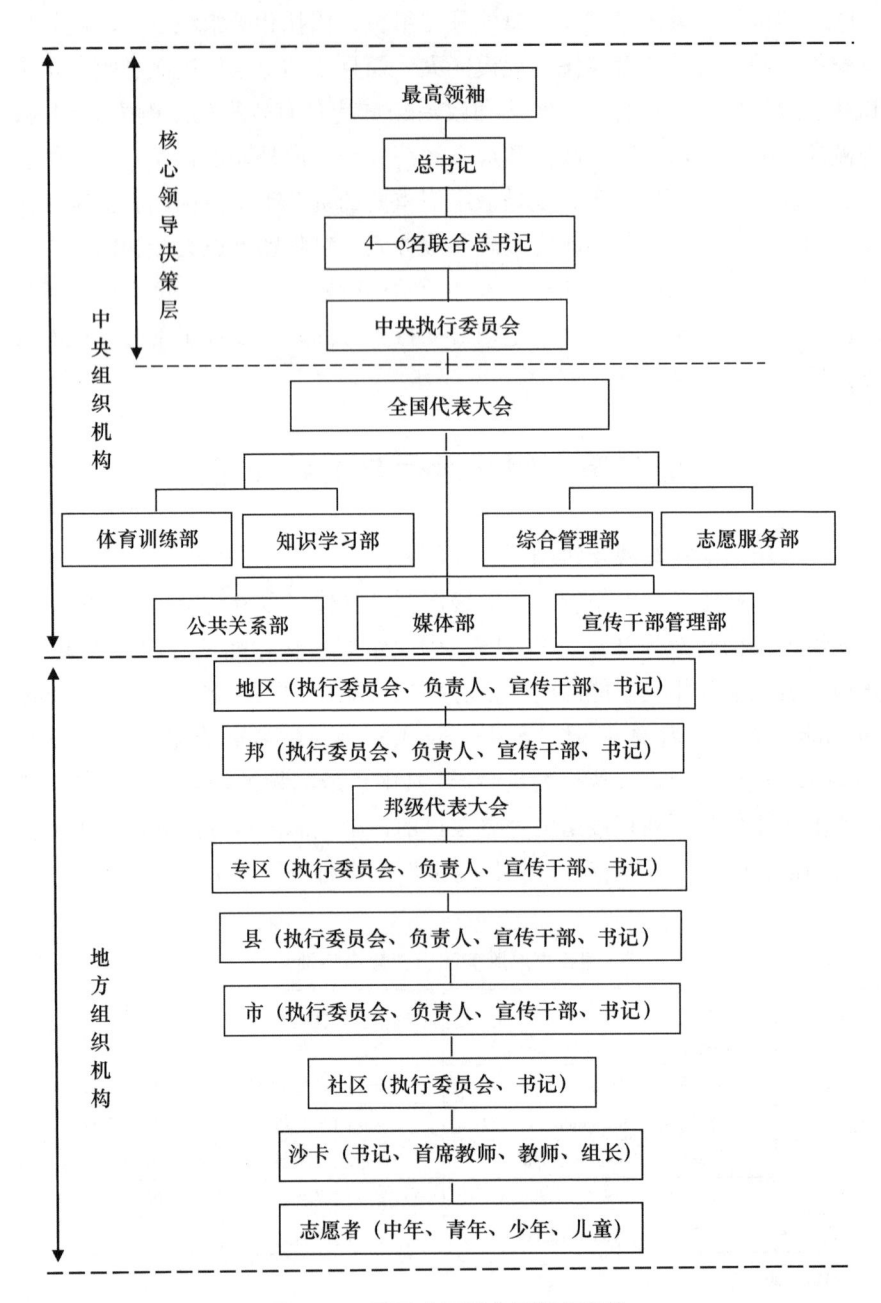

```
                            ┌──────────┐
                            │ 最高领袖 │
                            └────┬─────┘
                            ┌────┴─────┐
            核心              │  总书记  │
            领导              └────┬─────┘
            决策         ┌─────────┴─────────┐
            层           │  4—6名联合总书记  │
                         └─────────┬─────────┘
中央                     ┌─────────┴─────────┐
组织                     │   中央执行委员会   │
机构                     └─────────┬─────────┘
                         ┌─────────┴─────────┐
                         │    全国代表大会    │
                         └─────────┬─────────┘
```

图 2-1　国民志愿服务团组织结构

（中央组织机构下设：体育训练部、知识学习部、综合管理部、志愿服务部、公共关系部、媒体部、宣传干部管理部）

地方组织机构：
- 地区（执行委员会、负责人、宣传干部、书记）
- 邦（执行委员会、负责人、宣传干部、书记）
- 邦级代表大会
- 专区（执行委员会、负责人、宣传干部、书记）
- 县（执行委员会、负责人、宣传干部、书记）
- 市（执行委员会、负责人、宣传干部、书记）
- 社区（执行委员会、书记）
- 沙卡（书记、首席教师、教师、组长）
- 志愿者（中年、青年、少年、儿童）

资料来源：笔者自制。

总书记是国民志愿服务团日常管理的总负责人，联合总书记协助其开展工作。中央执行委员会（Akhil Bharatiya Karyakari Mandal）由最高领袖、总书记、联合总书记、各部门负责人正副职、高层宣传干部以及部分特邀代表委员组成，共计48人，总书记担任主席。中央执行委员会每2年召开1次会议，确定主要政策议题并提交全国代表大会审议。全国代表大会（Akhil Bharatiya Pratinidhi Sabha）是国民志愿服务团的最高权力机构，由1400名左右代表组成。另外，国民志愿服务团在印度各邦均设有邦级代表大会并推选代表参加全国代表大会，团家族成员组织的高层宣传干部也受邀参加全国代表大会。大会每年召开1次全体会议，就中央执行委员会提交议题进行讨论审议。此外，大会每3年进行总书记换届选举。国民志愿服务团下设7个主要职能部门：体育训练部（Sharirik Pramukh）、知识学习部（Bouddhik Pramukh）、综合管理部（Vyavastha Pramukh）、志愿服务部（Seva Pramukh）、公共关系部（Sampark Pramukh）、媒体部（Prachar Pramukh）和宣传干部管理部（Pracharak Pramukh），各部设1名宣传干部作为主要负责人。

国民志愿服务团的地方组织机构分为7级，自上而下分别是：地区（Kshetra）、邦（Prant）、专区（Vibhag）、县（Zilla）、市（Nagar）、社区（Mandal）、沙卡（Shakha）。根据该组织的地域划分，印度全境分为11个地区级单位和52个邦级单位。[①] 从地区到市级分支机构分别设1名负责人（Sanghchalak）、1名书记（Karyavah）、1名宣传干部和1个执行委员会（Karyakari Mandal），负责人担任执委会主席。社区则仅设1名书记和1个执行委员会。宣传干部是国民志愿服务团组织运行的"黏合剂"，各级分支机构主要通过宣传干部进行联络并开展工作，在组织发展中发挥着极为重要的作用。

沙卡作为最基层的组织，是国民志愿服务团运行的"细胞单元"，也是理解该组织运行机制的关键。通常，沙卡设1名书记和1名首席教师（Mukhya-Shikshak），书记通常由当地年长和受尊敬的人员担任，只具备名义上的权力，首席教师才具有沙卡运行管理的实际权力。同时，沙卡一

---

① 国民志愿服务团根据古印度即南亚次大陆的地理方位进行地域划分，该划分与印度现行官方行政区划大体相近，但并非一一对应。根据该组织的划分，3—10个沙卡组成1个社区，5—10个社区组成1个市，若干个市组成1个县，若干个县组成一个专区，若干个专区组成1个邦，若干个邦组成1个地区。

般设有 1—3 名教师（Shikshak）、若干名组长（Gatanayak）和志愿者（Swayamsevak）。志愿者按照年龄段分为中年（Proudh，28 岁及以上）、青年（Taruna，14—28 岁）、少年（Bal，10—14 岁）、儿童（Shishu，6—10 岁）共四组。① 沙卡在其所属执行委员会的指导下运行，行政和财务相对独立。沙卡的日常活动主要包括开展关于印度教哲学和文化的学习讨论与讲座，设立公共图书馆和阅览室，提供医疗服务、灾难救援、普及文化知识，开展体育训练，庆祝印度教传统节日等，② 所有的活动项目都是非营利性的。沙卡活动全年无休，每天早晨或晚上举行，早间沙卡主要面向成年人和老者，晚间沙卡主要面向学生。③ 沙卡开始结束时间十分严格，每次活动约 1 小时，大体上游戏和体育活动半小时，学习讨论半小时。沙卡活动包括开展传统游戏练习活动、瑜伽、使用木棍进行训练。同时，吟唱爱国歌曲，讨论国家事务。沙卡开始时升起橘黄色旗，志愿者列队敬礼并祈祷，结束时降旗，所有活动指令都使用梵语。

二 团家族成员组织

国民志愿服务团及其分支组织统称为团家族（Sangh Parivar），各分支组织同根同源，如同一棵大树生出的众多枝干，延伸到政党、学生、农民、工人、妇女、部落等各个阶层。据统计，国民志愿服务团在印度国内共有 36 个正式分支组织（见表 2 - 3），而在印度国内和海外与其存在紧密关系的组织超过 100 个。

国民志愿服务团宣称与分支组织不存在正式的隶属关系，实际上则通过派遣干部和会议协调的方式保持沟通联系。例如，国民志愿服务团向各分支组织派遣宣传干部，同时，分支组织负责人和组织书记等也多出身于国民志愿服务团。相关分支组织的负责人受邀参加全国代表大会，就相关政策议题进行沟通协调。在众多分支组织中，与国民志愿服务团关系紧密

---

① 参见 Partha Banerjee, *In the Belly of the Beast: The Hindu Supremacist RSS and BJP of India an Insider's Story*, pp. 94 - 95; Walter K. Andersen and Shridhar D. Damle, *The Brotherhood in Saffron: The Rashtriya Swayamsevak Sangh and Hindu Revivalism*, p. 83。

② 国民志愿服务团主要庆祝六个重要节日：十胜节（Vijaydashmi）、风筝节（Makar Sankranti）、新年（Varsh Pratipada）、印度帝国节（Hindu Samrajya）、敬师节（Gurupurnima）和兄妹节（Rakshabandhan）。

③ 随着组织发展和工作需要，国民志愿服务团也开设了每周沙卡（Weekly Shakha）和每月沙卡（Monthly Shakha），以便吸引更多无法参加每日沙卡的人员。

的主要包括世界印度教大会、印度人民党、全印学生联合会、印度工人联合会、印度妇女服务委员会、部落福利中心等。其中，世界印度教大会和印度人民党最为关键，与国民志愿服务团的关系也最为紧密。世界印度教大会由格尔瓦卡等人于1964年在孟买创立，是团家族成员组织中的激进派。该组织致力于团结印度教社会，维护印度教律法，并且成立了印度青年民兵（Bajrang Dal）和杜尔迦女兵团（Durga Vahini）两个准军事化的分支组织。世界印度教大会积极推动"圣牛保护"、抵制改宗和重建印度教神庙等印度教民族主义议题，曾于1984年发起罗摩出生地运动，运动最终导致1992年的阿约迪亚事件，引发大规模的印穆教派冲突。

表2-3　　　　　　　国民志愿服务团分支组织一览表

序号	名称	英文名称	成立时间	领域
1	全印律师联合会	Akhil Bharatiya Adhivakta Parishad（ABAP）	1992年	诉讼、司法
2	全印历史编纂组织	Akhil Bharatiya Itihas Sankalan Yojana（ABISY）	1978年	历史
3	全印学生联合会	Akhil Bharatiya Vidyarthi Parishad（ABVP）	1949年	学生
4	全印退役士兵服务联合会	Akhil Bhartiya Poorva Sainik Seva Parishad（ABPSSP）	1999年	退役军人
5	印度健康组织	Arogya Bharati	—	公共卫生
6	曙光	Balagokulam	—	儿童文化组织
7	印度发展委员会	Bharat Vikas Parishad（BVP）	1963年	社会服务
8	印度人民党	Bharatiya Janata Party（BJP）	1980年	政治
9	印度农民协会	Bharatiya Kisan Sangh（BKS）	1979年	农业、农民
10	印度工人联合会	Bharatiya Mazdoor Sangh（BMS）	1955年	劳工
11	印度教育委员会	Bharatiya Shikshan Mandal（BSM）	1969年	教育
12	丁达雅尔研究院	Deendayal Shodh Sansthan（DSS）	1972年	乡村发展
13	"圣牛保护"组织	Gau Samvardhan	—	奶牛保护
14	消费者委员会	Grahak Panchayat	—	消费者权益
15	村庄发展组织	Gram Vikas	1979年	乡村发展
16	印度体育组织	Kreeda Bharati	1962年	体育

续表

序号	名称	英文名称	成立时间	领域
17	麻风病预防组织	Kushthrog Nivaran Samiti（KNS）	1952 年	疾病预防
18	家庭觉醒组织	Kutumb Prabodhan	—	家庭
19	印度小微企业协会	Laghu Udyog Bharati（LUB）	1994 年	小微企业
20	印度医药组织	National Medico Organization（NMO）	1977 年	医生
21	智慧之流组织	Pragya Pravah	—	学术、知识分子
22	印度妇女服务委员会	Rashtra Sevika Samiti（RSS）	1936 年	妇女
23	印度教育联合会	Rashtriya ShaikshikMahasangh（RSM）	1988 年	教师
24	印度锡克教协会	Rashtriya Sikh Sangat（RSS）	1986 年	宗教
25	印度合作组织	Sahakar Bharati	—	互助合作
26	文学联合会	Sahitya Parishad	—	文学
27	社会和谐组织	Samajik Samrasta	—	社会团结
28	艺术推广组织	Sanskar Bharti	—	艺术
29	梵语推广组织	Sanskrit Bharti	—	梵语
30	边境福利委员会	Seema Jankalyan Samiti（SJS）	—	边境地区发展
31	印度服务组织	Seva Bharati	1979 年	社会服务
32	民族觉醒论坛	Swadeshi Jagran Manch（SJM）	1991 年	经济发展
33	部落福利中心	Vanavasi Kalyan Ashram（VKA）	1952 年	部落福利
34	印度维迪亚组织	Vidya Bharati	1977 年	教育
35	印度科学组织	Vigyan Bharati	—	科学
36	世界印度教大会	Vishva Hindu Parishad（VHP）	1964 年	宗教

资料来源：根据 Walter K. Andersen &Shridhar D. Damle 书中表格整理并完善，部分分支组织成立时间不详。Walter K. Andersen, and Shridhar D. Damle, *Messengers of Hindu Nationalism: How the RSS Reshaped India*, New Delhi: Hurst Publishers, 2019, pp. 258 – 259。

三 人民同盟与印度人民党

印度人民党的前身是国民志愿服务团的政治分支组织，即 1951 年成立的印度人民同盟（Bharatiya Janata Sangh）。人民同盟于 1952 年参加印度第 1 届大选，标志着国民志愿服务团通过政治分支组织正式参与选举政治。本书将简要回顾人民同盟和印度人民党的发展历史和选举表现。

第二章 国民志愿服务团的历史与现状概述

(一) 人民同盟

人民同盟成立于1951年，其创立者穆克吉（S. P. Mookerjee）曾为印度教大斋会和国大党成员，后因政策主张不合而选择退出。他希望建立一个能够实行自身政策路线的新的政党，成为国大党的替代者。此外，国民志愿服务团在经历首次被政府取缔之后意识到要实现组织目标，必须在政治领域建立新的分支力量。因此，穆克吉在与格尔瓦卡协商之后创立了人民同盟。

1952年，人民同盟成立后参加第1届大选并获得3个人民院席位，在此后的第2届至第5届大选中，获得席位数有所增加但始终处于边缘地位，最高一次为1967年，获得了35个席位。1975年，英迪拉·甘地宣布印度进入国家紧急状态，为对抗国家紧急状态，1977年，人民同盟与其他反对党组建竞选联盟并赢得大选，组建了印度独立后首个非国大党政府——人民党政府，慕拉吉·德赛（Morarji Desai）出任总理。由于人民党是为应对国家紧急状态由多个政党临时组建，因意识形态和政策主张不同而迅速出现分裂，印度民众党等成员撤回对政府的支持，德赛因未通过议会不信任投票而被迫辞职。1979年6月，查兰·辛格（Charan Singh）接任总理，但国大党组织派撤回支持，辛格又被迫辞职，印度于1980年1月提前举行第7届大选。

表2-4　　　　　　　　人民同盟历届选举表现

届别	年份	获得席位	投票份额
1	1952	3	3.06%
2	1957	4	5.93%
3	1962	14	6.44%
4	1967	35	9.41%
5	1971	22	7.35%
6	1977	91	14%
7	1980	15	8.6%

资料来源：根据印度选举委员会网站（https://eci.gov.in/）数据统计制作。

(二) 印度人民党

1980年4月，人民党全国执行委员会宣布禁止成员拥有人民党和国民志愿服务团成员的双重身份，明确要求人民同盟成员与国民志愿服务团断绝关系。此后，人民同盟成员决定脱离人民党，并于1980年4月6日在新德里宣布成立印度人民党，瓦杰帕伊（Atal Bihari Vajpayee）担任主席，阿德瓦尼（Lal Krishna Advani）担任总书记。

1980年12月，印度人民党举行首次全国代表大会，确定了党章、经济政策和五项原则。① 五项原则包括：民族主义与国家统一、民主、积极的世俗主义、甘地式社会主义、基于价值的政治。1984年，印度人民党参加第8届大选。由于民众对英迪拉·甘地总理遇刺的同情支持，拉吉夫·甘地代表的国大党获得404个席位，以空前的压倒性优势成功连任。印度人民党仅获得2个席位，作为一个印度教民族主义意识形态色彩浓厚的政党，仍然处于国家政治的边缘地位。20世纪80年代后期以来，印度人民党迅速发展壮大，逐渐从边缘走向政治舞台中心，从一个以北方印地语地区为主要根基的地方政党发展为全国性政党。在1989年第9届大选中，印度人民党的选票数量迅速攀升，获得85个席位，得票率也跻身两位数（11.36%）。国大党获得195个席位未能过半，拉吉夫·甘地承认竞选失败。获得142个席位的人民党（Janata Dal）联合印度人民党以及其他政党组建联合政府，成立了印度独立后首个少数党政府。维普·辛格（V. P. Singh）出任总理，印度政坛开始进入了"悬浮议会"和联合政府时期，印度也从国大党一党独大体制过渡到多党竞争联合执政的格局。②

1990年9月，印度人民党主席阿德瓦尼组织罗摩战车游行，维普·辛格以煽动社会冲突为由下令逮捕阿德瓦尼。随后，印度人民党撤回对政府支持，维普·辛格未能通过议会不信任投票，于1990年11月辞职。钱德拉·谢尔卡（Chandra Shekhar）脱离人民党并在国大党的支持下组建政府，但又在几个月后辞职。1991年印度举行第10届大选，印度人民党获得120个席位，得票率突破20%，成为人民院第一大反对党。此后，在1996年、1998年和1999年的三届大选中，印度人民党均保持了第一大党的地位。在1996年第11届大选中，印度人民党获得161个席位，首次成为人民院第一大党，时任印度总统夏尔马（S. D. Sharma）邀请瓦杰帕伊

---

① Vijay Kumar Malhotra and J. C. Jaitli, *Evolution of BJP* (Party Doucment Vol – 10), p. 72.
② 陈金英：《社会结构与政党制度：印度独大型政党制度的演变》，博士学位论文，复旦大学，2007年。

组建政府。由于无法在人民院获得多数支持，瓦杰帕伊于 13 天后辞职。在 1998 年第 12 届大选中，印度人民党联合其他政党组建全国民主联盟（National Democratic Alliance）参加竞选，印度人民党最终获得 183 个席位，领导组建了全国民主联盟联合政府，瓦杰帕伊第二次出任总理。面对印度人民党强硬派和国民志愿服务团的双重压力，瓦杰帕伊成功维持了联合政府的稳定。然而，13 个月后，因全印安纳德拉维达进步联盟（AIAD-MK）撤回支持，人民院被迫解散并举行新一届大选。在 1999 年第 13 届大选中，全国民主联盟赢得大选并再次组建政府，印度人民党获得了 182 个席位，瓦杰帕伊第三次出任总理并完成整个任期。在 2004—2014 年的十年间，印度人民党均为人民院最大的反对党。

2014 年 5 月，印度人民党在第 16 届大选中获得 282 个席位，莫迪出任总理。至此，印度结束了长达 30 年的"悬浮议会"状态，单一政党获得绝对多数并组建多数党政府。2019 年，印度人民党在第 17 届大选中以绝对多数实现连任，获得 303 个席位，获得了全国 37.4% 的投票份额。

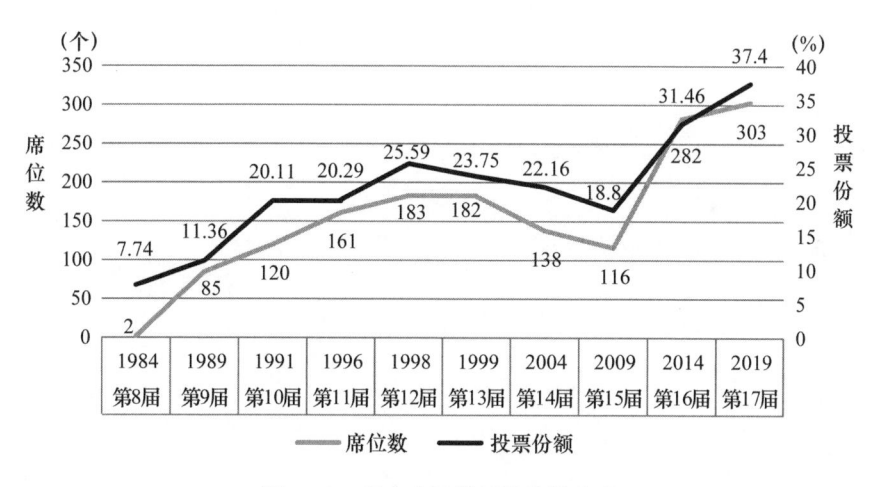

图 2-2 印度人民党历届选举表现

资料来源：根据印度选举委员会网站（https://eci.gov.in/）数据统计制作。

2014 年莫迪领导的印度人民党执政以来，印度政治格局出现了印度人民党一党独大的发展态势。目前，印度人民党宣称党员人数超过 1.1 亿人，已成为世界上规模最大的政党。印度人民党的崛起和执政为国民志愿服务团创造了空前的政治机会，印度教民族主义也再次强势崛起。印度人民党和国民志愿服务团形成了一种分工合作、互利共生的关系,深刻影响着当代印度的社会政治发展。印度学者巴姆伯里指出,"印度人民党是印度教徒所有、所治和所享的政党,国民志愿服务团和印度人民党是印度教国家硬币的两面。"①

---

① C. P. Bhambhri, *Bharatiya Janata Party: Periphery to Centre*, p. v.

第三章

组织成立与发展建设初期

20世纪20年代初至40年代末，印度处于英国殖民统治时期，也是国民志愿服务团组织成立与发展建设的初期阶段。该组织在印度独立运动迅速发展的背景下成立，由于政治机会比较有限，为保证生存发展，专注于组织自身的发展建设，避免直接参与政治活动，选择了一条"夹缝中求生存"的发展路径。经过早期的发展和积累，国民志愿服务团的组织机构和制度不断完善，活动范围不断扩大，影响力也逐步提升，为后续发展奠定了组织和社会基础。1947年印巴分治，印穆冲突空前加剧，1948年甘地遇刺，国民志愿服务团被指控参与谋杀而被政府取缔，沙卡活动基本停止，组织发展进入了低谷时期。

本章主要包括有限政治机会与初期发展路径、组织运行基础与资源动员模式、印度教民族主义话语与框架建构基础三部分，分别从政治机会、资源动员和框架建构三个方面出发，具体分析20世纪20—40年代国民志愿服务团是如何发展壮大并参与印度的政治过程。

第一节　有限政治机会与初期发展路径

国民志愿服务团成立于1925年，此时，印度独立运动逐步发展壮大，英国殖民统治根基开始动摇，政治机会不断出现。然而，由于英印政府的镇压，国民志愿服务团面临的政治机会比较有限。同时，由于在成立初期规模较小，组织基础不完善，影响力也比较小，为创造有利的外部环境，维持组织生存发展，国民志愿服务团选择了一条专注组织建设，避免直接参与政治活动的发展路径。

一 独立运动与组织成立发展

(一) 独立运动催生政治机会

19世纪末至20世纪初,印度独立运动迅速发展,民族主义情绪日益高涨,国大党、全印穆斯林联盟、印度教大斋会等民族主义政党和组织相继成立,对英国殖民统治基础形成了威胁。同时,"一战"的结束加速了印度人民的民族觉醒,英印政府的统治根基开始动摇。为稳固殖民统治,英印政府加强对独立运动的镇压。1919年,英印政府颁布《罗拉特法案》,甘地针对该法案领导发起了第一次"非暴力不合作"运动,英印政府对示威民众进行血腥镇压,制造了阿姆利则惨案。1920年,国大党通过决议将"非暴力不合作"确定为指导思想,此后,甘地领导的"非暴力不合作"运动成了印度独立运动的主导力量。

为稳固殖民统治,英印政府被迫进行一些政策调整,但仍然延续"分而治之"的基本原则。同时,限制印度人民参与英印政府的管理和政治事务。由于英国人长期垄断并控制着行政和立法机构,国大党等要求印度人民在立法机构中拥有更多的代表权。1909年,英印政府颁布《莫里—明托改革法案》,相比1861年的《立法会法案》,正式确认了选举制度,印度人参选立法机构的限制人数有所增加。然而,中央立法机构仍由英国人控制,印度人只是在省立法机构的代表权有所增加。此外,立法机构的选举不按照一般的地理选区,而是根据教派分区和单独代表权的原则。例如,法案为穆斯林设置了单独选区,反映了英印政府利用印度社会结构"分而治之"的策略。1919年,英印政府迫于"一战"结束后形势的变化通过了《印度政府法案》,决定中央立法机构实行两院制,相关组织和职能进行了较大调整,在形式上具备了立法机构的基本特征和相关权限。然而,英印政府的改革往往是迫于形势和压力,在立法机构中小心翼翼地保持官方的多数,目的在于保证政府的控制;而采取教派代表制,则为分裂印度埋下了祸根。①

在印度独立运动的推动和冲击下,英印政府对立法机构等进行了改革调整,不断走向代议民主制,印度人能够更多地参与立法机构和政治事务。在一定程度上,英印政府的开放性有所增加,政治机会逐渐出现。然

---

① 林良光:《印度政治制度研究》,北京大学出版社1995年版,第25页。

而，无论是政府还是立法机构，仍然处在英国的垄断和控制下，国大党和穆斯林联盟等代表不同群体利益的政党可以与英印政府谈判协商，但都未能摆脱"分而治之"原则的支配。因此，尽管英印政府的开放性有所增加，但政治机会还十分有限，也有着很大的不确定性。

（二）与政治精英的目标分歧

1910—1916年，国民志愿服务团的创立者海德格瓦在加尔各答学医并开始接触独立运动，先后参加孟加拉反殖民运动组织和罗摩克里希那传教团的活动。从加尔各答返回那格浦尔后，海德格瓦积极参加国大党和印度教大斋会的相关活动。1916年，在印度教大斋会领袖蒙治（B. S. Moonje）的帮助下，海德格瓦与提拉克见面讨论中央省和贝拉尔省等地的革命运动。1919年，海德格瓦创立印度庆祝委员会（Rashtriya Utsav Mandal），通过庆祝印度教节日的方式促进民族觉醒。1920年，海德格瓦加入帕拉佩（L. V. Paranjpe）创立的印度服务委员会（Bharat Swayamsevak Mandal）并担任书记，计划组织训练1000名左右统一着装的志愿者，为国大党那格浦尔会议提供支持服务。1921年，海德格瓦参加第一次"非暴力不合作"运动，后被指控发表煽动性言论被捕入狱。1922年，海德格瓦开始担任国大党中央省分支联合书记，1923年开始担任印度教大斋会那格浦尔分支书记。综上，海德格瓦在早期积极参加独立运动，积累了一定的政治活动经验，为他今后能够把握政治机会，创立并领导国民志愿服务团的发展建设奠定了实践基础。

虽然海德格瓦早期曾加入国大党，但后期逐渐与国大党的政策主张产生分歧，主要体现在三方面：第一，关于印度实现独立的程度。1920年国大党那格浦尔会议通过决议，将甘地的"非暴力不合作"确定为指导思想，强调通过非暴力方式争取在英国统治下的独立。然而，海德格瓦深受希瓦吉和提拉克革命思想的影响，强调要彻底摆脱英国统治，争取印度的完全独立。第二，关于争取民族独立的路径。国大党主要尝试通过非暴力方式的政治途径争取民族独立，主要路径是在英国统治的框架下获得一定政治权力。而海德格瓦则强调品格塑造和身体训练，通过保护印度教文化，团结印度教社会，试图建设一个印度教国家。海德格瓦曾计划参照印度服务委员会的模式，在国大党内部建立一个志愿服务组织。然而，国大党元老认为，进行演习训练的志愿组织类似于民兵组织，不符合非暴力的思想。第三，关于对待穆斯林的态度。甘地在领导第一次"非暴力不合作"运动时期,为争取印度教徒和穆斯林团结,决定将穆斯林的"基拉法特"运动纳入"非暴力不合作"运动之内,共同抵抗英国殖民统治。海德格瓦则认为,穆斯林是"反国家的",甘地的做法有损印度教徒的利益。1923年,那格浦尔发生大规模的印穆冲突,海德格瓦更加意识到团结印度教社会的必要性以及印度教社会动员的巨大潜力,这也成为海德格瓦创立国民志愿服务团的直接原因之一。

海德格瓦早期积极参加国大党和印度教大斋会活动,但在甘地成为国大党精神领袖之后,他逐渐与国大党政治精英的政策目标产生分歧。海德格瓦认为,在国大党的政策框架下无法实现印度的真正独立,也无法解决印度教社会分裂破碎的根本问题。此外,国大党内部温和派和激进派的分歧日益突出,内部分裂在一定程度上削弱了政党的实力,这也促使海德格瓦寻求新的政治机会并着手建立新的组织。

二 政府调查管制与运动形式调整

国民志愿服务团认为文化相比政治更容易让个人感到亲近,文化宣誓要比政治承诺更具生命力。① 海德格瓦离开国大党之后,宣称新创立的国民志愿服务团是文化组织,仅在社会文化领域开展活动,不接触政治事务。然而,该组织的志愿者能够以个人名义自愿加入任何政党组织或参加任何活动。这在一方面源于海德格瓦通过文化复兴方式建设印度教国家的初衷,另一方面,文化组织的定位与志愿者的自由活动为国民志愿服务团参与政治预留了灵活空间。

国民志愿服务团在成立初期将工作重心放在保障组织稳步发展,避免引起英印政府的关注。然而,由于志愿者积极参加独立运动,引发了政府调查和管制,政府先后发布相关禁令,限制人员参与国民志愿服务团活动,该组织也相应地调整了运动形式。

(一)"食盐进军"与"森林进军"运动

1929年12月,国大党通过关于争取印度完全独立的决议,并将1930年1月26日确定为独立日。海德格瓦随即宣布国民志愿服务团认同国大党决议,并开展游行、宣誓和演讲等活动。他表示,虽然国大党没有将保护印度教文化纳入考虑,但在争取印度完全独立的共同目标下,国民志愿

---

① Pralay Kanungo, *RSS's Tryst with Politics: From Hedgwar to Sudarshan*, p. 278.

服务团应该与国大党进行合作。1930年4月,甘地发起第二次"非暴力不合作"运动即"食盐进军"运动。海德格瓦意识到英印政府已开始关注国民志愿服务团活动并有可能发布禁令。由于担心志愿者参加抗议活动可能被捕,海德格瓦决定以个人而非国民志愿服务团的名义参加抗议活动,但志愿者可以自愿参加。为保护组织发展,海德格瓦暂时辞去国民志愿服务团最高领袖并由帕拉佩接任。[①] 1930年7月,海德格瓦发起"森林进军"运动,后被捕入狱。

面对英印政府对独立运动的镇压,海德格瓦进行了策略调整,暂时改变了国民志愿服务团的运动形式。他首先宣布国民志愿服务团不参加"食盐进军"活动,随后辞去最高领袖职位,以个人名义参加活动。同时,志愿者能够以个人名义参加。随后,海德格瓦效仿"食盐进军"运动发起"森林进军"运动,抗议英印政府颁布的法令。这种对运动形式进行策略性调整一方面能够保护国民志愿服务团的组织发展,避免英印政府针对其发布禁令。另一方面效仿甘地领导的"食盐进军"运动,能够在一定程度上借助甘地的社会影响力,实现有效的社会动员,扩大国民志愿服务团的社会基础。

(二)持续抵抗政府禁令

随着国民志愿服务团组织的发展壮大,英印政府开始对其进行调查和管制。1932年12月,英印中央省政府首席长官戈登(E. Gorden)发布通告,禁止政府雇员参加国民志愿服务团活动。戈登表示,国民志愿服务团本质上是一个教派主义组织,试图参加和干预政治活动,政府雇员如果参与其中将影响自身履行职责的客观公正。1933年12月,那格浦尔地方自治政府也宣布机构成员不得参加国民志愿服务团活动。

为应对政府禁令的负面影响,国民志愿服务团通过了一系列决议。同时,海德格瓦开展大范围的宣传游说活动,依靠个人关系网络,劝说政治领袖和立法会议员要求政府撤销禁令。海德格瓦的游说发挥了实际作用并争取了有效支持。1934年3月,中央省立法会就国民志愿服务团的目标、组织形式、意识形态和成员身份等展开讨论,政府未能提出该组织进行教派主义活动的有效证据,禁止政府雇员参加国民志愿服务团活动的禁令最终被撤销。此外,为抵制教派主义对国大党干部的影响,1934年6月,

---

① Sanjeev Kelkar, *Lost Years of the RSS*, p. 71.

全印国大党委员会通过决议，禁止干部成员加入国民志愿服务团、印度教大斋会和穆斯林联盟。1938年，英印孟买管辖区也宣布禁止政府雇员参加国民志愿服务团活动。

海德格瓦通过游说政治领袖和立法会议员等政治精英，形成反对政府禁令的临时联盟，为国民志愿服务团争取了政治机会，成功渡过政府禁令带来的发展危机。然而，进入20世纪30年代后期，随着国民志愿服务团志愿者和沙卡数量的增加，英印政府和国大党更加意识到该组织带来的压力和威胁，进一步限制其活动，国民志愿服务团面临的政治机会也随之逐步缩小。

（三）最高领袖更替与"退出印度"运动

1940年6月，海德格瓦去世，格尔瓦卡接任最高领袖，国民志愿服务团完成了首次最高领袖的权力交接。与海德格瓦积极参与独立运动的激进务实风格相比，格尔瓦卡更像是一位精神层面的"纯粹主义者"，强调远离政治冲突抗争。1940年8月，英印政府根据《印度国防法规》颁布法令，禁止任何组织进行军事演习、使用统一制服和军事训练。与此前积极反抗政府禁令不同，国民志愿服务团在很大程度上遵守了政府法令，除保留统一制服和日常训练外，对训练中使用的术语也进行较多调整，避免被外界视为准军事训练。1943年4月，格尔瓦卡决定撤销国民志愿服务团的训练部，[1] 重视身体训练的传统被迫暂停。其间，英印政府曾继续针对国民志愿服务团开展调查，并考虑是否施行更为严格的管制措施。

格尔瓦卡接任最高领袖之后，国民志愿服务团面临的第一个重要事件和政治机会就是1942年的"退出印度"运动。该组织内部关于是否正式参加"退出印度"运动进行集体讨论，德奥拉斯建议带领志愿者参加"退出印度"运动并在此基础上形成一个政党，其余志愿者可以继续留在国民志愿服务团。然而，格尔瓦卡认为"退出印度"运动不会取得成功，决定国民志愿服务团不正式参加，但志愿者可以个人名义自愿参加。根据当时孟买管辖区政府的调查报告，国民志愿服务团没有参加1942年8月爆发的运动，谨慎地在法律允许范围内开展活动。[2] 另外，德奥拉斯动员

---

[1] Walter Anderson, *The Rashtriya Swayamsevak Sangh*：I：*Early Concerns*, p. 595.
[2] A. G. Noorani, *The RSS*：*A Menace to India*, p. 80.

了数千名志愿者参加了"退出印度"运动。①

对国民志愿服务团而言,未参加"退出印度"运动有利有弊。一方面,避免与英印政府对抗,保护了组织的生存发展。由于格尔瓦卡刚刚接任最高领袖,首先要保证组织稳定运行和发展。如果公开参加"退出印度"运动,该组织很可能被英印政府取缔。因此,国民志愿服务团基本遵守英印政府的规定,公开表态不参加"退出印度"运动。同时,该组织还适当改变了组织活动形式,争取继续发展的政治机会。另一方面,在印度独立运动中缺席,在一定程度上错失历史性的政治机会。格尔瓦卡也表示,当时国民志愿服务团内部的确有很多参加"退出印度"运动的呼声,但最终决定还是不参加。国大党和左翼政党表示,国民志愿服务团的不作为是迎合英印政府,破坏印度独立运动的背叛行为。国民志愿服务团没能在印度独立运动中发挥积极作用,失去了比较有利的社会动员机会。国民志愿服务团的资深成员桑吉夫·凯尔卡尔表示,如果国民志愿服务团能够在"退出印度"运动中与国大党开展合作,其地位和作用应该会得到政治精英的承认,1948年甘地遇刺后,国大党未必轻易做出取缔国民志愿服务团的决定。②

从海德格瓦到格尔瓦卡时期,国民志愿服务团根据政府调查管制调整了运动形式,一方面为组织发展争取了生存空间,能够继续积蓄力量,等待合适的政治机会参与政治活动。另一方面,国民志愿服务团在一定程度上也错失了有效动员、争取政治精英认可的历史性政治机会,同时还背负了不支持独立运动的负面形象。总之,进入格尔瓦卡领导时期,国民志愿服务团政治激进主义的传统一度中断。

三 印巴分治、甘地遇刺与首次被禁

1947年,英属印度解体,划分为印度和巴基斯坦两个自治领。作为英国殖民统治"分而治之"的直接后果,印巴分治导致了印度教徒和穆斯林之间大范围的冲突迫害。印巴分治意味着甘地实现印穆团结希望的破灭,他本人也不幸遇刺。国大党政府指控国民志愿服务团涉嫌参与刺杀甘地,于1948年2月宣布取缔该组织,首次被禁成为国民志愿服务团发展

---

① Sanjeev Kelkar, *Lost Years of the RSS*, p. 72.
② Sanjeev Kelkar, *Lost Years of the RSS*, pp. 73 – 74.

历程上的一个重要分水岭。

（一）印巴分治的背景及影响

1947年6月3日，蒙巴顿方案公布，巴基斯坦和印度于8月14日和15日先后宣布独立，17日，两国边境分界线雷德克里夫线划定。印巴分治方案由英印政府与国大党、穆斯林联盟协商确定，作为英国殖民统治"分而治之"的最后遗产，对印度和巴基斯坦独立后社会政治发展遗患无穷。作为印度历史上重要的事件之一，国民志愿服务团没有机会参与印巴分治方案的商议和决策过程。在印巴分治前夕，穆斯林联盟于1946年宣布"直接行动"，印度教徒和穆斯林爆发大范围冲突。据统计，在印巴分治前后，约1200万难民流离失所，超过50万人丧生。大批国民志愿服务团志愿者投入印度教徒救援和收容工作，包括提供食物、衣服、医疗帮助和成立收容所等。

（二）甘地遇刺与国民志愿服务团首次被禁

甘地致力于实现印度教徒和穆斯林的团结，然而，印度教民族主义的激进分子认为，甘地对待穆斯林的态度等于退让妥协，损害了印度教徒的利益。印巴分治意味着甘地理想的破灭，他也不幸被印度教民族主义激进分子枪杀。国大党政府指控国民志愿服务团与刺杀行动有关，2月1日，格尔瓦卡在那格浦尔被捕；4日，政府发布公报宣布禁止国民志愿服务团活动；5日，格尔瓦卡宣布停止沙卡活动；8日，格尔瓦卡宣布解散国民志愿服务团，直至禁令撤销。

自1925年成立后，国民志愿服务团首次被政府认定为非法组织并禁止在全国范围开展活动。政府公报中指出："国民志愿服务团的实际活动与其目标不符，该组织宣称进行身体、知识和品格训练，提升印度教徒的福祉，培养印度教徒的兄弟情义、友爱和奉献精神。然而，部分地区的国民志愿服务团成员参与纵火、盗窃、抢劫、谋杀和非法持有武器军火，该组织秘密散布消息，唆使人们使用恐怖手段，煽动反政府情绪。"[1] 被政府认定为非法组织，最高领袖被捕和沙卡活动被禁，代表着政府层面的全面镇压，在经历20余年稳步发展后，国民志愿服务团在印度独立之初的政治机会被关闭，组织运行发展暂时陷入低谷。

---

[1] A. G. Noorani, *The RSS: A Menace to India*, pp. 439 – 440.

（三）格尔瓦卡与争取政府解禁过程

因相关证据不足，格尔瓦卡于 1948 年 8 月被释放，但个人活动范围被限制在那格浦尔，禁止发表任何公众演说并禁止在任何媒体发表观点。同时，还不能与任何组织或个人进行联系，避免煽动反政府情绪或者制造不同群体的对立仇恨。为争取政府解禁，恢复组织运行，格尔瓦卡与印度总理尼赫鲁，副总理、内政部部长帕特尔多次通信，请求政府解除禁令。[①] 格尔瓦卡曾两次约见帕特尔，表示将说服国民志愿服务团志愿者改变活动方式，但如果禁令不撤销则无法保证进行任何改变。此后，中央政府联系中央省政府了解国民志愿服务团近期活动情况，认为其活动具有反国家倾向，而且经常是破坏性和暴力的，决定暂时不考虑撤销禁令。

在此后大量书信沟通过程中，帕特尔告知格尔瓦卡关于国民志愿服务团成员秘密活动的调查报告，同时要求该组织制定合理规范的组织章程，并就其未来的组织活动做出保证。帕特尔在此基础上向尼赫鲁说明情况，但尼赫鲁坚持认为国民志愿服务团宣称的目标与实际活动不一致，作为教派主义组织，有损于民主运行和国家团结统一，不同意解禁。此后，帕特尔致信格尔瓦卡，示意国民志愿服务团并入国大党，格尔瓦卡则以国民志愿服务团是文化组织表示拒绝。11 月格尔瓦卡再次被捕入狱，由于与政府沟通失败，他要求志愿者以非暴力的方式进行抗议。

1949 年 3 月，国民志愿服务团根据政府要求制定章程草案，中央政府要求必须做出相应修改：第一，声明严格遵守印度宪法；第二，承认印度国旗，橘黄色旗只能作为该组织的旗帜；第三，不进行暴力和秘密活动。1949 年 7 月 11 日，国大党政府宣布撤销禁令，格尔瓦卡也随后被释放，国民志愿服务团对外宣称政府是"无条件"撤销禁令。

1948 年首次被禁是国民志愿服务团发展历史上的分水岭，最高领袖通过与政治精英沟通的制度化政治渠道，志愿者通过游行抗议的非制度化政治渠道，共同争取政府解禁，最终通过制定章程和对未来活动做出保证，成功实现解禁。国民志愿服务团被禁以及争取解禁的复杂过程反映了政治机会的不足。第一，政府全面镇压。印度独立之初，在经历印巴分治期间的大规模流血冲突之后，尼赫鲁等政治精英阶层特别强调民主和世俗

---

① 相关书信记录可参见 1958 年国民志愿服务团出版的 *Justice On Trial*，访问地址：http://www.archivesofrss.org/Justice-on-Trial.aspx。

的建国原则，任何有损于世俗民主和民族国家团结的教派主义组织都难有生存空间。政府已经长期关注并调查国民志愿服务团的组织活动，考虑对其采取相关管制措施。同时，甘地遇刺成为国民志愿服务团被政府取缔的直接导火索。第二，未能与政治精英建立联盟。印度独立后的首任政府内阁中，绝大多数都是国大党成员，国民志愿服务团在政府中没有有效的政治代表。尽管帕特尔与格尔瓦卡保持沟通，但过程十分曲折。以至于很多国民志愿服务团的高层领导干部认为如果在政治机构中派有代表，政府可能就不会针对其发布禁令。[①]

第二节 组织运行基础与资源动员模式

作为社会运动组织，国民志愿服务团在早期完成了组织结构和运行制度的建设，形成了较为高效的资源动员模式。其中，沙卡和宣传干部是拉动国民志愿服务团运行的"两驾马车"，以最高领袖为核心的中央执行委员会则是"驾驭者"。1949年以前，国民志愿服务团没有书面的组织章程，基本上都是以非正式的传统惯例固定下来的，这些传统和惯例贯穿并影响了该组织的整个发展过程。

一 最高领袖绝对权威的确立

国民志愿服务团的最高领袖称为"Sarsanghchalak"，意为"大家庭的家长"。国民志愿服务团将团家族视为印度教社会的一个大家庭，所有成员都是家庭的一员，最高领袖就是大家庭的家长，是所有成员的"朋友""哲学家"和"导师"，也是唯一的最高领导核心，在团家族成员组织中拥有绝对权威。国民志愿服务团在1925年成立时并没有确定最高领袖，直到1929年11月才确定海德格瓦为最高领袖。按惯例，继任最高领袖由现任最高领袖直接指定，并通过中央执行委员会同意。至现任最高领袖巴格瓦特为止，国民志愿服务团已产生6位最高领袖，最高领袖的权力交接平稳过渡，并没有发生权力争夺冲突。

（一）橘黄色旗帜与古鲁象征

国民志愿服务团认为组织发展事业比个人成就重要，因此反对个人崇

[①] Kedar Nath Kumar, *Political Parties in India, Their Ideology and Organisation*, New Delhi: Mittal Publications, 1990, p. 330.

拜。海德格瓦曾表示所有志愿者都是平等的，组织层级结构只是为了高效的管理运行。1926年，海德格瓦将橘黄色旗帜确定为该组织的最高精神标志，并将其视为古鲁即导师和精神领袖。国民志愿服务团宣称个人可能会有缺陷甚至堕落，但旗帜是完美和永恒的。橘黄色旗帜是保证组织团结和发展的核心，以旗帜为最高精神领袖避免了组织向个人中心主义的方向发展。① 虽然国民志愿服务团表示橘黄色旗帜的地位高于最高领袖本人，但在一定程度上，最高领袖就是橘黄色旗帜——古鲁的代表，拥有绝对权威。海德格瓦曾指出："所有志愿者必须绝对服从最高领袖的命令，不允许出现'尾巴摆动身体'的现象，这也是组织取得成功的关键。"②

（二）最高领袖与绝对权威

1929年11月，国民志愿服务团在那格浦尔召开全体会议，讨论组织的政策目标和发展方向等问题，会议确定海德格瓦为首任最高领袖，标志着最高领袖绝对权威的正式确立。根据马克斯·韦伯关于合法性支配的分类，最高领袖属于典型的魅力型权威。国民志愿服务团历任最高领袖都被塑造成伟大人物，既拥有独特的人格魅力，又与组织成员关系融洽，深受团家族成员的尊敬爱戴。例如，海德格瓦被视为与生俱来的爱国主义者和争取独立的斗士。格尔瓦卡因为在组织意识形态上的贡献被尊称为"古鲁"（Guruji）。

最高领袖一般不直接管理国民志愿服务团的日常事务，主要由总书记具体负责并向最高领袖汇报。当出现重大分歧或需要做出重要决策时，最高领袖做出最终决定。以最高领袖为核心，包括总书记、联合总书记等高层领导干部组成的中央执行委员会是核心领导决策层。最高领袖通常会在全国游行并发表讲话，宣传推广国民志愿服务团的理念和政策，访问当地的沙卡和训练营，与组织成员进行交流。

最高领袖的绝对权威避免了组织内部派系权力斗争，保证了组织运行和决策的高效。根据国民志愿服务团惯例，组织内部允许有不同意见，但是必须执行上级的决定。例如，1942年，德奥拉斯和格尔瓦卡关于是否参加"退出印度"运动产生分歧时，尽管德奥拉斯的资历和声望不亚于

---

① Arun Anand, *Know About RSS*, pp. 46 – 47.
② Arun Anand, *The Saffron Surge: Untold Story of RSS Leadership*, p. 43.

格尔瓦卡，但依然遵从最高领袖的决定。① 一般而言，由于缺乏成文的规定或传统来指导和约束行为，魅力型权威为主的组织往往缺乏稳定性。然而，国民志愿服务团在近百年的发展中出现了6位最高领袖的更替，实现了权力的平稳过渡，也保证了组织运行发展的连续性和稳定性。这一方面源于最高领袖对继任者的选拔培养，挑选经验丰富且具有领导力的人选。另一方面，继任者由现任最高领袖直接指定，组织必须无条件接受，意味着最高领袖代表了魅力型权威与传统型权威的某种组合。

二 构建以沙卡为单元的运行基础

格尔瓦卡曾表示国民志愿服务团的活动有两个秘密，第一是没有秘密，第二是卡巴迪。② 卡巴迪是指在沙卡中进行的一项传统的团队合作游戏，也代表了沙卡的目标和作用，即通过基层组织自下而上地团结印度教社会。沙卡是国民志愿服务团组织运行的最小单元，人们接触该组织都是从参加沙卡活动开始。沙卡代表着国民志愿服务团的公众形象，也是推动个人从事重要事业和实现全印度团结的动力源泉。③ 因此，沙卡构成了国民志愿服务团组织运行的制度基础。

（一）早期沙卡创建及基本制度确立

国民志愿服务团在成立之初没有明确的组织目标，海德格瓦指出唯一首要任务就是针对青年男性开展身体、精神和知识上的训练，为国家服务，沙卡就成为开展日常训练的基层组织。1926年5月28日，国民志愿服务团成立之后的首个沙卡在那格浦尔举行，标志着以沙卡为单元的运行基础的建立。沙卡活动中使用木棍进行体育训练，并配合使用相关训练口令。同时，还确定了活动开始时向橘黄色旗帜敬礼，结束时用印地语和马拉提语祈祷的仪式传统。此后，沙卡的活动内容逐渐丰富，形成了包括体育训练、瑜伽、团队游戏、演唱爱国歌曲、吟诵赞美诗、集体祈祷、学习讨论国家社会问题、演讲报告等内容。此外，国民志愿服务团于1926年

---

① 德奥拉斯加入国民志愿服务团的时间早于格尔瓦卡，他是1926年国民志愿服务团第一个沙卡的志愿者，与海德格瓦共同工作，在早期组织发展建设中发挥了重要作用。格尔瓦卡于1934年正式加入国民志愿服务团，担任那格浦尔沙卡书记。

② 卡巴迪（Kabaddi）是一种起源于南亚地区的团队游戏，类似于中国民间的"老鹰捉小鸡"，主要培养团队合作精神。

③ Ratan Sharda, *RSS 360: Demystifying Rashtriya Swayamsevak Sangh*, p. 97.

举行了首次行军训练，共有 30 人参加，所有人员统一着装。行军训练代表着国民志愿服务团开始采取准军事化训练的模式，并被外界视为准军事化组织。随着沙卡数量的逐渐增多，国民志愿服务团开始面临着比较严重的资金短缺。海德格瓦决定不接受外部捐款，而是创立了向古鲁敬献的募资仪式，即在每年的敬师节等节日期间，沙卡志愿者向代表古鲁的橘黄色旗帜敬献财物。国民志愿服务团对外宣称，不接受任何私人或政府部门的资金援助，包括沙卡、训练营和宣传干部工作的所有资金都由组织内部解决。

国民志愿服务团成立早期，申请加入需要 2 名信誉良好的志愿者担保并进行宣誓。目前，只要定期参加沙卡活动的男性就默认成为志愿者，不需要正式申请或注册登记。国民志愿服务团在创立初期主要在那格浦尔地区巩固根基，并开始向中央省其他地区以及外省发展。截至 1928 年年底，国民志愿服务团在那格浦尔共建立了 18 个沙卡。该组织的早期成员都具有良好的教育背景，[①] 希望能够作为各领域的精英来改造社会，因此，国民志愿服务团特别重视面向大学师生进行宣传招募。格尔瓦卡就是在贝纳勒斯印度教大学的沙卡加入国民志愿服务团，最终成为第二任最高领袖。

沙卡制度的确立奠定了国民志愿服务团组织发展建设的基础。通过建立沙卡这一微小单位的管理体系，使得最小的单元获得了最大的关注。[②] 目前，国民志愿服务团建立了规模庞大的沙卡网络，全印范围内有 6 万多个沙卡，几乎遍布全印度各地。

(二) 通过个人社会关系网络有效动员

国民志愿服务团有较为专业的领导团队和等级严格的组织结构，具有典型的科层制特征。如果说国民志愿服务团本身是一个专业社会运动组织，那么数量庞大的沙卡则是支撑专业社会运动的、微型的草根社会运动组织。与专业社会运动组织擅长资金资源动员不同，草根社会运动组织在人力资源动员上更具优势，这一点在沙卡的运行方式上尤为突出。海德格瓦曾指出，实现国民志愿服务团使命目标的唯一途径就是组织建设，不断加快组织发展。因此，在全国各地和各行业领域创建沙卡，最大限度上实

---

① 国民志愿服务团的最高领袖基本都具有良好的教育背景，海德格瓦是医学博士；格尔瓦卡是生物学硕士，海洋生物学博士（肄业），在贝纳勒斯印度教大学任教；德奥拉斯是法学学士；拉金德拉·辛格是物理学教授。

② Ratan Sharda, *RSS 360：Demystifying Rashtriya Swayamsevak Sangh*, p. 138.

现人力资源动员，既是国民志愿服务团组织建设的目的，也是基本手段。

1. 招新网络与减少人员流失

国民志愿服务团早期沙卡的成立方式比较简单灵活，海德格瓦随身携带橘黄色旗帜，到达某地时召集当地知名人士，介绍宣讲该组织的理念，现场展开橘黄色旗帜即宣布成立新的沙卡。由于创立和运行沙卡的成本很低，招新和组织形式简单，沙卡数量能够迅速增加。沙卡负责人一般由当地知名人士担任，学生和青少年是沙卡成员的主要来源。由于沙卡进行体育训练、传统团队游戏和学习讨论，这种类似于游玩场所的沙卡能够激发青少年兴趣，很多青少年也因此接触并参加沙卡。参加沙卡活动的人员大多社会背景相同，成员会介绍家人、邻居、同学和朋友加入沙卡。沙卡正是通过人际关系的非正式渠道实现有效动员。通常，沙卡人数从十几人到几十人不等，如果人数超过 100 人则会考虑开设新的沙卡。

由于沙卡每天固定时间举行，全年不间断，绝大多数的人员无法保证全面参与，成员的流失率很高。为此，沙卡采取了减少人员流失的相关措施。第一，选拔有影响力和凝聚力的首席教师。首席教师是沙卡日常学习训练的具体负责人，在培养成员对组织忠诚度方面十分重要。很多志愿者在回顾个人经历时，都特别强调沙卡教师的重要影响。即使在国民志愿服务团遇到困境时期，成员仍然能够保持较高的组织忠诚度，这表明该组织在吸纳有胜任力的教师方面取得了成功。[①] 第二，建立走访工作制度。沙卡针对人员流失问题制定了一项工作制度，如果某一成员没有按时参加沙卡，书记、首席教师和其他成员就会前往该成员的家中，询问具体原因。如果没有特殊原因就劝说继续按时参加，如果有实际困难则会集体想办法帮助解决。走访工作制度既能够有效吸纳潜在的流失成员，同时，也能够塑造国民志愿服务团和沙卡的正面公众形象。第三，开办每周沙卡和每月沙卡。随着组织发展，国民志愿服务团在沙卡形式上进行调整，在每日沙卡的基础上开设了每周沙卡和每月沙卡，以便有效吸引无法参加每日沙卡的人员。

通过沙卡招募志愿者成为国民志愿服务团组织发展的基本模式。沙卡能够充分发挥个人社会关系网络的潜力，通过人与人之间非正式的动员方

---

① Walter K. Anderson and Shridhar D. Damle, *The Brotherhood in Saffron: The Rashtriya Swayamsevak Sangh and Hindu Revivalism*, p. 85.

式，简单、灵活且高效，为组织发展奠定了充分的人力资源基础。海德格瓦曾表示并不担心政府针对国民志愿服务团发布禁令，沙卡活动只会越来越多。即使在被禁期间，沙卡可以转入地下活动，一旦解禁又迅速恢复正常活动。依托沙卡这种形式灵活的最小运行单元，国民志愿服务团能够有效维持组织运行的延续性和稳定性。

2. 品格塑造与实现价值认同

沙卡的招新网络和减少人员流失的措施，主要是针对有形的人力资源进行动员。海德格瓦在创立国民志愿服务团时，确定组织的唯一任务就是品格塑造。因此，沙卡更关键的功能是进行忠诚度和奉献精神等无形资源的动员。对于国民志愿服务团这种非营利性的社会组织，在缺乏物质利益激励的条件下，只有实现价值认同才能确保组织发展的持续动力。这也体现了社会关系网络对社会运动参与的社会化作用，即社会关系网络紧密的群体通过参加社会运动能够实现价值认同。总体而言，沙卡的品格塑造主要体现在培养兄弟情义和奉献精神两方面。

第一，培养兄弟情义。海德格瓦认为印度教社会呈现高度分裂和无序的状态，培养兄弟情义是实现社会团结的有效途径，也是沙卡活动的主要目标。沙卡活动严格按照既定时间进行，能够提高自我约束和时间管理意识，培养良好的生活和行为习惯。沙卡的身体训练采用准军事化的模式，一方面能够锻炼身体，保持健康；另一方面能够强化组织纪律意识。同时，通过开展团队合作游戏，能够建立彼此信任，培养团队精神。此外，沙卡对一切人员开放，不区分宗教信仰、社会地位和种姓阶层。例如，沙卡吸引了部分社会经济地位较低或者出身低种姓阶层的人员参加，与中高种姓的人员一起训练、游戏和学习，使其产生较强的认同感和归属感。此外，沙卡按照年龄分组进行训练学习的方式，也容易在同龄群体中培养兄弟情义。

第二，倡导奉献精神。1928年，国民志愿服务团进行了第一次宣誓仪式，从誓词可以看出该组织强调绝对的奉献精神。[①] 海德格瓦曾表示，当自己从最高领袖的职位离任后将继续成为一名普通的志愿者，"我是一

[①] 印度独立前，加入国民志愿服务团的宣誓内容大致为："以神和祖先的名义，我将成为国民志愿服务团的一员，致力于保护神圣的印度教达摩、印度教文化和印度教社会，争取印度教国家的独立。我将为社会服务，我将无私地为社会服务。印度母亲必胜！"

名普通的志愿者"也成为国民志愿服务团成员自我介绍时的标志性表述。国民志愿服务团认为，"普通的志愿者"的身份意味着组织发展高于个人利益得失。随着个人参加沙卡活动的增多，需要投入更多的时间和精力。如果希望专职从事国民志愿服务团的组织事业，就需要放弃个人职业甚至放弃家庭生活保持单身。实际上，沙卡成员的流失率很高，能够坚持参加活动并选择正式从事组织工作，本身就是一个考验和培养奉献精神的过程。另外，国民志愿服务团强调个人对社会负有应尽的责任义务，志愿者除日常学习训练外，还会从事困难救济和灾害救援等社会服务工作。该组织强调："自然主动的自我约束和自我牺牲精神是经过沙卡训练的标志，他们被称为志愿者。"[1]

三　形成以宣传干部为纽带的动员模式

除构建以沙卡为单元的运行基础外，国民志愿服务团还形成了以宣传干部为纽带的动员模式，宣传干部制度的确立使得组织和资源动员更加专业高效。

（一）依托训练营选拔干部

为了在沙卡之外扩大组织活动范围，国民志愿服务团开设了不同层次和类型的训练营，逐步形成了一套培训和选拔干部的制度。通过举办训练营，国民志愿服务团能够召集各地沙卡具有培养潜质的志愿者，对其进行统一的培训和指导，该组织的高层领导也将走访全国各地的训练营并发表讲话。训练营是国民志愿服务团培养干部的必要环节，也是选拔宣传干部的唯一来源。

国民志愿服务团的训练营共分为四类，即冬季训练营、一年级训练营、二年级训练营和三年级训练营，其中，一、二、三年级训练营被称为工作训练营。冬季训练营每年冬季进行，一般2—3天，所有正常参加沙卡活动的志愿者均可参加，年龄不限。冬季训练营一般安排高强度和具有挑战性的学习训练，采取严格的准军事化训练和管理模式。相对而言，工作训练营更加重要，均安排在夏季进行，是培养国民志愿服务团干部的专门机构。1927年5月，国民志愿服务团举行第一个工作训练营，共有17

---

[1] M. G. Chitkara, *Rashtriya Swayamsevak Sangh: National Upsurge*, New Delhi: APH Publishing, 2004, p. 193.

人参加，主要内容为身体训练和学习讨论。与冬季训练营相比，工作训练营的参加资格要求更为严格，而且组织纪律要求更高，学习训练强度更大。目前，工作训练营要求参加人员年龄在 16 岁以上，在沙卡担任一定职务且需要通过前期一周的工作坊培训。工作训练营一般持续 3—4 周，采取住宿制全封闭管理，由营员自己负责饮食，素食且不添加调料。每日活动从凌晨 4 点持续到晚上 10 点，上午和傍晚进行身体训练，下午和晚上进行学习讨论。[①] 工作训练营仅在地区或邦一级举行，其中三年级训练营仅在国民志愿服务团总部那格浦尔举行，只有参加完一、二年级训练营的人员才有资格参加。完成三年级训练营学习意味着从工作训练营毕业，很多毕业营员从此被确定为宣传干部，全职从事国民志愿服务团的组织工作。

国民志愿服务团开设工作训练营的目的是在沙卡之外扩展组织活动，安排在夏季则主要是为了吸引暑假期间的学生。随着组织的发展壮大，工作训练营逐渐成为国民志愿服务团选拔干部的专门机构。但实际上，不同层级的训练营对参加资格和时间精力投入要求逐步提高，能够完成三年级训练营并担任宣传干部的人员数量十分有限。

(二) 宣传干部的工作模式

海德格瓦于 1932 年前后创立了宣传干部制度的雏形，此后由格尔瓦卡确立为一项固定的组织制度。20 世纪 30 年代初，海德格瓦曾召集一些即将进入大学学习的学生，鼓励他们在大学开展国民志愿服务团的组织工作。一些学生在完成学业之后便成为宣传干部，也是国民志愿服务团的第一批宣传干部，其工作模式成为宣传干部制度的基础。由于绝大多数的志愿者都是以兼职方式参加国民志愿服务团的活动，随着沙卡和成员数量的增加，需要专职从事组织宣传工作的人员，这也是国民志愿服务团设立宣传干部制度的现实需求。

1. 宣传干部制度的基本特点

相比规模庞大的志愿者而言，宣传干部的数量并不多，约占正式工作者的 5%。宣传干部制度具有以下几个特点。

第一，专门从事组织工作的全职人员。绝大多数的志愿者来自各个行业和社会领域，例如学生、教师、医生、律师、农民等，以兼职志愿服务

---

① Arun Anand, *Know About RSS*, pp. 71-78.

的方式参加国民志愿服务团的活动。而宣传干部则是经过层层选拔,专门从事组织工作的全职人员。早期的宣传干部一般二十几岁,具有良好的教育背景,出身于中高种姓,熟练掌握英语和印地语,同时精通某一专业领域。宣传干部没有固定工作年限要求,一般为3—4年,之后可以选择退出,参加其他工作并建立家庭,但仍然可以保持与国民志愿服务团的联系。

第二,以国民志愿服务团的组织工作为事业,具有很强的使命感和奉献精神。宣传干部都经过严格的学习训练,认同国民志愿服务团的组织目标和意识形态,并宣誓全身心为组织工作奉献服务。宣传干部的生活方式比较艰苦简朴,不领取任何工资报酬。宣传干部在工作地设有办公地点,但更多的时间是在外从事组织宣传工作。值得注意的是,为了避免家庭责任和社会压力的干扰,全身心投入工作,宣传干部基本上都保持单身。国民志愿服务团表示,宣传干部就像是印度教的修行者,一方面只专注组织工作不进行任何个人事迹宣传,另一方面倡导苦行主义的生活方式以避免出现腐败堕落现象。

第三,统一外派的工作方式。宣传干部一般不能自己选择工作地点和内容,所有工作完全服从组织安排。一部分宣传干部被派往地区、邦或者社区、沙卡等不同机构,另一部分则被派往团家族的成员组织。外派团家族成员组织的宣传干部具有"双重忠诚"的性质,即同时忠诚于国民志愿服务团和所在组织,如果所在组织选择不同于国民志愿服务团的发展路径,宣传干部将选择退出。[①]

第四,宣传干部是国民志愿服务团的"人才储备库"。一名志愿者只有成为宣传干部,才算正式进入该组织的干部体系,并在此基础上不断晋升。国民志愿服务团及团家族成员组织的高层领导职位均由宣传干部担任。例如,印度人民党全国和邦一级的组织书记基本上均由国民志愿服务团的宣传干部担任。

2. 宣传干部制度的动员优势

宣传干部制度的确立标志着国民志愿服务团具备了专职从事组织宣传工作的队伍,资源动员将更为高效和专业化。从社会运动资源动员的角度

[①] Walter K. Andersen and Shridhar D. Damle, *The Brotherhood in Saffron: The Rashtriya Swayamsevak Sangh and Hindu Revivalism*, p. 88.

来看，宣传干部制度具备以下优势。

第一，专职干部提高组织动员的专业化水平。国民志愿服务团是一个以干部为基础的组织，宣传干部制度提升了社会运动组织的动员效率和专业化水平。在以干部为基础的组织中，干部成员不仅宣传组织思想和意识形态，同时还践行组织所宣传的原则和理念。① 因此，宣传干部制度是国民志愿服务团发展成为专业社会运动组织的重要特征之一。

第二，"修行者"式的工作生活方式增加人生可用性。麦克·亚当在研究个体参加高风险的激进社会运动时指出，人生可用性（Biographical Availability）对社会运动实际参与有着重要影响。② 人生可用性是指是否存在增加社会运动参与成本和风险的个人限制因素，例如，全职工作、婚姻和家庭责任等。宣传干部要求保持单身，践行"修行者"式的工作生活方式，淡化个人欲望和利益关系，保证所有的时间和精力全部投入组织工作，这就从个人因素层面保证社会运动的有效参与。

第三，在运动低谷时期保存组织力量。在首次被禁期间，最高领袖格尔瓦卡被捕入狱并宣布关停所有沙卡，组织活动陷入低谷并转入地下工作。其间，大批宣传干部承担起维持组织运行的责任，继续开展组织工作，保持组织力量，使得国民志愿服务团在解禁之后能够迅速恢复正常活动。此外，宣传干部在组织被禁期间还成立了新的分支组织。③

第四，实现团家族成员组织的政策协调。宣传干部在团家族内部形成了一个庞大的沟通协调网络，能够保证意识形态的统一和政策的沟通协调，是实现团家族团结凝聚的"黏合剂"。根据这一传统，团家族的成员组织也逐步采用了宣传干部的工作制度。

第三节　印度教民族主义话语与框架建构基础

民族是一种想象的政治共同体，④ 民族主义就是围绕民族构建的一种

---

① Eknath Ranade, *Sadhana of Service: A manual on self unfoldment and Team work*, Chennai: Vivekananda Kendra, 2014, p. 96.

② Doug McAdam, "Recruitment to High-Risk Activism: The Case of Freedom Summer," *American Journal of Sociology*, Vol. 92, No. 1, 1986, p. 70.

③ 例如，1949 年宣传干部马多克（Balraj Madhok）在德里成立了全印学生联合会。

④ ［美］本尼迪克特·安德森：《想象的共同体：民族主义的起源与散布》，吴叡人译，上海人民出版社 2005 年版，第 6 页。

话语体系，核心目的在于塑造身份认同。国民志愿服务团构建了一个包括印度教、佛教、锡克教和耆那教教徒等在内的想象的共同体——印度教主体民族，并围绕印度教主体民族的宗教、历史、文化和语言形成一套话语体系。民族共同体拥有自身的边界，对"他者"的贬抑才可以带来团体内积极的自我想象，构建集体认同。① 在国民志愿服务团的民族观念中，穆斯林和基督教徒等非印度教徒被视为外来威胁，印度教主体民族的身份认同正是在"我们"与"他者"的对立中完成构建。这种视穆斯林为外来威胁的印度教民族主义话语体系成为国民志愿服务团进行框架建构的基础。本书将根据框架建构的三个步骤，依次分析国民志愿服务团如何进行诊断性、预后性和促动性框架建构。

一　印度教社会的分裂与外来威胁

国民志愿服务团早期诊断性框架建构的基本逻辑是，印度教社会处于分裂衰弱的状态，无法摆脱英国殖民统治。同时，在英印政府"分而治之"策略的作用下，穆斯林群体通过有效动员，政治地位不断上升，形成了对印度教主体民族的外来威胁。因此，印度教徒的主要敌人不是英国殖民者，而是穆斯林。萨瓦卡和格尔瓦卡借用印度教宗教和文化资源，提出了印度教特性、"国族"和印度教国家的概念。在诊断性框架建构中，问题的矛头指向穆斯林，印度教徒是受害者，国民志愿服务团则是代言人。

（一）框架建构的意识形态基础

社会运动的框架建构一般基于特定的意识形态，国民志愿服务团的诊断性框架建构深受印度教民族主义意识形态的影响，该意识形态源于双重的社会背景。第一，19世纪，印度教精英阶层发起了以梵社和雅利安社成立为标志的印度教改良运动，针对偶像崇拜、种姓制度、婆罗门神职垄断和妇女地位等进行改革。长期以来，这些不合理的制度造成了印度社会的分裂和衰弱。第二，1857年民族大起义之后，印度由东印度公司管理改为英国女王直接统治。为巩固殖民统治基础，英印政府采取"分而治之"的策略，扶植穆斯林少数群体，印度教徒尤其是高种姓阶层的利益

---

① 张莉：《民族主义与民粹主义：意识形态的构建还是政治策略的选择——以匈牙利民族民粹主义政党尤比克党为例》，《国外社会科学》2018年第2期。

受到威胁。

印度教民族主义的形成主要源于对威胁的反应,但这种威胁更多是主观感受而并非实际体验。① 然而,随着穆斯林群体政治地位的上升,这种威胁开始逐步显现。1906年全印穆斯林联盟成立,宣称在南亚次大陆建立自治的伊斯兰国家。1909年英印政府颁布《莫里—明托改革法案》,正式承认了穆斯林的政治地位。此外,"一战"后,印度穆斯林发起"基拉法特"运动,运动后期出现了针对印度教徒的暴力行为。印度教徒和穆斯林的对立冲突逐步升级,包括族群关系并不紧张的印度南部地区也出现了冲突事件。在英国殖民统治和印穆冲突加剧的背景下,印度教民族主义的矛头对准穆斯林群体,这也构成了国民志愿服务团进行诊断性框架建构的意识形态基础。

(二)印度教特性与主体民族

1923年,萨瓦卡完成《印度教特性》一书,标志着印度教民族主义意识形态进入新的发展阶段。他认为穆斯林虽然是印度的少数群体,但由于泛穆斯林主义的特征,更具侵略性和组织性,可能击败因种姓教派而分裂的印度教徒。② "基拉法特"运动让萨瓦卡意识到,印度教徒相比穆斯林处于弱势地位,真正的敌人是穆斯林而并非英国殖民者。萨瓦卡强调,以印度教徒为主体,同时包括佛教、耆那教和锡克教教徒都是印度教特性的正统代表,作为印度教主体民族组成了一个印度教国家。印度教国家与领土意义上的政治实体不同,而是一个文化意义上的地理范围。少数群体穆斯林和基督教徒虽然生活在印度,但其宗教信仰的圣地却远在阿拉伯或巴勒斯坦。因此,他们不具备印度教特性,被视为外来者。此外,印度的穆斯林源于16世纪穆斯林对南亚次大陆的入侵,是印度教民族受辱的标志。总之,萨瓦卡基于印度教特性,在印度教徒和非印度教徒之间划清界限,公开将穆斯林视为外来威胁。

海德格瓦深受萨瓦卡思想学说的影响,他认为印度之所以受到英国殖民统治,原因在于印度教社会的无序、分裂和衰弱,以至于无法有效组织动员进行反抗。因此,需要通过团结印度教社会的方式实现国家的复兴和强盛。在针对穆斯林态度与印度独立问题上,海德格瓦与甘地领导的国大

---

① Christophe Jaffrelot, *Hindu Nationalism: A Reader*, p. 13.
② Christophe Jaffrelot, *Hindu Nationalism: A Reader*, p. 16.

党产生分歧。甘地希望通过联合穆斯林争取印度独立,海德格瓦则认为向少数群体妥协会滋生分离主义,威胁国家统一。国民志愿服务团的使命是建设一个团结统一的印度教国家,而穆斯林却主张独立建国,因此被视为对国家统一的巨大威胁。

(三)"国族"与"外族"的对立冲突

萨瓦卡对穆斯林持有一种对外来者的排斥态度,将其视为外来威胁。格尔瓦卡的观点则更为激进,他通过对民族性的界定,将印度教徒和穆斯林推向完全的对立冲突,深刻塑造了国民志愿服务团的框架建构逻辑,他的《我们或我们民族性的界定》一书被视为该组织的"圣经"。格尔瓦卡认为印度教民族性是由五个要素构成的统一体,包括地理、种族、宗教、文化和语言,穆斯林和基督教徒的宗教信仰源自外部,因此,他们不属于这个统一体。他还指出种族是国家存在的基本前提,印度教徒构成了印度的"国族",穆斯林和基督教徒属于"外来民族","国族"与"外族"是无法共存的。格尔瓦卡用"我们"与"他者"的对立代指印度教徒和非印度教徒的对立,意味着印度教徒成为印度的唯一正统的代言人,非印度教徒甚至被指控为"原教旨主义者"和"叛国者",难有任何地位和生存空间。

格尔瓦卡坚持印度教民族主义意识形态的纯洁性,其框架建构方式也最为激进。这在一定程度上能够推动印度教徒的有效动员,但其负面作用也比较明显。第一,影响国民志愿服务团的公众形象。由于格尔瓦卡的观点过于激进,国民志愿服务团在很长时间内被视为带有"法西斯"色彩的教派主义组织,负面的公众形象并不利于意识形态传播和组织动员。第二,加剧印穆对立冲突。在激进思想的宣传鼓励下,部分国民志愿服务团成员实施针对穆斯林的暴力活动,穆斯林群体的安全受到直接威胁,同时制造了不同程度的社会恐慌,进一步加剧了印度教徒和穆斯林的对立冲突。第三,背离国民志愿服务团的最初目标。海德格瓦创建该组织的最初目标是团结印度教社会,摆脱英国殖民统治,具有明显的团结改良色彩。然而,格尔瓦卡过分渲染印度教徒与穆斯林的对立冲突,在很大程度上加剧了社会动荡、冲突和分裂。

长期以来,印度教徒和穆斯林在南亚次大陆生活共存,并不存在严重的族群冲突。1857年民族大起义期间,印度教徒和穆斯林曾联合反抗英国殖民统治。此后,英印政府迫于统治压力采取"分而治之"的策略,这才是造成后续印穆冲突和社会分裂加剧的根本原因。萨瓦卡和格尔瓦卡等将 16 世纪穆斯林入侵南亚次大陆和英国殖民统治联系起来，形成一个外族入侵而使印度教民族受辱的框架背景，最终把问题的矛头指向了穆斯林，将其视为外来威胁。"分而治之"策略是国民志愿服务团早期进行诊断性框架建构的问题来源，也助推了印度教民族主义意识形态朝着更加激进的方向发展。总之，将问题矛头指向穆斯林的外来威胁成为国民志愿服务团框架建构的前提基础。

二 品格塑造、社会团结与建设印度教国家

在诊断性框架建构阶段认定问题来源之后，国民志愿服务团需要提出一个具有针对性的解决方案，即预后性框架建构。面对英国殖民统治和穆斯林外来威胁的双重问题，海德格瓦选择一个从印度教社会内部着手的解决方案，即通过品格塑造，团结印度教社会，保护印度教文化，最终建立一个印度教国家。在预后性框架建构阶段，国民志愿服务团主要围绕品格塑造、团结印度教社会和建设印度教国家的逻辑展开。

（一）品格塑造

海德格瓦在早期参加独立运动时就表示，印度教社会因为种姓、教派和语言等因素而呈现出无序、分裂和衰弱的状态。长期以来，英国殖民统治使得印度教社会的分裂衰弱更加严重。他认为印度教社会已经失去了活力、勇武和斗志，难以摆脱殖民统治。因此，国民志愿服务团的首要任务就是通过身体、精神和知识上的综合训练，完成品格塑造，使志愿者能够为国家服务和奉献。

海德格瓦强调："缺乏民族品格是所有问题的根源。"[1] 因此，国民志愿服务团进行综合训练的首要目标就是品格塑造，培养民族品格。品格塑造主要从身体、精神和知识三个维度进行。他表示："让我们先在身体上比对手强壮，然后再讨论和平。"[2] 格尔瓦卡也指出："国家必须建立在组织力量的坚实基础上，形成组织力量的必备条件中，首要就是不可战胜的身体力量。"[3] 因此，国民志愿服务团最基本任务就是进行身体训练，培

---

[1] Suchitra Kulkarni, *RSS-BJP Symbiosis: On the Cusp of Culture and Politics*, p. 44.

[2] H. V. Seshadri, *Dr. Hedgewar The Epoch-Maker*, Bangalore: Sahitya Sindhu Prakashan, 2015, p. 69.

[3] Prabhu Bapu, *Hindu Mahasabha in Colonial North India, 1915 – 1930: Constructing Nation and History*, London: Routledge, 2013, p. 98.

养志愿者的纪律和勇武精神。同时，该组织还注重培养志愿者的爱国主义和奉献精神。国民志愿服务团坚信印度教民族有着悠久历史和辉煌文明，对伟大过去的认同能够激发爱国主义热情。同时，倡导作为印度教社会的一员，要为实现民族独立和复兴而无私奉献。实际上，国民志愿服务团进行知识学习的内容并不多，主要是关于历史、文化和社会问题等内容。

（二）团结印度教社会

格尔瓦卡曾指出："印度教社会高度碎片化，种姓、教派、宗教信仰、语言导致无数的分裂，呈现出完全割裂的状态。"[①] 对于国民志愿服务团而言，品格塑造是手段，实现印度教社会团结是首要目标。海德格瓦认为穆斯林的组织动员能力比印度教徒强大，因此，印度教徒必须组成一个强大的民族，实现社会团结，从而有效抵御外来威胁。

印度社会分裂的主要原因之一是种姓制度，由于低种姓阶层长期受到高种姓阶层的歧视和压迫，一部分人选择改宗伊斯兰教或基督教，加剧了印度教社会的分裂。因此，低种姓阶层就是国民志愿服务团团结的首要对象。海德格瓦曾公开批判种姓制度并表示："今天我们只有一个种姓和阶层，那就是印度教徒。"[②] 沙卡的日常活动不区分宗教信仰、社会地位和种姓阶层，所有成员通过共同学习训练和游戏等方式，培养团结互助的兄弟情义。然而，由于种姓制度在印度社会根深蒂固，国民志愿服务团是代表高种姓阶层利益的社会组织，它公开批判种姓制度主要出于社会动员的目的，实际上难以实现不同种姓的平等和团结，因此，对低种姓阶层的实际动员效果也比较有限。

（三）建设印度教国家

国民志愿服务团强调通过品格塑造实现印度教社会的团结，直接目标是摆脱英国殖民统治，争取民族独立，远期目标则是重建印度教民族统治的印度教国家。国民志愿服务团所宣称的印度教国家是一个文化意义上的地理单元，而不是主权意义上的现代国家。厄内斯特·盖尔纳指出，民族主义是一种关于政治合法性的理论，要求族裔的疆界不得跨越政治的边界，奉行政治单元（国家）与文化单元（民族）必须合一的政治原则。

[①] M. S. Golwalkar, *Bunch of Thoughts*, p. x.

[②] Ghanshyam Shah, ed., *Caste and Democratic Politics in India*, London: Anthem Press, 2004, p. 229.

由于印度同一土地上共存着印度教徒和穆斯林两大族群,打破了民族主义这一原则,因此就成为国民志愿服务团提出建设印度教国家的现实动因。国民志愿服务团认为印度教国家从远古时代就存在,并非让当今的印度变得印度教化,而是发现、认同和宣示印度教国家的身份。国民志愿服务团正在以重塑群体、历史和民族的方式,认真而系统的构建印度教身份。[1]

三 强调责任使命的促动框架建构

人们对社会运动的行为选择是一个以"参与"和"不参与"为端点的连续体。[2] 对社会运动目标和行动方案的认同,不一定保证实际参与。对于国民志愿服务团而言,源自穆斯林的外来威胁,团结印度教社会的行动方案以及建设印度教国家的最终愿景,并不足以保证社会运动的实际参与,除此之外还需要一个从共识动员到行动动员的过程。因此,在促动性框架建构阶段,国民志愿服务团主要通过凸显外来威胁的严重性,团结印度教社会的有效性以及建设印度教国家的责任使命进行。

(一)外来威胁的严重性

针对穆斯林外来威胁的严重性,国民志愿服务团主要从印度教徒人口比例下降、印度教徒遭受迫害程度和穆斯林试图分裂国家等角度进行框架建构。根据国民志愿服务团的宣传资料,1200年,印度的穆斯林人口比例为1.85%,1600年为9.58%,1800年为14%,1901年则增长至21.88%。[3] 该组织宣称,印度在数千年前是印度教徒为主体的庞大帝国,然而,随着穆斯林入侵南亚次大陆,穆斯林人口比例不断上升,印度教徒人口比例逐步下降,在国家中的主导性地位受到严重威胁。国民志愿服务团指出,穆斯林人口比例上升源于两个原因,第一,穆斯林坚持伊斯兰教法,实行"一夫多妻"制度,不进行计划生育,人口出生率大大超过印度教徒。第二,穆斯林通过各种方式对印度教徒进行改宗,尤其是针对低种姓阶层。

国民志愿服务团还指出,在旁遮普和孟加拉等穆斯林人口比例居多的地区,印度教徒群体不断遭受来自穆斯林的迫害,印度教寺庙被破坏,印

---

[1] Pralay Kanungo, *RSS's Tryst with Politics: From Hedgwar to Sudarshan*, p. 278.
[2] 冯仕政:《西方社会运动理论研究》,第134页。
[3] Christophe Jaffrelot, *Hindu Nationalism: A Reader*, pp. 245–246.

度教徒的财产被掠夺，妇女被侵犯，甚至还遭受残酷杀害。海德格瓦曾警示穆斯林正在试图分裂国家并独立建国，他强调："犍陀罗已经成为阿富汗，如果事态继续发展，我担心今天的印度斯坦明天将成为'伊斯兰斯坦'。"① 格尔瓦卡在谈及印巴分治方案时指出："他们（穆斯林）想要把母亲的手臂割下来拿走，竟然是如此忘恩负义的孩子，他们不配称为母亲的孩子。"②

总之，国民志愿服务团认为穆斯林外来威胁的严重性，指出印度教徒作为主体民族的地位岌岌可危，不断成为穆斯林的攻击对象，国家也面临着分裂的灾难。通过渲染问题的严重性能够极大地刺激印度教徒，但在真正采取行动之前，还需要认同国民志愿服务团行动方案的有效性，即团结印度教社会的途径能够真正解决问题。

（二）团结印度教社会的有效性

国民志愿服务团认为团结印度教社会是实现民族独立和复兴的唯一途径，而团结力量的唯一来源就是沙卡的组织活动，通过组织的发展最终实现整个印度教社会的联合。海德格瓦批判国大党争取政治独立的方式，认为是以损害印度教达摩和文化为代价，没有实际意义。他还指出："即使英国殖民者离开，如果印度教徒不能形成一个强大的民族，也依然无法保护民族独立自由。"③ 海德格瓦表示："无论是在旁遮普还是孟加拉，印度教徒遭受苦难的最主要原因是他们没能组织起来。印度教徒要意识到他们处于一个有凝聚力的社会，必须互爱互助，这是实现国家复兴的唯一途径，也是国民志愿服务团正在进行的事业。"④ 1940 年，萨瓦卡访问国民志愿服务团训练营时表示："在目前印度教社会的困境下，国民志愿服务团应该是唯一的希望。你们的行动正是所有崛起国家长期坚持的，弱者只有被有效组织起来才能变得强大。在此，我重申国家的唯一希望就是国民志愿服务团。"⑤

此外，国民志愿服务团宣称政府镇压不会导致活动的失败，并积极宣

---

① H. V. Seshadri, *Dr. Hedgewar The Epoch-Maker*, p. 75.
② Chakrabarty Bidyut and Kumar Jha Bhuwan, *Hindu Nationalism in India: Ideology and Politics*, New York: Routledge, 2020, p. 167.
③ "RSS: The Mission", *Rashtriya Swayamsevak Sangh*, October 22, 2012, http://rss.org/Encyc/2012/10/22/rss-vision-and-mission.html.
④ H. V. Seshadri, *Dr. Hedgewar The Epoch-Maker*, p. 78.
⑤ H. V. Seshadri, *Dr. Hedgewar The Epoch-Maker*, p. 69.

传运动取得的效果。海德格瓦指出："即使政府想要禁止我们的活动，沙卡还会成倍地增加，我相信将来沙卡的数量会和志愿者数量一样多。整个婆罗多世界将成为不可分割的统一整体，在这个辉煌时刻，没有任何邪恶力量能够伤害印度斯坦。"① 另外，印度教大斋会领袖蒙治在访问国民志愿服务团发表演讲时表示："我所在的中央省，印度教徒奋起反抗穆斯林的侵犯，在国民志愿服务团的努力下，扭转印度教社会卑微和顺从局面的奇迹发生了。"②

（三）建设印度教国家的责任使命

国民志愿服务团的最终目标是建立一个印度教国家，然而，面临英印政府镇压和国家分裂危机的严峻形势，组织活动困难重重，1948年还被政府取缔。在运动面临长期性和艰巨性的情况下，国民志愿服务团的框架建构需要从行动有效性上升为道德适当性，让志愿者将组织活动视为责任和使命，确保志愿者的持续参与和运动的长期进行。

1936年，海德格瓦在那格浦尔发表演讲，强调尽其所能团结印度教社会是每一位印度教徒的责任，而国民志愿服务团正在完成团结印度教社会的最高使命。他还指出："每一名志愿者都应该将国民志愿服务团的组织活动视为个人毕生的唯一使命。我相信你们内心有着坚定的信念，组织活动是个人生命中的头等大事。"③ 此外，国民志愿服务团告知所有志愿者参加沙卡活动是履行社会责任，在沙卡活动的口号、宣誓和歌曲中也反复强调要勇于承担责任使命，倡导个人牺牲精神。国民志愿服务团正是通过反复强化建设印度教国家的责任使命，吸纳了规模庞大的志愿者并从中选拔培养宣传干部，其中一部分人选择长期专职从事组织活动工作。

本章小结

20世纪20—40年代是国民志愿服务团组织成立和发展建设初期，从1925年成立起，经历了早期的发展建设，最高领袖的更替以及1947年印巴分治，直至1948年首次被政府取缔为止。

---

① Arun Anand, *The Saffron Surge: Untold Story of RSS Leadership*, p. 50.
② Arun Anand, *The Saffron Surge: Untold Story of RSS Leadership*, p. 41.
③ H. V. Seshadri, *Dr. Hedgewar The Epoch-Maker*, p. 81.

从政治机会层面来看，主要包括独立运动与组织成立发展，政府调查管制与运动形式调整，印巴分治、甘地遇刺与首次被禁三个阶段。面对独立运动的迅速发展，英印政府迫于压力不断进行政策调整，政治机会开始出现。然而，相关政策调整仍然基于"分而治之"的原则，政府和立法机构等仍由英国控制，政治机会比较有限。海德格瓦因为与国大党政治精英的政策分歧，选择单独成立新的组织——国民志愿服务团。在当时的政治机会条件下，为保证组织生存发展，国民志愿服务团对外宣称为文化组织，不直接参与政治活动。然而，国民志愿服务团的迅速发展引起了政府的调查和管制，该组织对相关禁令进行了持续抵抗。1940年格尔瓦卡接任最高领袖，进一步强化了组织远离政治活动的倾向。1942年，国民志愿服务团没有直接参与"退出印度"运动，在强调自我保护的同时也错失了历史性的政治机会。1948年甘地遇刺，国民志愿服务团被政府取缔，发展陷入低谷。格尔瓦卡与政府反复沟通争取解禁，政府于1949年7月宣布取消禁令。首次被禁成为国民志愿服务团发展历史上的重要分水岭，在经历早期的稳步发展之后，需要根据政治机会调整组织发展和运动形式。

从资源动员层面来看，主要包括最高领袖绝对权威的确立、构建以沙卡为单元的运行基础、形成以宣传干部为纽带的动员模式三方面。国民志愿服务团在成立初期规模较小，组织力量和影响力都比较弱，因此专注于自身发展建设。首先，确立了最高领袖的绝对权威。最高领袖拥有绝对权威，总书记负责日常事务管理，避免了内部派系权力斗争，保证了高效的组织运行和决策，同时还有助于实现平稳的权力过渡。其次，构建以沙卡为单元的运行基础。以那格浦尔首个沙卡为起点，国民志愿服务团不断设立新的沙卡并逐步完善沙卡的运行方式和训练内容，强调通过品格塑造，培养兄弟情义和奉献精神。沙卡深入城市、社区和乡村，充分发挥个人社会关系网络的作用来吸纳成员。同时，沙卡能够随时开设或关闭，灵活应对外部情况变化，成为草根人力资源动员的有效方式。最后，形成以宣传干部为纽带的动员模式。宣传干部制度是国民志愿服务团资源动员的核心，宣传干部是组织的"人才储备库"。国民志愿服务团通过举办工作训练营，在众多志愿者中培养选拔宣传干部。作为全职工作人员，宣传干部以组织工作为事业，具有高度的使命感和奉献精神，由组织统一外派工作。宣传干部制度的确立标志着国民志愿服务团的资源动员更加高效和专业化。

从框架建构层面来看，视穆斯林为外来威胁的印度教民族主义话语体系成为国民志愿服务团进行框架建构的基础，同时，该组织充分利用印度教教义和文化资源，形成了诊断性、预后性和促动性框架建构的完整过程。首先，在诊断性框架建构阶段，国民志愿服务团指出，印度教社会呈现分裂衰弱的状态，难以摆脱英国殖民统治。同时，在英印政府"分而治之"的策略下，穆斯林群体有效动员，政治地位上升，形成了对印度教主体民族的外来威胁，将问题的矛头指向穆斯林。其次，在预后性框架建构阶段，面对英国殖民统治和穆斯林外来威胁的双重问题，国民志愿服务团选择一个从印度教社会内部着手的解决方案，即通过沙卡训练进行品格塑造，有效团结印度教社会，最终建立一个印度教国家。最后，在促动性框架建构阶段主要分三点，第一，突出外来威胁的严重性。国民志愿服务团主要从印度教徒人口比例下降、印度教徒遭受迫害程度和穆斯林试图分裂国家来凸显问题的严重性。第二，强调团结印度教社会的有效性。国民志愿服务团反复强调，团结印度教社会是实现民族独立和复兴的唯一途径，而团结力量的唯一来源就是沙卡组织活动。第三，强调建设印度教国家的责任使命。国民志愿服务团将框架建构从行动有效性上升为道德适当性，让所有志愿者将组织活动视为责任使命，保证志愿者的持续参与和运动的长期进行。

第四章

组织转型与团家族形成时期

20世纪50—70年代，印度政治格局保持国大党"一党独大"的态势，进入了尼赫鲁·甘地家族的统治时期。国民志愿服务团在经历复杂曲折的争取解禁过程之后，组织运行逐步恢复正常，进入组织转型与团家族形成的关键时期。

面对印巴分治和首次被禁带来的危机挑战，国民志愿服务团开始重新思考组织目标和发展策略，同时，深刻意识到组织的生存发展亟须政治权力的庇护。然而，格尔瓦卡认为建设印度教国家无须借助政治权力，强调远离政治活动。在格尔瓦卡时期，国民志愿服务团政治激进主义的传统趋于中断，组织内部出现分歧，并导致部分激进派成员流失。该组织资深成员桑吉夫·凯尔卡尔指出，格尔瓦卡时期的国民志愿服务团变得独裁、封闭和僵化，进入了"迷失的岁月"。然而，20世纪50—70年代也是国民志愿服务团沙卡和分支组织迅速发展的关键阶段。截至1977年，国民志愿服务团的沙卡数量达到1.1万余个。此外，印度人民同盟、部落福利中心、印度工人联合会、世界印度教大会和印度农民协会等重要分支组织相继成立，以国民志愿服务团为核心的团家族初步形成。

本章主要包括正式参与政治与争取政治机会、团家族的形成与大规模社会动员、框架的延续调整与聚焦核心议题三部分，分别从政治机会、资源动员和框架建构三方面出发，具体分析国民志愿服务团在20世纪50—70年代的发展变化以及如何参与印度的政治过程。

第一节 正式参与政治与争取政治机会

在解禁之后，国民志愿服务团出现了内部分歧，部分激进派成员认为应停止沙卡活动，转向与其他政党合作或成立新的政党，主要通过政治力量宣传组织的理念和意识形态。而其余大部分成员则认为，单纯依靠沙卡活动难以实现组织目标，应该涉足包括政治活动在内的其他领域。1951年，国民志愿服务团的政治分支组织印度人民同盟成立并于次年参加印度首届大选。以此为标志，该组织步入了依靠政治分支组织正式参与政党竞争，争取扩大政治机会的发展路径。

一 创立人民同盟和参加选举政治

（一）创立人民同盟的政治机会

政治机会结构理论认为，当政体内部精英阶层出现分裂或者社会运动与政治精英建立联盟时，政治机会将有效扩大。由于国大党与印度教大斋会产生路线分歧，政治精英阶层的稳定性有所降低。同时，国民志愿服务团在解禁后意识到政治权力的重要性，希望以成立新政党或与其他政党合作的方式，与政治精英建立联盟。在上述因素的综合作用下，国民志愿服务团的政治机会逐步扩大并推动了人民同盟的成立。

1. 国大党的内部分歧

早在20世纪30年代，人民同盟的创立者穆克吉就与国大党产生了分歧。他认为国大党代表印度教徒选民，但是没有承担起保护印度教徒权利的责任。[1] 此后，穆克吉前往孟加拉参加印度教大斋会的活动。印巴分治之后，穆克吉加入过渡政府内阁并担任工业和物资部部长。然而，尼赫鲁反对穆克吉与印度教大斋会保持联系，尤其是印度教大斋会涉嫌参与刺杀甘地，尼赫鲁与穆克吉的矛盾不断激化。此后的两起事件直接导致穆克吉与国大党分道扬镳。第一，查谟和克什米尔的自治地位问题。穆克吉与尼赫鲁就查谟和克什米尔的政策存在严重分歧，他反对宪法第370条赋予查谟和克什米尔的特殊地位，认为有损于国家统一。第二，东巴基斯坦的印度教徒问题。穆克吉在加入过渡政府内阁时曾向东巴基斯坦的印度教徒保证，一旦受到巴基斯坦政府的迫害，印度政府和人民将会采取行动。1950年，数十万在东巴基斯坦受到宗教迫害的印度教徒前往印度，穆克吉呼吁政府针对巴基斯坦开展报复行动。然而，尼赫鲁计划与巴基斯坦总理阿里

---

[1] Syama Prasad Mookerjee, *Leaves from a Diary*, Calcutta: Oxford University Press, 1993, pp. 27–30.

(Liaquat Ali Khan)签署《尼赫鲁—阿里法案》进行和解。为表示抗议，穆克吉在法案签署前从内阁辞职。

2. 印度教大斋会的内部分歧

穆克吉早期在孟加拉参加印度教大斋会活动，先后担任代理主席、副主席和主席。然而，印度教大斋会未能发展成为全国性的运动组织。1948年甘地遇刺后，印度教大斋会的活动也受到严格限制，被迫中止参与政治活动。穆克吉曾向印度教大斋会全国工作委员会提议继续参加政治活动，并吸纳低种姓和非印度教徒加入。否则，印度教大斋会应该修改名称或者成立新的政党，原印度教大斋会转变为文化组织。① 对此，印度教大斋会主席博帕塔（Bhopatkar）和多数成员均表示反对，穆克吉被迫于1948年12月辞职，脱离该组织。

3. 国民志愿服务团成立政治分支的需要

在印巴分治和首次被禁之后，国民志愿服务团深刻意识到组织发展离不开政治力量的庇护，亟须在政治领域发展分支组织。该组织资深宣传干部马多克（Bal Raj Madhok）强调国民志愿服务团应该采取现实主义的路线，关注政治经济问题，否则就会失去保持组织活力的动力。马尔卡尼（K. R. Malkani）在国民志愿服务团的官方杂志《组织者》（*Organiser*）连续发表四篇文章，呼吁为了更加高效和更早地实现组织目标，国民志愿服务团应该发展自身的政治分支组织。格尔瓦卡长期不重视甚至排斥参与政治活动，但仍需要平衡组织内部传统派与激进派的分歧，回应激进派参与政治的呼声。国民志愿服务团在章程中将自身定位为文化组织，不参与政治活动，如果直接参与政治活动很可能再次被政府取缔，而发展外围政治分支组织则是较为稳妥的策略选择。穆克吉在与格尔瓦卡反复沟通之后，最终由国民志愿服务团选派乌帕德雅亚、马多克和拉纳德等宣传干部协助穆克吉创立了印度人民同盟。

（二）人民同盟与国民志愿服务团的依存关系

国民志愿服务团只是选派部分宣传干部协助创立人民同盟，没有与其建立正式关系，也并没有将人民同盟视为国民志愿服务团的分支组织。然而，由于人民同盟的主要成员来自国民志愿服务团的宣传干部和志愿者，

---

① Chakrabarty Bidyut and Kumar Jha Bhuwan, *Hindu Nationalism in India*: *Ideology and Politics*, p. 187.

人员关系使得国民志愿服务团对人民同盟有着天然的影响力，即使在没有建立正式关系的情况下仍然能实现一定程度的控制影响。尽管人民同盟成立之后不断争取自主性，但与国民志愿服务团仍然是一种非对称的依存关系。

自成立之初，人民同盟内部就存在国民志愿服务团势力和其他势力的矛盾，为确保对人民同盟的领导，穆克吉将党内重要职位交由印度教大斋会、雅利安社的激进分子以及国大党持不同政见者担任。例如，穆克吉安排沙玛（Mauli Chandra Sharma）担任人民同盟总书记，此人不具有国民志愿服务团的背景。为平衡双方势力的紧张关系，人民同盟于1952年任命宣传干部乌帕德雅亚担任总书记，他从1952年至1967年一直担任总书记，成为该时期人民同盟的实际控制者。国民志愿服务团与人民同盟保持联系的纽带是组织书记，组织书记决定着党员招募和职务晋升，国民志愿服务团也正是通过组织书记确保对人民同盟的控制和影响。此外，国民志愿服务团在人民同盟的干部任命、选举候选人提名和政策制定等方面均具有很大的决定权。

布鲁斯·格雷厄姆（Bruce Graham）指出，人民同盟在很大程度上就是国民志愿服务团在政治中的代理人。[①] 国民志愿服务团参与创立人民同盟并不断加强控制和影响，使其实际上成为附属的政治分支组织。一方面，国民志愿服务团自身不直接参与政治活动，避免引起政府的调查管制，防止再次被禁。另一方面，通过扶植政治领域的代理人，加强对人民同盟的控制和影响，能够获得政治庇护并借此扩大政治机会。自人民同盟成立以来，国民志愿服务团不断派遣宣传干部和志愿者成立分支组织，并通过组织书记保持与分支组织的沟通联系，从而实现了对团家族成员组织的有效控制和影响。

（三）国大党的实力下降与人民同盟的政治崛起

人民同盟成立时距印度首届大选只有3个月时间，竞选动员工作主要依靠国民志愿服务团的志愿者进行。然而，由于人民同盟的社会基础十分薄弱，仅获得3个人民院席位和35个邦立法会席位。经历首次选举失利后，国民志愿服务团相对于人民同盟的领导地位进一步提升。穆克吉去世以后，乌帕德雅亚成为人民同盟的实际控制者。在1957年和

[①] A. G. Noorani, *The RSS: A Menace to India*, p. 135.

1962年大选中，人民同盟获得席位数和投票份额逐步提高，主要支持来自北方邦、中央邦、比哈尔邦、哈里亚纳邦和旁遮普邦等中部和北部的印地语地区，这也是国民志愿服务团传统的社会根基所在。然而，总体上人民同盟始终徘徊在国家政治舞台的边缘地位，只是一个影响力有限的地方政党。

20世纪60年代以后，国大党的社会支持基础开始松动，整体实力有所下降，人民同盟迎来新的政治机会。国大党实力下降主要有三方面原因：第一，党内权力斗争与派系分裂。实际上，国大党自印度独立后就出现了内部分裂。① 然而，多数党内领导人认为党的统治地位理所当然地会保持下去，漠视了内部纷争和脱党的严重后果。② 1964年尼赫鲁去世之后，由于缺乏统一的领导核心，党内左派和右派的分歧斗争更加明显。权力斗争和派系分裂极大地削弱了国大党的组织力量和整体实力。第二，中印战争和印巴战争的连续失利。印度在1962年中印边境战争和1965年第二次印巴战争中连续失利，国内民族主义情绪日益高涨，矛盾的焦点逐渐转向对政府外交国防政策的质疑和不满，国大党面临着巨大的社会舆论压力。第三，经济衰退和通货膨胀导致民怨深重。由于战争消耗大量资源，经济发展投入不足，加上遭遇干旱等自然灾害，经济不断衰退，通货膨胀严重，民众对国大党政府的不满情绪日趋激化。

国大党实力下降和民众情绪变化为人民同盟的崛起提供了政治机会，国民志愿服务团和人民同盟开始缜密筹划1967年大选，并采取了一系列措施。第一，批评国大党政府的外交立场，呼吁对中国和巴基斯坦采取强硬政策。1965年人民同盟通过决议，主要内容包括呼吁与中国断绝外交关系，反对恢复中国在联合国的合法席位；加强与东南亚国家的关系，联合遏制中国。1966年，人民同盟再次通过决议，强调反对印度从1965年印巴战争占领的查谟和克什米尔土地撤出；呼吁政府支持西巴基斯坦普什图和东巴基斯坦孟加拉分离运动；在查谟和克什米尔停火线建立军事

---

① 1951年，国大党发生了第一次大规模脱党，导致在旁遮普邦、比哈尔邦、北方邦和哈里亚纳邦等地区的选票支持明显下降。

② 陈金英：《社会结构与政党制度：印度独大型政党制度的演变》，第69页。

点。① 第二，更换党主席并扩充党员数量。1966 年，人民同盟推选国民志愿服务团资深宣传干部马多克担任主席，进一步加强选举动员，扩大社会基础。在马多克的领导下，人民同盟建立了大量地方分支组织，吸纳更多的人员加入，组织规模迅速壮大。②

1967 年大选是人民同盟选举表现的重要转折点，共获得 35 个人民院席位和 9.41% 的投票份额。在邦立法会选举中，人民同盟共获得 257 个席位和 8.80% 的投票份额。至此，人民同盟的选举表现达到成立以来的最高水平。除继续巩固了北方邦、中央邦、比哈尔邦、拉贾斯坦邦、旁遮普邦和哈里亚纳邦等传统票仓，人民同盟还在德里和南部各邦竞选中取得了重要突破。③ 国大党虽然实现连任，但在中央和各邦的执政地位都有所下降，获得人民院席位数跌破 70%，④ 在 8 个邦立法会丧失了绝对多数地位。国大党实力的下降为各反对党提供了新的政治机会，人民同盟凭借有效的组织动员和国民志愿服务团的选举支持，能够把握并扩大政治机会，在人民院和立法会选举中均取得重要突破。

进入 20 世纪 70 年代，为进一步扩大社会基础并努力发展为全国性政党，人民同盟开始与其他政党合作参加选举。在 1971 年大选中，人民同盟获得 22 个人民院席位和 104 个立法会席位，较 1967 年均有所下降。很多国民志愿服务团成员认为，选举的失利源于联盟政党的不可靠以及由此带来的负面印象。国大党获得了 67.95% 的人民院席位和 43.70% 的投票份额，在全国 18 个邦执政。另外，由于在 1967 年大选中失利，英迪拉·甘地领导的国大党积极进行政策调整，强调社会公平，消除贫困，有效争取了底层民众的支持，在一定程度上压缩了人民同盟的政治机会。总之，随着国大党整体实力的下降，人民同盟在历届人民院和邦立法会选举中的表现逐步提升，不断崛起（表 4-1）。

---

① Walter K. Andersen and Shridhar D. Damle, *The Brotherhood in Saffron*: *The Rashtriya Swayamsevak Sangh and Hindu Revivalism*, p. 183.

② 据统计，截至 1966 年 4 月，人民同盟党员从 1956 年的 60 万人增加到 130 万人，同时在 268 个县建有分支组织。

③ 1967 年大选中，人民同盟在德里获得 6 个人民院席位，52 个立法会席位，这是首次在德里获得人民院席位。同时，在南部邦立法会选举中实现零的突破，分别在安得拉邦获得 3 个席位，卡纳塔克邦获得 4 个席位。

④ 在 1952 年、1957 年和 1962 年 3 届大选中，国大党获得席位数均超过 70%，分别为 74.40%、75.10% 和 73.07%，1967 年降至 54.60%。

表 4-1　　　　　人民同盟在人民院和邦立法会的选举表现

年份	人民院选举			邦立法会选举		
	投票份额	竞选席位	获得席位	投票份额	竞选席位	获得席位
1952	3.06%	92	3	2.76%	725	35
1957	5.93%	130	4	4.03%	606	51
1962	6.44%	195	14	6.07%	1177	119
1967	9.41%	250	35	8.80%	1702	257
1971—1972	7.35%	159	22	8.56%	1233	104

资料来源：根据 Walter K. Andersen & Shridhar D. Damle 书中表格翻译整理，Walter K. Andersen and Shridhar D. Damle, *The Brotherhood in Saffron: The Rashtriya Swayamsevak Sangh and Hindu Revivalism*, p. 169。

二　改善公众形象与争取政治地位

20 世纪 50 年代，国民志愿服务团的组织发展面临着诸多问题。一方面，被禁期间活动基本陷入停滞，主要靠宣传干部维持组织运行，需要在解禁之后逐步恢复。另一方面，由于涉嫌参与刺杀甘地，被国大党政府认定为非法的教派主义组织，亟须改善公众形象并争取政治精英的认可，获得一定的政治地位。国民志愿服务团在果阿解放运动、中印边境战争和印巴战争中积极配合国大党政府，派遣大批志愿者从事后勤支援保障工作，在一定程度上塑造了爱国主义的公众形象，并获得了政治精英阶层的认可。

（一）支持和参加果阿解放运动

印度独立后，果阿等部分地区仍处于葡萄牙的殖民统治下，尼赫鲁政府与葡萄牙就收回土地交涉但遭到拒绝。其间，果阿地区发生了一系列反抗葡萄牙殖民统治的运动。1954 年 7 月，国民志愿服务团与果阿人联合阵线、民族运动解放组织和果阿自由党组成联盟，共同发起解放达德拉—纳加尔哈维利运动并取得成功。[①] 国民志愿服务团浦那（Pune）分支负责人阿普泰（Vinayak Rao Apte）领导了本次运动，共 100 多名志愿者参

---

① Hemant Kumar Pandey and Manish Raj Singh, *India's Major Military & Rescue Operations*, New Delhi: Horizon Books, 2017, p. 29.

加，① 尼赫鲁政府为参加运动的成员发放了抚恤金和慰问物品。1954 年至 1955 年，印度爆发了大规模的解放果阿示威游行活动。国民志愿服务团志愿者在果阿地区为游行人员提供食物和住所，该组织高层干部乔希（Jagannath Rao Joshi）在游行活动中被捕入狱。在游行活动期间，大批志愿者遭到葡萄牙警察的镇压，伤亡较多，还有部分志愿者被关入里斯本监狱终身监禁。②

国民志愿服务团积极支持和参加果阿解放运动主要有三方面原因。第一，改善组织公众形象，争取政治精英阶层的认可。由于国民志愿服务团被政府指控为非法组织，背负了反国家和教派主义的负面公众形象。该组织希望通过参与反抗葡萄牙殖民统治运动，塑造爱国主义的正面公众形象，同时，争取政治精英阶层的认可。第二，满足组织内部激进派参与政治的诉求。格尔瓦卡时期，国民志愿服务团内部传统派与激进派存在分歧，为维持组织稳定，格尔瓦卡需要回应激进派参与政治的诉求，而参加反殖民运动正是缓解组织内部分歧压力的有效途径。第三，与左翼政党的竞争策略。国民志愿服务团参加果阿解放运动也是与共产党等左翼政党进行竞争的策略选择。由于马哈拉施特拉共产党和果阿人民党等也参加了果阿解放运动，国民志愿服务团担心共产党将会主导反殖民运动。③

（二）支援中印边境战争

长期以来，国民志愿服务团就对中国持有警惕和敌视态度，呼吁国大党政府对中国采取强硬政策，并表示将在战争中积极配合政府。中央执行委员会向政府保证："为了捍卫国家自由和领土完整，应对外来侵略的挑战，无论政府采取何种措施，国民志愿服务团都将全力配合。"④ 1962 年，该组织再次通过决议表示："最高领袖和总书记保证将完全配合政府，志愿者们已经前往各地尽其所能地开展工作。"⑤

中印边境战争期间，国民志愿服务团的志愿者主要在前线负责运送物

---

① M. G. Chitkara, *Rashtriya Swayamsevak Sangh: National Upsurge*, p. 268.
② Harish Chandra Barthwal, *Rashtriya Swayamsewak Sangh: An Introduction*, New Delhi: Suruchi Prakashan, 2015, p. 37.
③ Tapan Basu, et al. *Khaki Shorts and Saffron Flags: A Critique of the Hindu Right*, New Delhi: Orient Blackswan, 1993, pp. 50 – 51.
④ Dharmendra Kaushal, *R. S. S. RESOLVES: 1950 – 2007*, New Delhi: Suruchi Prakashan, 2007, pp. 17 – 18.
⑤ Dharmendra Kaushal, *R. S. S. RESOLVES: 1950 – 2007*, pp. 27 – 31.

资、后勤保障和救济工作。中印边境战争为国民志愿服务团向公众展现爱国主义形象提供了机会。① 一方面，国民志愿服务团在中央执行委员会和全国代表大会的决议中反复强调，全力配合支持政府，展现其捍卫国家主权和领土完整的决心。大批志愿者积极参加战争后勤保障等工作，塑造了爱国主义的正面形象。另一方面，国民志愿服务团指责由于国大党政府的软弱政策导致国家主权和领土受到侵犯。该组织还指出，国大党在国家危机时期仍然没有脱离党派政治的路线，未能有效团结全国其他政党保卫国家，引发了民众对国大党政府执政权威的质疑。

中印边境战争使印度政治生态发生巨大变化，右翼势力开始稳步上升。② 国民志愿服务团的志愿者积极参加战争后勤保障等工作，塑造了爱国主义的正面公众形象。在1963年印度共和日阅兵期间，约3500名国民志愿服务团的志愿者受国大党政府邀请参加阅兵仪式，在一定程度上标志着该组织的作用和地位得到政治精英阶层的认可。

（三）支援两次印巴战争

1965年和1971年，印度和巴基斯坦先后发生两次战争冲突。国民志愿服务团加强"反巴基斯坦"和"反穆斯林"的宣传动员，积极支援战争的后勤保障，进一步巩固了爱国主义形象。同时，国民志愿服务团还借机对国大党政府进行舆论攻击，为人民同盟在1967年大选中的崛起做了一定铺垫。

国民志愿服务团认为巴基斯坦对印度具有天然的敌意和仇恨，并反复呼吁对巴基斯坦采取强硬政策。1963年，国民志愿服务团就克什米尔问题发表决议指出："印巴谈判的提议意味着印度政府打算再次退让部分领土向巴基斯坦做出妥协。"③ 1964年，该组织再次通过决议表示："克什米尔是印度不可分割的一部分，如果进行任何妥协，必将严重损害国家统一、完整和主权。"④ 国民志愿服务团一方面渲染印度和巴基斯坦的仇恨对立，煽动民族主义情绪。另一方面指责国大党政府的妥协退让政策损害国家主权和领土完整，将舆论压力引向国大党政府。

1965年印巴战争前夕，印度政府召开全党派咨询委员会会议，格尔

---

① Pralay Kanungo, *RSS's Tryst with Politics*：*From Hedgwar to Sudarshan*, p. 58.
② Tapan Basu, *Khaki Shorts and Saffron Flags*：*A Critique of the Hindu Right*, p. 51.
③ Dharmendra Kaushal, *R. S. S. RESOLVES*：*1950 – 2007*, pp. 35 – 36.
④ Dharmendra Kaushal, *R. S. S. RESOLVES*：*1950 – 2007*, pp. 37 – 38.

瓦卡受邀参加。在两次印巴战争期间，国民志愿服务团的志愿者主要负责运送物资等后勤保障工作，例如，运送食物，清理克什米尔机场积雪，为战争伤员献血等，进一步巩固了爱国主义的公众形象。尽管国民志愿服务团指责国大党政府的妥协政策，但为了避免遭受政府管制和镇压，始终强调完全配合政府工作。在1971年印巴战争前夕，国民志愿服务团通过决议强调："中央执行委员会呼吁人民维持内部的和平秩序，与政府和军队全面合作应对巴基斯坦的侵略，希望所有志愿者一如既往地在保卫国家的事业中充当前锋。"[1]

三 国家紧急状态、再次被禁与人民党执政

1975年6月，英迪拉·甘地宣布印度进入国家紧急状态，国民志愿服务团随后第二次被国大党政府取缔。与首次被禁不同，国民志愿服务团已经建立了政治分支组织人民同盟并有一定的影响力，因此，能够联合其他政党与国大党政府进行抗争。为抵制国大党政府的独裁行为，人民同盟与其他政党联合组建竞选联盟参加1977年大选并获胜，建立了印度独立后首个非国大党政府——人民党政府，人民同盟开始参与联合执政，国民志愿服务团的宣传干部也进入了政府内阁。

（一）与纳拉扬联合组织反对国大党的政治运动

1965年，德奥拉斯担任国民志愿服务团总书记，他十分重视分支组织的作用，强调与分支组织保持密切的政策协调。1973年格尔瓦卡去世，德奥拉斯出任第三任最高领袖。德奥拉斯恢复了国民志愿服务团政治激进主义的传统，依靠团家族成员组织建立了反对国大党的社会联盟。国民志愿服务团和人民同盟反对国大党的政治动员，在纳拉扬领导的反对英迪拉政府全国性运动中达到高潮。[2]

1967年大选标志着人民同盟政治影响力的上升，1969年国大党出现了严重的内部分裂，[3] 因此，国民志愿服务团和人民同盟对国大党政府形成的挑战不断增强。国大党政府指控国民志愿服务团没有按照组织章程开

---

[1] Dharmendra Kaushal, *R. S. S. RESOLVES: 1950 – 2007*, p. 69.
[2] Tapan Basu, *Khaki Shorts and Saffron Flags: A Critique of the Hindu Right*, p. 52.
[3] 1969年，英迪拉·甘地与国大党领导产生分歧，国大党主席尼贾林加帕（S. Nijalingappa）以违反党纪为由将英迪拉驱逐出党，国大党分裂为英迪拉领导的国大党（执政派）和尼贾林加帕领导的国大党（组织派）。

展活动，又恢复了首次被禁之前的活动状态，沙卡训练是为暴力破坏活动做准备，该组织成员参与制造了多起暴乱，因此，国大党政府计划再次取缔国民志愿服务团。面对政府的指控，国民志愿服务团在1970年先后通过4份决议提出抗议。1971年大选之后，英迪拉·甘地政府没能有效推进消除贫困的目标，经济危机迅速爆发，公共生活领域腐败严重，民众的不满情绪日益高涨。1973—1974年，古吉拉特邦和比哈尔邦先后发生的大规模学生运动，① 纳拉扬（Jayaprakash Narayan）开始参与并领导政治运动。各反对党由分散行动到逐渐集结，由协调策略到建立联合组织，从中央到地方形成了一场声势浩大的反对英迪拉和国大党政府的运动。② 国民志愿服务团意识到"JP运动"是一个新的政治机会，可以将反对国大党抗争整合到合法的政治渠道，因此，积极支持和参与该运动。阿德瓦尼曾表示："'JP运动'是人民同盟增加公众吸引力和扩大社会基础的机会。"③

国民志愿服务团的分支组织人民同盟和全印学生联合会直接组织和参加了"JP运动"。1974年2月，全印学生联合会发起成立比哈尔学生斗争委员会，成为抗议活动的领导机构。6月，纳拉扬发起"全面革命"的号召，国民志愿服务团和人民同盟积极响应。德奥拉斯表示，纳拉扬正在努力完成甘地、维诺巴·巴韦（Vinoba Bhave）和格尔瓦卡等领导者未尽的使命。瓦杰帕伊也公开指责国大党，认为目前的选举是不公平的，国大党在操纵"金钱政治"。国民志愿服务团的高层领导干部乔希、德希穆克（Nanaji Deshmukh）、斯瓦米（Subramanian Swamy）、米斯拉（Kailashpati Mishra）和古德温阿查亚（K. N. Govindacharya）等均参加了纳拉扬领导的政治运动。

国民志愿服务团和纳拉扬的联合是基于共同利益的基础。印度教民族主义者需要一位杰出领导人的政治庇护，纳拉扬则需要印度教民族主义者

---

① 1973年12月，由于经济危机和公共生活腐败问题，古吉拉特邦发生了以学生和中产阶级为主体的抗议政府运动，运动要求首席部长辞职并解散邦立法会。1974年3月，比哈尔邦发生学生针对政府暴政和腐败问题的抗议运动，纳拉扬参与并领导运动。运动要求解散邦政府并未能成功，此后升级为反对英迪拉·甘地政府的全国性运动，最终导致印度进入国家紧急状态。运动领导者纳拉扬被称为"JP"，因此，运动被称为"JP运动"，也被称为"全面革命运动"。
② 陈金英：《社会结构与政党制度：印度独大型政党制度的演变》，第72页。
③ L. K. Advani, *My Country, My Life*, New Delhi: Rupa, p. 192.

提供的社会网络。① 此外，国民志愿服务团和纳拉扬的理念存在交集，前者强调通过组织团结印度教社会，建设印度教国家，政治权力不是最终目的。纳拉扬也指出斗争不是为了权力或是由反对党替代国大党，而是为了实现社会各领域的全面革命。作为甘地的追随者，纳拉扬曾公开表示对国民志愿服务团和人民同盟的认可，因此，国民志愿服务团"刺杀甘地凶手"的污点在很大程度上被淡化了。②

（二）国家紧急状态与争取解禁过程

1975年6月25日，印度进入国家紧急状态。6月30日，德奥拉斯被捕，7月4日，国民志愿服务团第二次被政府取缔。与首次被禁不同，国民志愿服务团此次争取解禁面临着有利的政治机会。一方面，国民志愿服务团及其分支组织与纳拉扬联合组织政治运动，逐渐发展成为反对英迪拉·甘地和国大党政府的全国性运动。国民志愿服务团的公众形象得到改善，反对国大党的抗争被纳入合法的政治途径。另一方面，国家紧急状态被认为是破坏民主的独裁行为，各反对党联合抵制国大党政府，国民志愿服务团在争取解禁过程中可以借助其他反对党的力量。为此，国民志愿服务团将恢复民主和争取解禁视为两个不可分割的目标，③ 将争取解禁的过程等同于抵制独裁、恢复民主斗争的一部分，尝试赋予争取解禁道义上的正当性。

国家紧急状态期间，国民志愿服务团采取了更加灵活的策略，依靠人民同盟和其他政治力量，维持组织运行并争取解禁。第一，联合其他反对党成立人民斗争委员会。国家紧急状态前夕，纳拉扬召集反对党领导人成立人民斗争委员会，人民同盟的组织书记德希穆克担任委员会总书记。国民志愿服务团改变了不直接参加政治运动的传统，与人民斗争委员会保持紧密合作。④ 第二，维持组织的地下活动运行。政府禁令发布之后，国民志愿服务团总书记穆莱（Madhavrao Mulay）对外宣布组织解散。虽然沙卡、训练营以及其他活动都已停止，但仍然通过宣传干部维持组织地下运

---

① Christophe Jaffrelot, *The Hindu Nationalist Movement and Indian Politics: 1925 to 1990s*, p. 265.
② Pralay Kanungo, *RSS's Tryst with Politics: From Hedgwar to Sudarshan*, p. 183.
③ A. G. Noorani, *The RSS: A Menace to India. LeftWord Books*, p. 182.
④ 国民志愿服务团安排宣传干部和组织书记分别负责与国大党政府、人民斗争委员会、反对党领导人等沟通协调，同时，安排宣传干部负责全国的示威游行活动。

行。1975年7月,国民志愿服务团的骨干宣传干部在孟买召开会议并制定争取解禁的行动计划,包括:一、举行集会维持志愿者士气;二、创建地下出版物;三、举行全国范围的游行,与重要的非党派人士和少数群体代表取得联系;四、通过人民斗争委员会的地下活动,争取海外声援支持。①

据国民志愿服务团消息,国家紧急状态期间约2.5万名志愿者以触犯《1971年印度国防条例》为由被捕,另有约2.5万名志愿者以触犯《1971年维护国内安全法案》为由被捕。② 另外,约10万名志愿者参加全国范围内的示威游行活动。国民志愿服务团在抵制国大党独裁行为,恢复民主秩序的斗争中发挥了积极作用,其政治激进主义在1975—1977年达到了历史高潮。

(三)组建竞选联盟与人民党联合执政

经历了国家紧急状态期间的政治斗争后,国民志愿服务团的政治经验和公众形象都有了稳步提升,同时也体验到与其他政治力量联合的潜在优势。德奥拉斯认为国民志愿服务团需要进行政策调整,以便更好地在政治斗争的环境下生存。1977年,国民志愿服务团呼吁成立一个非党派的对话平台。③ 当时,主要的反对党领导人被释放并开始准备参加第六届大选,纳拉扬建议各反对党组建竞选联盟。此后,人民同盟、印度民众党、国大党组织派和社会党联合组建竞选联盟,并以印度民众党的名义参加竞选,致力于成为国大党的替代者。

在第六届大选中,竞争联盟大幅领先,共获得298个人民院席位,人民同盟单独获得了93个席位。随着国大党竞选失败,政府于3月份解除了针对国民志愿服务团的禁令。竞选联盟联合组建了印度独立后首个非国大党政府——人民党政府,国民志愿服务团的宣传干部、人民同盟成员首

---

① 国民志愿服务团分别在美国和英国创立了印度争取民主组织(Indians for Democracy)和印度社会之友(Friends of India Society)两个海外组织,宣传报道国家紧急状态相关事件,制造国际舆论压力,这也是英迪拉·甘地宣布结束国家紧急状态的重要原因之一。

② 《1971年印度国防条例》(Defence of India Rules, 1971)和《1971年维护国内安全法案》(Maintenane of Internal Security Act, 1971)于1971年印巴战争前夕制定实施,在1975—1977年国家紧急状态期间仍然有效,相关法案规定政府可以在未经审判的条件下拘留任何嫌疑人,1977年人民党执政后废除了上述条例和法案。

③ Dharmendra Kaushal, R. S. S. RESOLVES: 1950–2007, p. 80.

次进入政府内阁，并担任了三个邦和德里联邦直辖区的首席部长。[①] 此后，人民同盟成员还进入多个人民党获得多数的邦政府。以 1977 年大选为标志，国民志愿服务团成功实现解禁，在国家主流政治力量中也获得一席之地。

然而，由于政党之间的政策主张和意识形态差异较大，新成立的人民党具有天然的脆弱性，党内权力斗争和分歧逐步显现。社会党认为，国民志愿服务团依靠训练有素的干部以及对人民同盟的控制，将会威胁人民党其他成员的地位。社会党领袖利马耶（Madhu Limaye）提出国民志愿服务团及其分支组织应并入人民党，从而削弱其影响力，国民志愿服务团则表示拒绝。德奥拉斯指出国民志愿服务团不会成为政府的一部分。该组织的总书记穆莱也表示，国民志愿服务团是志愿服务组织，但不是志愿者组织。此后，人民党其他成员也陆续提出异议，认为人民同盟的教派主义特征损害了人民党的民主和世俗主义原则。纳拉扬建议国民志愿服务团解散，并入人民党的青年和文化分支组织。此后，人民党正式提出"双重成员"问题，即原人民同盟成员不能加入除人民党外的其他政党或教派组织，明确要求人民同盟成员与国民志愿服务团断绝关系。人民同盟表示国民志愿服务团是文化组织，二者不存在正式的隶属关系。1979 年 7 月，社会党纳拉因（Raj Narain）退出人民党后组建人民党（世俗派），随后查兰·辛格也选择退出，人民党政府由于失去多数支持被迫解散。

对国民志愿服务团而言，国家紧急状态既是政治威胁，也是政治机会。威胁在于国大党政府宣布取缔该组织。机会则在于国家紧急状态成为联合各反对党力量的平台，人民同盟摆脱了"政治不可接触者"的教派主义政党身份，有机会加入竞选联盟赢得大选并参与组建政府。国民志愿服务团的宣传干部、人民同盟成员正式进入了中央政府内阁，也为今后逐步走进印度的政治权力中心奠定了基础。

第二节　团家族的形成与大规模社会动员

格尔瓦卡接任最高领袖之后，国民志愿服务团将组织发展的重心放在

[①] 在人民党德赛政府内阁成员中，瓦杰帕伊担任外交部部长，阿德瓦尼担任信息和广播部部长，维尔玛（Brij Lal Verma）担任交通部部长。同时，人民同盟成员还担任了喜马偕尔邦、中央邦、拉贾斯坦邦和德里联邦直辖区的首席部长。

品格塑造和沙卡建设上，意识形态更加鲜明，但政治激进主义的传统逐步弱化，并引起了组织内部激进派的质疑和反对。在首次被禁期间，部分资深宣传干部维持了组织的运行，在国民志愿服务团的发言权和影响力迅速提升。迫于内部分歧，国民志愿服务团开始组织转型，在品格塑造和沙卡建设之外涉足更广泛的议题和领域。一方面通过成立人民同盟正式参与选举政治。另一方面根据组织发展和社会动员需求，在各领域不断成立新的分支组织，以国民志愿服务团为核心的团家族逐步形成。依托团家族的社会网络基础，国民志愿服务团开始大规模社会动员的积极尝试。

一 形成以国民志愿服务团为核心的团家族

国民志愿服务团的最终目标是通过品格塑造团结印度教社会，建设印度教国家。印度独立之后，国民志愿服务团内部传统派和激进派的分歧越来越突出，分歧的焦点在于单纯依靠沙卡建设能否实现组织的最终目标。因此，国民志愿服务团开始重新评估并调整组织目标和发展策略，最终决定组织目标不只是通过沙卡渗透社会，同时还要在特定社会领域建立组织开展工作[①]。20世纪50—70年代，国民志愿服务团在不同领域相继成立了多个重要的分支组织，团家族初步形成。

（一）团家族形成的背景及原因

国民志愿服务团建立分支组织源于两个方面的背景及原因。第一，组织自身发展的需求。随着组织的迅速发展，为实现更大范围的社会动员，必须进入各领域开展工作。同时，为回应组织内部激进派的诉求，化解内部分歧，通过派遣资深宣传干部成立新的分支组织成为一举两得的发展策略。第二，与其他政党、宗教和社会组织进行竞争。由于共产党等左翼政党在学生、工人和农民群体具有广泛的支持基础，国民志愿服务团认为有必要建立相应的分支组织。同时，由于伊斯兰教和基督教传教的影响，印度东北部的部落群体和南部的低种姓阶层发生了大规模的改宗事件。国民志愿服务团认为改宗严重损害了印度教社会的团结统一，必须通过某种方式有效团结部落群体和低种姓阶层。

（二）团家族的主要分支组织

国民志愿服务团的首个分支组织是1936年成立的印度妇女服务委员

[①] Pralay Kanungo, *RSS's Tryst with Politics: From Hedgwar to Sudarshan*, p. 18.

会，也是在印度独立前唯一的分支组织。国民志愿服务团只接受男性成员，而妇女服务委员会则是专门招募女性的组织，目标和运行方式与国民志愿服务团大致相同。印度独立之后，经历首次被禁，国民志愿服务团深刻意识到政治权力的重要性，并派遣宣传干部协助成立印度人民同盟。人民同盟的成立意味着国民志愿服务团在政党政治中拥有代理人，同时又不会直接受到政治规则和环境的限制。① 通过建立政治分支组织，国民志愿服务团既能够争取政治权力并获得政治庇护，同时，又能保证自身专注于团结印度教社会的目标，避免直接卷入权力政治困局。

独立初期，格尔瓦卡将印度的共产党视为国民志愿服务团进行社会动员的最主要威胁，他认为共产党的阶级斗争路线会在印度教社会内部制造分裂。由于共产党在学生、工人和农民群体中具有广泛的社会基础和影响力，因此，在相关群体中成立分支组织成为国民志愿服务团的首要任务。海德格瓦在创立国民志愿服务团时意识到，学生群体相对容易被有效动员，该组织的首批志愿者均来自学生群体。1949 年国民志愿服务团首次被禁期间，宣传干部马多克在德里成立了学生分支组织——全印学生联合会。针对工人群体，国民志愿服务团认为"劳工领域在世界范围内由共产主义的意识形态所垄断"②，为此，宣传干部腾迦迪于 1955 年成立了劳工分支组织——印度工人联合会。另外，国民志愿服务团在农村和农民的社会基础比较薄弱，为此，该组织于 1979 年成立了印度农民协会。

由于部落群体和低种姓阶层的社会经济地位较低，容易受到外来意识形态的影响，也是国民志愿服务团争取支持的重要对象。基督教传教士长期在印度东北部地区开展传教和社会福利工作，导致大量部落居民从印度教改宗为基督教。国民志愿服务团认为大量的改宗行为将严重损害印度教社会的团结统一。1952 年，宣传干部德什潘德（Balasaheb Deshpande）成立了面向部落群体的分支组织——部落福利中心，通过采取类似基督教传教的工作模式，在部落群体中开展社会福利工作，阻止改宗行为，同时，

---

① Christophe Jaffrelot, *The Hindu Nationalist Movement and Indian Politics*: 1925 to 1990s, p. 126.

② H. V. Seshadri, ed., *RSS: A Vision in Action*, Bangalore: Jagarana Prakashana, 1988, p. 242.

将改宗的印度教徒通过"苏迪"仪式改回印度教。① 此外，国民志愿服务团于 1979 年创立了印度服务组织，主要面向表列种姓等贫困阶层提供教育和医疗服务。

国民志愿服务团认为印度教没有统一公认的宗教典籍和宗派划分，这是实现团结印度教社会目标的主要障碍。因此，格尔瓦卡于 1964 年召集印度教不同宗派领袖召开会议，会上成立了世界印度教大会，宣传干部尚卡尔（Shivram Shankar）担任该组织的总书记。世界印度教大会的工作目标主要包括：团结和巩固印度教社会；保护和传播印度教价值、道德和精神，促进与当代社会融合；建立和巩固不同国家印度教徒的联系。② 此外，世界印度教大会还成立了准军事化的附属组织印度青年民兵（Bajrang Dal）和杜尔迦女兵团（Durga Vahini）。依托世界印度教大会的平台，国民志愿服务团与印度教宗教团体建立了沟通联系机制，进一步扩大了社会基础。

20 世纪 50—70 年代，国民志愿服务团还成立了印度体育组织（Kreeda Bharati, 1962 年）、印度发展委员会（BVP, 1963 年）、印度教育委员会（BSM, 1969 年）、丁达雅尔研究院（DSS, 1972 年）、印度维迪亚组织（Vidya Bharati, 1977 年）、印度医药组织（NMO, 1977 年）、全印历史编纂计划组织（ABISY, 1978 年）等分支组织。至 20 世纪 70 年代末，国民志愿服务团的分支组织已经进入政治、经济、宗教、医疗卫生、教育、历史、体育、妇女、学生、工人、农民和部落等各社会领域和阶层，以国民志愿服务团为核心的团家族初步形成。

（三）团家族与资源动员新模式

从社会运动资源动员的角度来看，国民志愿服务团本身是一个专业社会运动组织，而基层组织沙卡则类似于众多的草根社会运动组织。尽管沙卡和志愿者的规模迅速扩大，但沙卡主要针对志愿者进行品格塑造，志愿者的个人社会关系网络资源也比较有限，单纯依靠沙卡和志愿者不足以满足全社会领域资源动员的需求。因此，国民志愿服务团通过在众多社会领

---

① "苏迪"（Shuddhi）原本是指高种姓印度教徒接触不洁事物之后的净化仪式，雅利安社将改宗到基督教、伊斯兰教和锡克教的印度教徒，通过"苏迪"仪式重新改回印度教并恢复原有种姓。

② Walter K. Andersen and Shridhar D. Damle, *The Brotherhood in Saffron*: *The Rashtriya Swayamsevak Sangh and Hindu Revivalism*, p. 141.

域和阶层中建立分支组织，使得资源动员过程更加专业化和精细化，也能够更加有效地发挥社会关系网络的动员潜能。总之，团家族的形成标志着国民志愿服务团的资源动员模式进入了新的发展阶段。

1. 分散结构与分工合作模式

就国民志愿服务团自身的组织结构而言，是一种具有典型科层制特征的联体结构，能够保证高效的组织运行和资源动员。就国民志愿服务团与各分支组织的关系而言，团家族整体上则呈现出一种分散结构。国民志愿服务团宣称与分支组织不存在正式的隶属关系，而是一种类似"大家庭"式的非正式关系。资源动员理论认为分散结构的社会运动组织，其实际动员效率较低，然而对于团家族的资源动员而言却并非如此。

国民志愿服务团探索形成了一种分工合作的动员模式，派遣资深宣传干部在相关领域成立分支组织，分支组织与国民志愿服务团无正式的组织关系，而是通过意识形态纽带、宣传干部和组织书记实现沟通协调。成立分支组织是推进印度教特性的新手段，这些分支组织是根据特定社会领域的需求而量身定制的。[①] 在分工合作的动员模式下，国民志愿服务团不直接参与分支组织所在领域的社会动员，而是直接委托给分支组织，由分支组织将国民志愿服务团的目标理念转换为特定领域的政策实践。这种分工合作的模式有两个优势，一方面，国民志愿服务团可以专注于品格塑造和沙卡建设，避免因直接涉足过多领域而影响最终目标的实现。另一方面，各分支组织形成了规模庞大的社会网络，既扩大了国民志愿服务团的社会基础，又使社会动员的专业性和规模效应显著提升。

2. 团家族的凝聚力与政策协调

由于团家族成员组织涉及众多社会领域，代表不同的群体和社会阶层，利益诉求和政策取向呈现出较大的差异和分歧。处于分散结构状态的团家族必须形成有效的内部协调与争端解决机制，维持组织的凝聚力。否则，内部分裂和派系斗争将极大削弱组织的资源动员效能。团家族的凝聚力有赖于四个主要因素：统一的意识形态，协商一致的、严格的组织纪律文化，组织书记与宣传干部的沟通支持，赋予分支组织一定的自主性。

首先，对于团家族成员组织而言，国民志愿服务团拥有一种家长式的道德权威，它是所有成员组织的意识形态母体，各成员组织的身份类似于

---

① Walter K. Andersen and Shridhar D. Damle, *The RSS: A View to the Inside*, p. 22.

"听命于家长的孩子"。国民志愿服务团所设定的团结印度教社会,重建印度教国家的最终目标,被视为印度教民族主义意识形态最纯粹和正统的体现。[①] 因此,国民志愿服务团的意识形态在团家族中具有最高的合法性,尽管成员组织在各自领域开展具体活动,但在意识形态必须与国民志愿服务团保持一致。

其次,团家族内部形成了一种协商一致的、严格的组织纪律文化。年轻志愿者从参加国民志愿服务团的会议开始就体验了协商一致的纪律文化。[②] 国民志愿服务团会在团家族内部组织正式和非正式的协商讨论,涉及不同分支组织的重要决策只有协商一致之后才会执行,同时,下级组织对上级组织的命令必须无条件服从。这种协商一致的、严格的组织纪律文化深刻影响了分支组织的互动和协调方式。

再次,组织书记的沟通联络和宣传干部的支持协调。国民志愿服务团派遣资深的宣传干部成立分支组织,同时,建立了以组织书记为基础的工作模式,成为国民志愿服务团与分支组织沟通协调的纽带。组织书记在分支组织内部形成了紧密的沟通网络,专注吸纳组织成员和培养干部,对组织发展具有很大的影响力和决策权。同时,组织书记保持分支组织与国民志愿服务团的政策沟通,确保组织的发展方向符合团家族的基本路线。

最后,赋予分支组织一定程度的自主性。在团家族的日常工作中,国民志愿服务团并不直接参与分支组织的具体运行和决策。一方面,国民志愿服务团的领导层强调通过远离权力、名誉和金钱的斗争获得感召力和道德权威。另一方面,分支组织在特定领域进行社会动员具有针对性和专业性,国民志愿服务团也并非全部擅长。因此,为保证各领域社会动员的灵活高效,国民志愿服务团赋予了分支组织一定程度的自主性,当然这种自主性是以统一的意识形态框架为前提的。

二 宗教符号的政治化与"圣牛保护"运动

"圣牛保护"运动起源于19世纪末,[③] 20世纪50年代,国民志愿服

[①] 格尔瓦卡认为只有沙卡建设和品格塑造才是国民志愿服务团的核心工作,分支组织被视为"二流组织",既没有得到重视,所开展的工作也不被承认,这种观念传统塑造了国民志愿服务团与分支组织的地位关系。

[②] Ratan Sharda, *RSS 360*: *Demystifying Rashtriya Swayamsevak Sangh*, p.109.

[③] 国民志愿服务团强调需要尊崇和保护的"圣牛"主要指旱牛(Cattle),包括母牛(Cow)、小牛(Calf)、公牛(Bull)、阉牛(Bullock)等,但一般不包括水牛(Buffalo)。

务团和人民同盟正式发起"圣牛保护"运动，开始操纵宗教符号并将其政治化。"圣牛保护"运动是印度独立后国民志愿服务团发起的第一次大规模的社会运动，实现了不同种姓和阶层印度教徒的有效动员，进一步扩大了社会基础，同时，也推动了人民同盟不断走向政治权力中心。

（一）"圣牛保护"运动的历史背景

关于牛神圣地位的争论在印度由来已久，① 现代历史上首次有组织的"圣牛保护"运动是19世纪70年代旁遮普发生的"库卡"运动。② 1882年，雅利安社创始人达耶难陀在旁遮普成立"圣牛保护"协会，尝试将"圣牛保护"运动发展为全国性的运动。达耶难陀认为吠陀经典有尊牛的传统，同时，乳制品的短缺将引发雅利安民族身体的退化。因此，达耶难陀根据宗教情感和经济价值两方面原因，呼吁禁止宰杀牛类。然而，印度穆斯林具有食用牛肉的传统，而且在特定节日还会举行宰牛献祭仪式。因此，牛既是印度教徒身份认同的重要标志，也是印度教徒与穆斯林群体冲突的潜在因素。支持"圣牛保护"运动就潜在地意味着针对穆斯林，在一定程度上加剧了教派冲突。③

保护牛类的议题具有明显的宗教争议性，然而，鉴于其重要的政治意义，20世纪初期国大党没有放弃该议题，而是在维持印度教徒和穆斯林团结的基础上提出。甘地曾表示尊重牛就像尊重自己的母亲一样，但是他也同时承认穆斯林具有宰牛的自由。此后，"圣牛保护"运动逐渐降温，相关诉求也进展缓慢。直到印度独立后，针对"圣牛保护"立法的问题仍然悬而未决。1949年立宪会议期间，在国大党议员巴尔加瓦（Thakur Dass Bhargava）的建议下，牛类保护被列入宪法中的国家政策指导原则。④ 政府意识到牛类保护背后有着强大的社会力量支持，最终对印度教

---

① 参见 S. M. Batra, *The Sacredness of the Cow in India*, Social Compass, 1986; D. N. Jha, *The Myth of the Holy Cow*, New Delhi: Navayana Publishing, 2009.

② 旁遮普地区历来就有禁止宰杀牛类的传统和法规，英国殖民统治之后取消了这一规定。1870年，锡克教库卡派（Kuka）教徒发起反抗运动，制造了一系列暴力冲突事件。"库卡"运动标志着印度"圣牛保护"运动的开始。

③ P. Brass, "Elite Groups, Symbol Manipulation and Ethnic Identity Among the Muslims of South Asia", in D. Taylor and M. Yapp, eds. *Political Identity in South Asia*, London: Curzon Press, 1979, p. 44.

④ 印度宪法第48条中写明，国家应努力按照现代科学方式发展农业和畜牧业，特别要采取措施保护并改良奶牛、牛犊及其他产奶和役用牛类的品种，同时，禁止进行宰杀。

的宗教情感做出了让步。① 然而，牛类保护仅作为各邦制定公共政策的指导原则，未能成为法律予以执行。因此，争取全面禁止牛类宰杀立法的"圣牛保护"运动仍然持续不断。

（二）利用宗教符号进行政治动员

印度教、锡克教和耆那教均有尊牛的传统，因此，牛类保护议题在印度社会有着广泛的动员基础。鉴于牛这一宗教符号的巨大动员潜力，人民同盟参加首届大选时就将"圣牛保护"列为一项基本原则并写入竞选宣言。人民同盟指出："考虑到人们对牛及其后代的情感以及牛在印度经济中的地位，应该通过宪法规定禁止宰牛。"② 此后，"圣牛保护"逐渐成为国民志愿服务团和人民同盟长期坚持的核心议题。

1. 首次"圣牛保护"运动的尝试

1952 年，国民志愿服务团支持宗教领袖布拉马恰利（Prabhudutta Brahmachari）在尼赫鲁所在的阿拉哈巴德选区参加竞选，并将"圣牛保护"作为竞选动员的主要政策议题。通过此次竞选活动，国民志愿服务团深刻体会到"圣牛保护"的动员潜力。该组织于 9 月通过决议指出："'圣牛保护'不只是关系国家经济的问题，同时也是神圣文化的关键和国家统一的标志，我们将通过志愿者组织集会和游行等活动，呼吁政府全面禁止宰杀牛类。"③ 实际上，国民志愿服务团选择"圣牛保护"议题具有三方面作用：巩固格尔瓦卡在国民志愿服务团的领导地位；与印度教组织建立紧密联系；在有尊牛传统的群体中增强国民志愿服务团的影响力。④

1952 年 10 月，国民志愿服务团和人民同盟在孟买发起"圣牛保护"运动，这是印度独立后国民志愿服务团发起的第一次大规模社会运动。运动通过公开演讲、发放宣传册、向政治和宗教领袖致信等方式进行宣传动员，同时，依靠志愿者开展全国范围的签名请愿活动。其间，国民志愿服务团还成立了全印"圣牛保护"委员会。"圣牛保护"运动持续一个月左

---

① Donald Eugene Smith, *India as a Secular State*, Princeton: Princeton University Press, 1967, p. 485.
② *Bharatiya Jana Sangh: Party Documents（1951 – 1972）*, New Delhi: Bharatiya Jana Sangh, 1973, p. 34.
③ Dharmendra Kaushal, *R. S. S. RESOLVES: 1950 – 2007*, p. 4.
④ Walter K. Andersen and Shridhar D. Damle, *The RSS: A View to the Inside*, pp. 176 – 177.

右，国民志愿服务团宣称在 9 万多个村镇征集了 1700 多万个签名，签名请愿书最终递交印度总统普拉萨德（Rajendra Prasad）。"圣牛保护"运动有效激发了国民志愿服务团的动员潜力，同时也进一步扩大了该组织的影响范围和社会基础。

印度宪法正式颁布后，根据国家政策指导原则，北方邦首先制定法律全面禁止宰杀牛类，比哈尔邦、中央邦和拉贾斯坦邦也相继制定了禁止宰杀牛类的法律。1955 年，国大党议员达斯（Seth Govind Das）向议会提出印度牛类保护法案但最终被否决。此后，中央政府成立的"印度控制牛类宰杀专家委员会"完成调查报告，报告指出："全面禁止所有牛类的宰杀不符合国家利益的最大化。"[①] 1958 年，印度最高法院就穆斯林起诉禁止宰牛法律的案件宣布了裁决结果，将禁止宰杀牛类法律的适用范围限定在役用牛类之内。此外，国民志愿服务团于 1958 年和 1960 年先后通过决议，大力呼吁政府修改宪法，全面禁止宰杀牛类。

2. "圣牛保护"运动达到高潮

1962 年大选中，人民同盟在中央邦勒德兰县焦拉（Jaora）选区提出"投票支持人民同盟就是支持'圣牛保护'"的竞选口号，同时发放封面印有尼赫鲁持剑宰牛画面的宣传册。来自国民志愿服务团的竞选候选人潘迪（Laxmi Narayan Pandey）在选举中击败了中央邦首席部长卡楚（Kailash Nath Katju），标志着国民志愿服务团通过操纵宗教符号成功干预政治活动。1964 年 8 月，印度"圣牛"服务协会（Bharat Gosevak Samaj）在新德里召开会议，呼吁中央政府完成禁止宰杀牛类立法的任务，格尔瓦卡、布拉马恰利和乌帕德雅亚均参加会议。

1966 年 9 月，全党派"圣牛保护"运动委员会（Sarvadaliya Goraksha Mahabhiyan Samiti）成立，布拉马恰利担任主席，执委会成员包括国民志愿服务团、世界印度教大会、国大党、印度苦行僧协会、雅利安社、印度教大斋会和罗摩之治委员会的成员。运动委员会的成立标志着所有支持"圣牛保护"的政党和组织开始有计划地走向联合。11 月 7 日，数十万名"圣牛保护"运动支持者在德里参加大规模游行，游行队伍在议会外聚集示威，格尔瓦卡和瓦杰帕伊均参加了活动。游行队伍的部分人员试图冲击

---

① *Report of the Expert Committee on the Prevention of Slaughter of Cattle in India*, New Delhi: Government of India Press, 1955, p. 63.

议会，警察随后开枪镇压骚乱。委员会的主要领导者被捕，德里宣布实行宵禁，时任内政部部长南达（G. Nanda）也因此引咎辞职。事件发生后两名宗教领袖马特（Govardhan Math）和布拉马恰利开始绝食抗议，但很快被政府逮捕，这在印度教徒中引发了众怒。国民志愿服务团通过决议谴责国大党政府的暴力镇压行为，并要求尽快释放被逮捕的宗教领袖。1966年的德里抗议活动成为印度历史上最大规模的"圣牛保护"运动，标志着运动达到了高潮。

3. 宗教政治动员转化为选票支持

20世纪50—60年代，"圣牛保护"运动在全国范围激发了印度教徒的宗教情感，有效扩大了国民志愿服务团和人民同盟的社会基础。国民志愿服务团通过操纵"圣牛"宗教符号进行政治动员，释放了巨大的动员潜力，并有效推动了人民同盟在第四届大选中的迅速崛起。①

人民同盟公开批评国大党在禁止牛类宰杀立法上闪烁其辞，并谴责对"圣牛保护"运动的支持者开枪镇压。在1967年大选竞选动员中，人民同盟通过发放宣传单和公众演讲的方式，以"圣牛保护"运动代言人的名义向国大党展开舆论攻击。一方面，人民同盟在各地张贴国大党参与或纵容宰杀牛类的海报。② 另一方面，人民同盟领导人在竞选演讲时发表煽动性言论，将矛头直接指向国大党。例如，人民同盟领导人在德里萨达尔选区演讲时，极力渲染母牛如何被残忍宰杀并供外国使节食用。此外，人民同盟领导人还指出如果在选票上的"圣牛"标识画叉，就代表正在宰杀"圣牛"。③ 格尔瓦卡在为人民同盟竞选动员时号召，投票支持全面禁止牛类宰杀的政党（人民同盟），而不是纵容牛类宰杀、玷污神圣土地的政党（国大党）。④

---

① 在1967年大选和地方选举中，人民同盟获得35个人民院席位和257个邦立法会席位，选举表现达到自成立以来的最高水平。

② 例如，人民同盟在德里张贴的宣传海报内容为国大党党员牵着两头阉牛（1967年国大党竞选标志）走向屠宰场，同时画面还出现了多个割下的牛头。在中央邦的海报中，政府在德里修建阿育王酒店为尼赫鲁准备食物，画面是一头怀孕母牛和初生牛犊被宰杀的过程。在加尔各答的海报中，众多穆斯林将一头奶牛拖拽至屠宰场，一旁的国大党党员说道："不管发生什么，我们需要的是选票。"

③ 国大党的竞选标志是两头牛，选民在投票时会在选票上所支持的政党标识上画叉。

④ S. M. Batra, *Cow and Cow Slaughter in India*: *Religious*, *Political and Social Aspects*. Hague: Institute of Social Studies, 1981, pp. 27 – 28.

格尔瓦卡曾表示发起"圣牛保护"运动是为了让政府难堪，希望通过"圣牛"来展现印度教特性。国民志愿服务团通过"圣牛保护"运动争取了不同种姓和阶层印度教徒的支持，进一步强化了印度教的身份认同。"圣牛保护"运动是印度独立后国民志愿服务团发起的首次大规模的社会动员，既有效扩大了社会基础，又推动了人民同盟的政治崛起。总之，"圣牛保护"一方面是团结不同种姓和阶层印度教徒的"最大公约数"，另一方面也是煽动对穆斯林敌视仇恨情绪的宣传工具。因此，"圣牛保护"成为国民志愿服务团进行社会动员的核心议题之一。

三 宣传辨喜思想与修建纪念馆运动

宣传辨喜思想与修建纪念馆运动是印度独立后国民志愿服务团发起的第二次大规模的社会运动，规模和影响范围甚至超过了此前的"圣牛保护"运动，在国民志愿服务团的发展历史上具有里程碑式的意义。[①] 该运动主要分为两个阶段，第一阶段是争取政府支持，在全国募集资金修建辨喜纪念馆。[②] 第二阶段是成立印度教传教会——辨喜中心，培训专职的传教人员，在全国范围宣传辨喜思想并进行社会服务。[③] 国民志愿服务团选择宗教精神领袖——辨喜作为动员符号，强调辨喜思想与国民志愿服务团的紧密关系，依靠宗教领袖在印度社会的感召力和影响力实现了有效的社会动员。

（一）修建纪念馆运动的历史背景

辨喜的思想学说对国民志愿服务团有着深刻的影响，他在团家族中有着精神导师般的地位。格尔瓦卡曾表示国民志愿服务团所做的工作与辨喜的指导思想和工作方法是完全一致的，并坚信从事国民志愿服务团工作就

[①] 辨喜原名斯瓦米·维韦卡南达（Swami Vivekananda）(1863—1902)，他倡导不同宗教平等对话，向西方国家介绍传播印度瑜伽和吠檀多哲学思想，为19世纪印度教的复兴以及国际地位的提升做出了重要贡献。1893年9月，辨喜作为印度教代表参加在芝加哥举行的世界宗教大会并发表演讲，在西方国家引起了强烈反响。他于1897年创建罗摩克里希那传教会，致力于宣传罗摩克里希那"有多少种信仰，就有多少种路径"（Jata Mat Tata Path）的宗教和谐思想。关于辨喜的生平事迹可参见 Swami Nikhilananda, *Vivekananda*: *A Biography*, New York: Ramakrishna-Vivekananda Center, 1953。

[②] 辨喜纪念馆（Vivekananda Rock Memorial）于1970年9月正式建成，主要由辨喜厅（Vivekananda Mandapam）和圣迹厅（Shripada Mandapam）两部分建筑组成。

[③] 辨喜中心（Vivekananda Kendra）于1972年1月成立，总部设在泰米尔纳德邦甘尼亚古马里（Kanyakumari），该组织是印度教在俗传教会（Lay Order of Hindu Missionaries）就

是在完成辨喜的事业。资深宣传干部拉奥（K. Suryanarayana Rao）指出辨喜复兴印度教民族的愿景就是国民志愿服务团的使命，该组织正是将辨喜印度教国家的设想付诸实践。因此，国民志愿服务团在日常的学习和训练中大力宣传辨喜的思想学说。

1963年是辨喜诞辰100周年，罗摩克里希那传教会决定于1963年至1964年在全国范围举行纪念活动。泰米尔纳德邦甘尼亚古马里当地居民计划在海边的岩石上修建纪念馆，[①] 并为此发起成立了辨喜纪念馆委员会。然而，该计划引起了当地基督教群体的强烈反对。[②] 为避免引发教派冲突，泰米尔纳德邦首席部长巴克塔瓦萨拉姆（M. Bhaktavatsalam）驳回了建立纪念馆的计划，只同意修建一个小型的纪念碑。1963年1月，辨喜纪念碑修建完成。2月，辨喜纪念馆委员会在马德拉斯召开会议，再次决定在海边岩石上修建一个完整的纪念馆，格尔瓦卡也参加了本次会议。然而，在5月当地基督教徒将已修建完成的辨喜纪念碑拆毁并丢入海中，事件进一步激化了当地印度教徒与基督教徒的紧张关系。由于修建纪念馆的计划遭到泰米尔纳德邦政府的反对，1963年7月，辨喜纪念馆委员会向国民志愿服务团寻求帮助，并邀请宣传干部拉纳德出面与政府协调。[③] 在格尔瓦卡的支持下，拉纳德开始担任辨喜纪念馆委员会的组织书记，作为国民志愿服务团的代表正式领导和组织修建辨喜纪念馆运动。

（二）运动的组织协调与社会动员

修建辨喜纪念馆运动于1964年1月正式启动，1970年9月纪念馆建成。该运动面临的主要挑战来自两方面，第一，政府层面的阻力。联邦文化部部长卡比尔（Humayun Kabir）和泰米尔纳德邦首席部长巴克塔瓦萨拉姆不同意修建纪念馆。因此，在运动正式发起前，拉纳德需要与政府斡

[①] 该岩石在宗教和地理上具有特殊意义，一方面，该岩石被认为是印度教的圣地。据称，1892年12月，辨喜在该岩石上经过3天冥想后顿悟。同时，该地还是印度教女神库玛丽（Devi Kanya Kumari）的修行地。另一方面，该岩石也是南亚次大陆最南端的标志，孟加拉湾、印度洋和阿拉伯海在此交汇。

[②] 1542年，基督教传教士圣弗朗西斯·沙勿略（St. Francis Xavier）在泰米尔纳德邦南部海岸地区传教，因此，甘尼亚古马里人口中基督教徒占有较大比例，主要是信奉天主教的渔民。当地的基督教徒在海边岩石刻上了基督十字架标志，1962年，马德拉斯政府下令去除十字架标志，并将该岩石命名为辨喜石，印度教徒和基督教徒由此发生冲突，该岩石被设为禁区。

[③] 拉纳德是国民志愿服务团的资深宣传干部，为纪念辨喜诞辰100周年，国民志愿服务团计划编辑出版辨喜文集，大规模地宣传辨喜思想学说，拉纳德具体负责该项工作。

旋并获准同意。第二，资金来源问题。辨喜纪念馆建设的总预算在1000万印度卢比左右，没有政府和企业的大额资金支持，基本全部依靠普通民众的小额捐款。因此，修建辨喜纪念馆运动如果要取得成功，需要同时实现在政治精英和普通民众阶层的有效动员。

拉纳德在与政府沟通斡旋方面具有丰富的经验，在国民志愿服务团首次被禁期间，他就作为该组织的代表与政府联络争取解禁。在国际百年纪念委员会的协助下，[①] 拉纳德与众多媒体机构迅速建立联系。1963年9月，拉纳德在加尔各答召开新闻发布会，向公众宣布联邦文化部部长卡比尔不同意修建辨喜纪念馆，将舆论压力引向政府层面。加尔各答是辨喜的出生地，同时是卡比尔所在的选区，迫于媒体舆论压力，卡比尔随后约见拉纳德并表示同意。此外，拉纳德向夏斯特里（Lal Bahadur Shastri）求助，计划收集议员签名向政府请愿。拉纳德在3天内收集了323名议员的签名，包括人民同盟、国大党、社会党、共产党和达罗毗荼进步联盟等主要党派的议员。12月份，拉纳德将请愿书递交尼赫鲁总理和泰米尔纳德邦首席部长巴克塔瓦萨拉姆，尼赫鲁表示支持，巴克塔瓦萨拉姆随后也改变了态度。拉纳德通过制造舆论压力和议员签名请愿的方式，成功排除了政府层面的阻力，体现了国民志愿服务团宣传干部利用媒体舆论、社会关系网络进行有效动员的潜力和优势。

一般而言，资金动员的主要对象是社会精英阶层，然而，在资金募捐过程中，拉纳德决定不接受企业和慈善家的大额捐款，而是选择了一种耗时且低效的动员方式，即通过国民志愿服务团的志愿者在全国各地门对门的走访宣传，仅接受个人的小额捐款。同时，委员会还制作发放当地语言版本的辨喜思想宣传册，编辑出版印度思想文化丛书。[②] 拉纳德表示，募捐采取这种形式能够在筹集资金的同时，向尽量多的人宣传辨喜思想。例如，在东北部那加兰邦的募集活动中，拉纳德对该邦首席部长塞马（H. Sema）表示运动需要的不只是资金，而是那加兰邦政府和人民的参

[①] 为纪念辨喜100周年诞辰，罗摩克里希那传教会专门成立了国际百年纪念委员会（International Centenary Committee）。

[②] 委员会专门推出了一卢比小册子（One Rupee Folders）计划，即用当地语言制作辨喜思想宣传册，以一卢比的价格出售，在运动期间共发放了约500万份宣传册。1966年，委员会编辑出版了《印度对世界思想文化的贡献》（*India's Contribution to World Thought & Culture*）丛书，共发行1万余册。

与，因为那加兰邦是国家的一部分。由此可见，运动依托国民志愿服务团的志愿者，以大规模草根动员的方式，完成了资金募集和思想宣传的双重目标。

整个募捐过程历时六年，委员会争取到了政府部门、非政府组织、工会、宗教组织、文化和教育机构等各方面的支持。修建辨喜纪念馆的总预算在1000万印度卢比左右，其中约800万印度卢比来自普通民众的小额捐款，其他部分则来自中央政府、各邦政府和企业家的捐款。① 1970年9月，辨喜纪念馆正式建成，印度总统吉里（V. V. Giri）出席揭幕仪式。至此，宣传辨喜思想与修建纪念馆修建运动的第一阶段完成。通过整个募捐过程的宣传动员，有效扩大了国民志愿服务团在印度南部和东北部的社会基础和影响力，同时，运动也反映了国民志愿服务团以及团家族社会网络的巨大动员优势。

1972年1月，辨喜中心在泰米尔纳德邦甘尼亚古马里正式成立，标志着运动进入了第二阶段。辨喜中心是将辨喜思想付诸实践的社会组织，作为印度教在俗传教会，主要培训全职的传教人员，并派往全国各地开展传教和社会服务工作。② 辨喜中心先后在印度东北部各邦开设学校，在泰米尔纳德邦实施乡村发展项目，并进行瑜伽的培训和研究工作。拉纳德曾表示辨喜思想引导他成为一名宣传干部，国民志愿服务团就是辨喜事业的延续。他将国民志愿服务团和罗摩克里希那传教会视为辨喜中心的母体组织，因此，辨喜中心在传播印度教民族主义意识形态的过程中发挥了重要作用。

宣传辨喜思想与修建纪念馆运动的成功，在一定程度上得益于拉纳德的领导协调和组织动员能力，但更重要的是两方面因素。第一，国民志愿服务团和罗摩克里希那传教会的动员支持。第二，辨喜思想的强大感召力以及基于印度传统和精神的国家建设愿景。③ 在资金募集过程中，国民志愿服务团数量庞大且训练有素的志愿者发挥了十分关键的作用，尤其是在

---

① *Remembering Vivekananda: His Unique Contributions and the Lasting Legacy to Humanity*, Kanyakumari: Vivekananda Kendra Prakashan Trust, 2013, p. 12.
② 辨喜中心的成员首先在甘尼亚古马里总部进行6个月的培训，然后开始长达3年的传教实习，部分成员经过实习期后成为全职传教人员。
③ Samta P. Pandya, *Faith Movements and Social Transformation: Guru Charisma in Contemporary India.* Singapore: Springer, 2019, p. 43.

草根阶层的动员中具有明显的优势。国民志愿服务团选择宗教精神领袖辨喜作为动员符号，能够有效争取不同种姓和阶层、政党和政府的普遍支持。此外，拉纳德特别指出，运动的成功在于无论在资金募集还是大众动员的过程中，都始终避免将问题政治化。因此，运动没有采取游行示威、制造骚乱和绝食抗议等比较激进的动员方式，避免运动的政治化倾向，从而规避了被政府镇压的风险。运动致力于将辨喜纪念馆和辨喜中心塑造成为印度民族统一的精神标志，在很大程度上推进了国民志愿服务团团结印度教社会的目标，成为该组织发展历史上进行大规模社会动员的重要里程碑。

第三节 框架建构的延续调整与聚焦核心议题

以"反穆斯林"为基础，团结印度教社会是国民志愿服务团框架建构的基本模式。印巴分治以及由此引发的宗教迫害，使印度教徒和穆斯林的冲突上升为两个国家之间的持续对抗。对于国民志愿服务团而言，宗教冲突印证了团结印度教社会抵御穆斯林的必要性，宗教仇杀的经历也成为该组织调整策略的有利资源。[1] 国民志愿服务团认为自印巴分治以来，穆斯林从印度教社会内部的分裂因素转变为邻国的外部威胁，是对印度国家完整和民族统一的最大挑战。因此，国民志愿服务团整体上延续和强化了"反穆斯林"的框架建构基础。

随着印度宪法的实施和国大党执政，印度实行了议会民主制度，开始在世俗主义的框架下进行国家建设，但在这一过程中也遗留了很多问题。例如，禁止牛类宰杀立法、克什米尔的特殊自治地位、国家官方语言等议题，在宪法中以国家政策指导原则或临时安排的方式作出规定，没有明确的执行方案，存在着较大的政治博弈空间和不确定性。因此，国民志愿服务团的框架建构逐步聚焦具有动员潜力的印度教民族主义议题，试图影响国家的政策制定。

另外，国民志愿服务团主张基于印度教的传统理念，建立一个由高种

---

[1] Tanika Sarkar, "Problems of Social Power and the Discourses of the Hindu Right", in RakaRay, Mary Fainsod Katzenstein, eds. *Social Movements in India: Poverty, Power, and Politics*, Lanham: Rowman & Littlefield Publishers, 2005, p. 68.

姓阶层统治的、以印度教徒为主体的印度教国家,这与西方民主理念下的社会政治秩序存在固有的矛盾。在印度民主制度环境下,以教派主义为基础进行框架建构,其动员潜力受到较大的限制,国民志愿服务团对框架建构基础进行了相应的调整。以乌帕德雅亚提出整体的人本主义为标志,国民志愿服务团的框架建构从激进转向相对温和。同时,为有效推动印度教民族主义议题,西方意识形态和国大党的执政权威也成为国民志愿服务团框架建构的攻击对象。

一 "反穆斯林"框架建构的延续与强化

国民志愿服务团在早期形成了以"反穆斯林"为基础的框架建构模式,印巴分治引发了大规模的印穆宗教冲突,增强了"反穆斯林"框架建构的动员效果。印度独立后,国民志愿服务团在北印度地区煽动并组织针对穆斯林的报复行动,扮演印度教徒受害者的代言人。国民志愿服务团延续了以"反穆斯林"为基础的框架建构模式并不断强化。一方面,充分发掘印巴分治以及印度教徒遭受迫害相关叙事的动员潜能,扩大在印度教徒中的支持基础。另一方面,将"反穆斯林"等同于"反巴基斯坦",从国家完整与民族统一的道德高度进行框架建构。

(一)印度教徒遭受迫害的叙事

对于国民志愿服务团而言,印巴分治意味着"婆罗多母亲"的分裂,问题的根源被认为是穆斯林的"反国家行为"。因此,国民志愿服务团极力谴责印巴分治方案,称其带来了灾难性的后果,不断向政府施压。同时,国民志愿服务团大肆渲染印度教徒遭受迫害的经历,公开谴责巴基斯坦的暴行,激发印度教徒的群体性仇恨情绪。

20世纪50年代,国民志愿服务团通过决议指出:"关于印巴分治是基于领土划分的说法是虚假的,印巴分治方案带来了众多灾难性的后果,应该被撤销。生活在巴基斯坦的印度教徒处境悲惨,正在遭受残酷的屠杀、抢劫,同时伴随着纵火、改宗、强奸和绑架。他们不会失去印度国籍,而应该得到印度政府的保护和救援。"[①] 格尔瓦卡强调印巴分治以后,生活在东巴基斯坦的数十万印度教同胞正在经历前所未有的灾难,请求印度政府为巴基斯坦的印度教徒提供全面的保护。他还表示国民志愿服务团

---

① Dharmendra Kaushal, *R. S. S. RESOLVES: 1950 – 2007*, p. 2.

一直是难民救援服务工作的先锋，并尽全力为来自旁遮普、信德等地的难民同胞提供救援。1965年印巴战争前夕，国民志愿服务团宣称印度教徒在巴基斯坦被当作人质，为满足政治目的而遭受各种形式的压迫。

进入20世纪70年代，国民志愿服务团继续对印度教徒的危险处境展开叙事并宣称，巴基斯坦在孟加拉开始对印度教徒进行全面的种族清洗。1971年印巴战争前夕，国民志愿服务团通过决议呼吁："印度政府要依靠英勇的武装部队来教训巴基斯坦，同时有效解决孟加拉问题，让所有难民可以和平而有尊严的返回祖国。"[1] 1971年印巴战争导致孟加拉独立，巴基斯坦分裂为两个国家。国民志愿服务团对此通过决议指出："能够让受压迫的印度教徒获得自由，创造一个拥有尊严和安全的栖息地，这是过去一二百年以来的第一次。"[2] 国民志愿服务团关于印度教徒遭受宗教迫害的大量叙事，既激发了印度教徒对穆斯林和巴基斯坦的敌对情绪，也对印度政府施加了强大的舆论压力。

（二）国家完整统一的威胁

国民志愿服务团"反穆斯林"框架建构的强化还体现在对"穆斯林威胁"的界定上。印巴分治之前，穆斯林被视为印度教社会内部的分裂因素。印度独立之后，穆斯林则被视为对国家完整与民族统一的外部威胁。因此，"反穆斯林"的框架建构能够整合到爱国主义的框架之内，淡化教派主义的色彩，既增强了框架的包容性，又在一定程度上提升了框架建构的共鸣度。

格尔瓦卡曾强调相对外部的侵略者而言，国家内部的敌对因素对国家安全的危害更大。他指出："如果说印度的穆斯林随着巴基斯坦的独立一夜之间变成了爱国者，这种自我欺骗的想法将是毁灭性的。恰恰相反，穆斯林的威胁随着巴基斯坦独立而增加百倍，并成为今后对印度进行侵略的支点。"[3] 他还表示："穆斯林对印度的入侵战略包括两种方式，一种是直接侵略，即分裂印度领土，建立独立的巴基斯坦以及侵占克什米尔。另一种是在印度的阿萨姆等重要战略地区增加穆斯林人口数量，使之成为穆斯林占多数地区并纳入巴基斯坦的势力范围。"[4] 在格尔瓦卡看来，穆斯林

---

[1] Dharmendra Kaushal, *R. S. S. RESOLVES*: *1950 – 2007*, p. 69.
[2] Dharmendra Kaushal, *R. S. S. RESOLVES*: *1950 – 2007*, p. 70.
[3] M. S. Golwalkar, *Bunch of Thoughts*, pp. 177 – 178.
[4] M. S. Golwalkar, *Bunch of Thoughts*, pp. 78 – 79.

从内外部同时对印度国家完整统一造成了威胁。

此外，国民志愿服务团在中央执行委员会和全国代表大会的决议中，反复强调穆斯林和巴基斯坦对印度国家完整和民族统一的威胁。例如，国民志愿服务团指出："巴基斯坦对印度的敌意与生俱来，是以损害印度国家统一的代价人为制造的。所有的事件都表明了巴基斯坦侵略性的'反印度'政策。"① 同时，国民志愿服务团还将印度的穆斯林视为巴基斯坦的"第五纵队"和破坏分子，宣称其正在从事"反国家"的颠覆活动。国民志愿服务团在决议中还强调："敌人'第五纵队'的网络遍布全国，亲巴基斯坦和教派主义势力正在密谋制造颠覆活动和动乱。"② 另外，国民志愿服务团呼吁："此刻所有爱国和觉悟的人民不应再做沉默的旁观者，而应该无畏的抵制这些集体或个人的破坏行动。"③

总之，这一时期国民志愿服务团延续并强化了"反穆斯林"的框架建构，将"反穆斯林"等同于"反巴基斯坦"，并将该框架整合到爱国主义的框架之内，从狭隘的教派冲突上升到国家完整统一的道德高度。国民志愿服务团的框架建构助长了印度对穆斯林和巴基斯坦的敌对情绪，在一定程度上也塑造了自身的爱国主义形象。因此，"反穆斯林"的框架建构加速了国民志愿服务团的资源动员过程，也有助于进一步扩大政治机会。

二 聚焦核心的印度教民族主义议题

印度独立之后，世俗主义成为国内主流意识形态，基于教派主义的社会动员受到较大的限制，相关运动也容易被政府所镇压。因此，国民志愿服务团针对宪法中的相关遗留问题，选择并聚焦了部分具有动员潜力的核心议题，依托印度教民族主义的话语体系进行框架建构。通过聚焦核心的印度教民族主义议题，既淡化了国民志愿服务团的教派主义色彩，又能够充分发挥相关议题的动员潜能。"圣牛保护"、种姓制度、克什米尔的特殊自治地位和国家官方语言等议题争议较大且受关注程度高，具有较大的动员潜力，因此，也成为印度独立后国民志愿服务团长期关注和操纵的核心议题。

---

① Dharmendra Kaushal, *R. S. S. RESOLVES：1950 – 2007*, p. 9.
② Dharmendra Kaushal, *R. S. S. RESOLVES：1950 – 2007*, p. 46.
③ Dharmendra Kaushal, *R. S. S. RESOLVES：1950 – 2007*, p. 62.

（一）"圣牛保护"

长期以来，"圣牛保护"就是印度教民族主义的传统核心议题之一。印度独立后，国民志愿服务团曾发起"圣牛保护"运动并取得了显著的动员效果。国民志愿服务团主要从宗教情感和民族尊严出发，就"圣牛保护"议题进行框架建构，如果说宗教情感层面具有典型的教派主义色彩，民族尊严层面则更具隐蔽性。

国民志愿服务团把奶牛喻为"婆罗多母亲"，将牛的地位神圣化并将其打造为印度教徒身份的标志和象征。国民志愿服务团指出："印度食用牛肉的习惯是从穆斯林和基督教徒的入侵开始的，他们通过食用牛肉来玷污印度教徒和神圣的标志。"[1] 国民志愿服务团以饮食习惯即是否食用牛肉为标准，人为制造了印度教徒与非印度教徒的二元对立。格尔瓦卡则进一步将二元对立推向极端，他强调："无论我们信仰什么，穆斯林都会对其充满敌意。如果我们在神庙朝拜，他们就进行亵渎；如果我们庆祝节日，他们就进行阻挠；如果我们崇拜'圣牛'，他们就食用牛肉。如果我们将女性视为祖国的象征，他们就对其进行骚扰。穆斯林在宗教、文化和社会所有方面彻底反对我们的生活方式。"[2] 在宗教情感层面的框架建构完成后，国民志愿服务团将"圣牛保护"上升到民族尊严的道德高度。格尔瓦卡表示："牛类宰杀是伴随着外来侵略出现的，从穆斯林开始，英国人又继续。这是我们背负的耻辱，我们已经取得独立，这样的耻辱应该被去除，否则我们将一直在精神上被奴役。"[3]

根据《梨俱吠陀》等文献的记载，古代印度具有食用牛肉和宰杀牛进行祭祀的传统。[4] 格尔瓦卡则指出是人们误解了吠陀经典中"牛"的含义，而这种误读被支持牛类宰杀的人们用来进行自我辩护。实际上，印度教民族主义的代表人物对是否可以宰杀牛类以及是否承认牛的神圣地位意

---

[1] Shamsul Islam, *Know the RSS*: *Based on Rashtriya Swayamsevak Sangh Documents*, New Delhi: Pharos Media & Publishing, 2017, p. 72.

[2] M. S. Golwalkar, *Bunch of Thoughts*, p. 142.

[3] M. S. Golwalkar, *Bunch of Thoughts*, pp. 496–497.

[4] 参见 B. R. Ambedkar, "Did Hindu Never Eat Beef? In The Untouchables: Who Were They and Why They Become Untouchables?", in *Dr. Babasaheb Ambedkar Writings and Speeches*, Vol. 7, Bombay: Government of Maharashtra, 1990, pp. 323–328; Swami Vivekananda, *The Complete Works of Swami Vivekananda*, Vol. 3, Calcutta: Advaita Ashrama, 1997, p. 536; D. N. Jha, *The Myth of the Holy Cow*, pp. 127–129.

见并不统一。① 可以说,"圣牛保护"议题并不具有严谨的历史事实依据,而是根据印度教民族主义的社会动员需求和政治目的而人为制造的。由于牛在印度教文化中享有重要的地位,同时,又是重要的农业生产资料,保护牛类的观念在印度社会根深蒂固。加之国民志愿服务团从宗教情感和民族尊严层面进行框架建构,在很大程度上实现了不同种姓阶层印度教徒的积极认同和有效动员。此外,国大党内部的传统派和激进派一直在推动禁止宰杀牛类的立法,与尼赫鲁代表的世俗派存在较大的政策分歧,国民志愿服务团操纵"圣牛保护"议题也有助于扩大政治精英内部的分裂,争取政治机会。

(二) 克什米尔问题

1950年1月26日,印度宪法正式颁布实施。由于宪法中包括了诸多临时性和过渡性的条款,也导致了一系列的遗留问题,其中,较为突出就是关于克什米尔的特殊自治地位。宪法第370条包括对查谟和克什米尔的六项规定,② 相当于赋其高度自治的特殊地位。印度与巴基斯坦在克什米尔地区存在领土争端,同时,克什米尔又是印度唯一一个穆斯林占多数的邦。因此,克什米尔问题既具有高度的政治敏感性,同时也是印穆冲突的问题焦点,就成为国民志愿服务团聚焦和操纵的另一个核心议题。

自印度宪法颁布实施起,国民志愿服务团就明确指出宪法应该统一适用于全国所有邦,反对保留任何类型的特权,宪法第370条是针对克什米尔的临时性规定,应该立即撤销,使其与其他邦具有同等地位。国民志愿服务团宣称如果中央政府不重视这一问题,克什米尔的人民将沦为"第五纵队"宣传动员的牺牲品。针对克什米尔问题,国民志愿服务团提出了两点诉求。第一,要求巴基斯坦退还侵占的领土,克什米尔完全并入印

---

① 例如,辨喜鼓励印度教徒食用牛肉从而变得更加强壮。萨瓦卡认为没有理由将动物奉若神明,赋予奶牛等动物以神性是对人类的侮辱。同时,他还认为奶牛与水牛、马、狗和驴等动物并无区别,人们过分强调了奶牛的实际作用。参见 Jyotirmaya Sharma, *Hindutva*: *Exploring the Idea of Hindu Nationalism*, New Delhi: Penguin Books, 2011, pp. 180 – 181。

② 六项规定包括:第一,克什米尔免于国家统一宪法的约束,可以制定独立的宪法。第二,议会对克什米尔的立法权仅仅限于国防、外交和通信领域。第三,如果其他宪法规定或联邦权力要适用于克什米尔,必须提前征得邦政府的同意。第四,政府同意仅仅是临时性的,因为必须通过邦立法会的批准。第五,邦政府表示同意的权力到邦立法会召开时为止,是一种过渡性的权力。第六,总统有权废止或修正宪法第370条款,但需要通过邦立法会的提议。参见 A. G. Noorani, *Article 370*: *A Constitutional History of Jammu and Kashmir*, Oxford: Oxford University Press, 2011, pp. 4 – 5。

度领土。第二，废除宪法第370条，中止克什米尔的特殊自治地位。1952年11月，查谟人民协会发起将查谟和克什米尔完全并入印度领土的抗议活动，活动被中央政府和邦政府镇压，大批运动成员被捕。国民志愿服务团认为政府没考虑克什米尔人民的强烈诉求，而是采取高压手段控制公众活动和舆论，应该予以严厉谴责。该组织反复强调："克什米尔在自然、道德、文化和宪法意义上是印度不可分割的一部分。"① 尼赫鲁曾表示希望以全民公决的方式决定巴控克什米尔的去留问题，对此，格尔瓦卡指出："难道肢体受伤了就让肢体决定去留？而不是由整个身体来决定？如果在克什米尔进行全民公决就意味着祖国统一的意识从我们头脑中完全丧失了。"② 国民志愿服务团在克什米尔问题上立场十分坚定，宣称任何妥协让步都将严重损害国家的统一、完整和主权。

国民志愿服务团聚焦克什米尔特殊自治地位的议题，实际上还是以"反穆斯林"为框架建构的基础。通过将该议题与国家主权和民族统一绑定起来，能够有效激发印度民众的爱国主义热情，同时，能够淡化框架建构的教派主义色彩，有助于更加广泛的社会动员。由于克什米尔的特殊自治地位问题长期悬而未决，就成为国民志愿服务团反复操纵的核心议题。

(三) 国家官方语言

印度经历英国殖民统治近200年，印度精英阶层普遍使用英语，普通民众则使用印地语等本土语言。在很大程度上，英语已经成为印度实际意义上的官方语言。针对国家官方语言问题，印度宪法规定了15年的过渡期，之后将取消英语作为官方语言的地位，但实际上并没有真正执行。关于印地语与英语国家官方语言地位的争论一直不断。因此，国家官方语言成为国民志愿服务团聚焦的另一个核心议题。

针对国家官方语言问题，国民志愿服务团主要从以下两方面进行框架建构。一方面，从反殖民和反西方价值的角度出发，强调英语是英国殖民统治的遗产，英语作为官方语言意味着在"精神上的奴役"。另一方面，从印度本土文化的角度出发，强调语言是实现民族统一和身份认同的纽带，突出以梵语为核心的印度本土语言的重要地位，要求以印地语取代英语作为官方语言。国民志愿服务团认为印度已经摆脱英国殖民统治并独立

---

① Dharmendra Kaushal, *R. S. S. RESOLVES：1950 - 2007*, pp. 6 - 7.
② M. S. Golwalkar, *Bunch of Thoughts*, p. 215.

建国，作为殖民遗产的英语应该被抛弃。国民志愿服务团通过决议指出："对于任何自由国家而言，外语都不是行政和其他用途的正确媒介，将英语继续作为印度的官方语言，定将持续造成精神上的奴役和人民与政府之间的隔阂。"[1] 该组织还强调："民族语言而不是外来语言应该占据国家政治和社会生活的主导地位，使用民族语言作为行政事务的媒介是国家自由和主权不可分割的一部分。英语永远不能让我们充分发展民族品格，也不能向世界展示我们最好的一面。"[2]

在对使用英语作为官方语言进行批判的基础上，国民志愿服务团进一步强调了梵语和印地语的主导性地位。该组织认为印度是一个多语言的国家，所有印度本土语言都是民族的，表面上有区别但有着内在的统一性。不同的本土语言反映了相同的文化价值和国家品格，且都与梵语密切相关。国民志愿服务团指出梵语作为母语享有最高的地位，所有本土语言都将统一于梵语。在所有本土语言中，印地语继承了梵语的精髓，并逐渐发展成为跨地区沟通的通用语言。因此，印地语理应被确定为国家官方语言。

国民志愿服务团对国家官方语言的框架建构延续了反西方文化的传统，同时，该组织在日常运行中也采用了梵语和印地语的命名体系。国家官方语言地位之争背后，实际上是印度教民族主义本土派与认同西方价值的精英派之间的某种博弈。在长期的殖民统治过程中，英语已经成为实际上的官方工作语言，在全国范围内统一使用，彻底废止的可能性不大。而印地语的使用范围主要集中在印度中部和北部，并不具备全国通用语言的性质，国民志愿服务团实际上夸大了印地语的实际地位和作用。

（四）种姓制度

国民志愿服务团的主要社会基础是印度教高种姓和中产阶级，以维护相关群体的地位和利益为基本前提。高种姓阶层具有强烈的保守意识，遵从婆罗门的习惯和价值理念，时刻提防低种姓、女性运动和阶级斗争。[3] 另外，格尔瓦卡所设想的印度教国家，实际上就维持以种姓制度为基础的社会秩序，确保高种姓阶层的统治地位。因此，国民志愿服务团的框架建

---

[1] Dharmendra Kaushal, *R. S. S. RESOLVES: 1950 – 2007*, p. 11.

[2] Dharmendra Kaushal, *R. S. S. RESOLVES: 1950 – 2007*, p. 34.

[3] Tanika Sarkar, *Problems of Social Power and the Discourses of the Hindu Right*, p. 68.

第四章　组织转型与团家族形成时期

构往往以维护高种姓的地位和利益为前提，该组织也一直被视为"高种姓俱乐部"。长期以来，国民志愿服务团对造成印度社会分裂和不平等的种姓制度避而不谈，将种姓划分与职业分工相提并论，默认其合理性。然而，随着组织的不断发展和社会动员需求的扩大，如何有效吸引规模庞大的低种姓群体成为国民志愿服务团资源动员的主要任务。在种姓制度的来源之下，低种姓阶层受到长期的压迫和歧视，阻碍了针对低种姓群体的有效动员。从1973年德奥拉斯接任最高领袖之后，国民志愿服务团对种姓制度的公开表态开始转变，并相应地调整了框架建构。

格尔瓦卡时期，国民志愿服务团的基本立场是为种姓制度的合理性辩护。格尔瓦卡指出："种姓制度延续数千年，并没有证据表明其阻碍了社会进步或破坏了社会团结，反而成为社会凝聚的重要纽带。"[1] 格尔瓦卡称赞古代印度种姓制度的合理性，但对其剥削的本质以及高种姓的剥削行为轻描淡写，甚至还强调种姓制度有助于抵御穆斯林的进攻。[2] 1974年5月，德奥拉斯发表了题为"社会平等与印度教团结"的演讲，标志着国民志愿服务团开始公开批判种姓制度。他指出："社会不平等是造成我们衰败的原因，种姓、亚种姓冲突和不可接触制度的分裂倾向体现了这种社会不平等。"[3] 他还强调："我们不必教条式地拘泥于古代宗教文本的字句，而是要对其重新反思和评估，从而适应时代的发展变化。复兴衰落的达摩并不意味着要原封不动的复原古老的秩序。"[4] 然而，德奥拉斯并没有完全否定种姓制度，而是对种姓制度的起源进行了某种辩护。他表示对于任何事物的认识不能脱离其所处的时代背景，种姓制度的建立是为了保证社会进步和有效运行，根据人们的习惯和能力分为四类，并不存在社会地位的高低。种姓制度本身存在着互相制衡，当制度失去平衡就会变得扭曲并崩溃。如今的社会情况已经不同以往，因此，坚持世代相传的种姓制度已经不符合时代的要求。以德奥拉斯的演讲为标志，国民志愿服务团对种姓制度的公开表态已经发生变化，针对种姓制度的框架建构也进行了相应的调整。

格尔瓦卡时期，国民志愿服务团坚持意识形态的纯洁性和印度教经典

---

[1] M. S. Golwalkar, *Bunch of Thoughts*, p. 108.
[2] Pralay Kanungo, *RSS's Tryst with Politics: From Hedgwar to Sudarshan*, p. 142.
[3] Arun Anand, *The Saffron Surge: Untold Story of RSS Leadership*, p. 133.
[4] Arun Anand, *The Saffron Surge: Untold Story of RSS Leadership*, p. 136.

的权威性，强调恢复传统的印度教社会秩序，维持严格的种姓制度。然而，基于高种姓阶层地位和利益的框架过窄，无法实现更大范围的社会动员，难以有效动员数量庞大的低种姓阶层和不可接触者。进入德奥拉斯时期，国民志愿服务团根据社会动员的需求，公开批判种姓制度，有意识地扩大框架的包容度，体现了国民志愿服务团在框架建构中的灵活性，有效扩大了潜在的社会基础。

三 攻击国大党的政策路线与执政权威

印度独立之后，在世俗主义为主导的社会政治环境下，国民志愿服务团所代表的印度教民族主义势力被边缘化。为有效推动印度教民族主义议题，国民志愿服务团开始与政治体系进行持续的抗争。然而，由于国民志愿服务团处于政治体系之外，影响力有限，抗争过程更多是基于框架建构的舆论攻击。具体而言，国民志愿服务团主要从反西方意识形态的框架出发，批判国大党的发展道路和执政能力，特别是对巴基斯坦和穆斯林的绥靖政策。国民志愿服务团以反西方意识形态为矛，对国大党的政策路线进行持续的舆论攻击，主要目的在于削弱国大党的执政权威，试图撼动政治精英阶层的稳定性，为自身发展创造有利的政治机会。

（一）"第三条道路"与整体的人本主义

印度独立后面临着如何进行国家建设的重要问题，格尔瓦卡认为现代社会深受西方物质主义和个人主义的影响，将人类活动的目的局限于物质层面，造成了个体与社会的矛盾冲突。他反对印度移植西方民主制度，认为民主制度滋生了两种罪恶：即自夸和诽谤他人，会损害人类心灵的平静，扰乱社会个体之间的和谐。① 他还表示："印度的民主选举制度是有缺陷的，由于普通民众的无知和愚昧，使其非常容易被自私天性、教派利益和粗俗诱惑而左右，这些选民选出的代表绝对不是理想的。"② 在对西方民主制度进行批判的基础上，国民志愿服务团推崇印度传统社会秩序理念，力争实现"达摩之治"。然而，这种设想实际上保留了种姓制度的社会基础，旨在维护高种姓阶层的统治地位，并没有针对现代国家建设提出具体的行动路线。

---

① M. S. Golwalkar, *Bunch of Thoughts*, p. 26.
② M. S. Golwalkar, *Bunch of Thoughts*, p. 27.

1965年，人民同盟总书记乌帕德雅亚提出整体的人本主义思想，该思想被认为是有别于资本主义和共产主义的"第三条道路"。乌帕德雅亚指出："我们不相信任何主义，无论是共产主义、资本主义、无政府主义还是帝国主义，这些都是外来的意识形态，我们相信的是印度文化和印度哲学。"[①] 他认为西方思维着眼于部分而并非整体，因此是片面的。而整体的人本主义从印度文化的多样性和统一性出发，强调用整体的思维和方法解决社会问题。整体的人本主义思想表述相对温和，并没有采用"反穆斯林"式的话语模式。此后，整体的人本主义成为人民同盟区别于国大党和其他政党的标志性指导思想，同时，也成为国民志愿服务团攻击国大党政策路线的思想武器。

乌帕德雅亚强调印度的发展问题应该用本土的文化传统和思维方式解决，而不是过多地模仿或照搬西方模式。例如，在经济发展问题上，乌帕德雅亚认为理想的经济模式是能够促进人的全面发展，因此，他倡导分散经济和"斯瓦德希"的经济思想。此外，乌帕德雅亚认为印度需要一个统一的宪法，不能够基于语言、地域、种姓和宗教而产生特殊权利。总体而言，整体的人本主义思想的提出就是以印度本土发展道路对抗国大党的西方发展道路。[②]

整体的人本主义思想与国民志愿服务团团结印度教社会的理念一脉相承，作为人民同盟的指导思想，在措辞表述上更加温和，而且更加关注政治、经济和社会发展的实际问题。乌帕德雅亚对西方经验道路的批判，实际上正是针对国大党的政策路线。以整体的人本主义思想的提出为标志，国民志愿服务团框架建构的重心从传统的教派主义议题向政治、经济和社会发展问题过渡。

（二）批判国大党政府的绥靖政策

国民志愿服务团攻击国大党政策路线的焦点就是批判其对巴基斯坦和穆斯林的绥靖政策。该组织指出国大党政府对巴基斯坦一再妥协让步，严重损害了国家尊严和民族统一。同时，由于政府对印度教徒难民的救援工作不力，极大地伤害了印度教徒的切身利益和民族情感。国大党政府的绥

[①] Deendayal Upadhyaya, *Integral Humanism: An Analysis of Some Basic Elements*, New Delhi: Prabhat Prakashan, 2016, pp. 16-17.

[②] 宋丽萍：《印度教特性运动的政治文化解读》，第47页。

靖政策非但没有换取巴基斯坦的诚意，反而纵容了对印度的颠覆活动和侵略行为。

1958年印巴边境发生交火冲突，国民志愿服务团随即谴责国大党政府没能有效反击，并宣称政府的政策立场对于印度这样一个大国来说是可耻的。国民志愿服务团呼吁政府彻底放弃对巴基斯坦的绥靖政策，果断进行反击。1963年，印度和巴基斯坦就克什米尔问题谈判，国民志愿服务团强调印巴谈判提案是以分割克什米尔为前提，这意味着印度政府再一次试图割让领土向巴基斯坦做出让步。

格尔瓦卡曾指出："对特定群体采取绥靖政策，满足其反国家的诉求，就短期目标与其进行讨价还价将损害国民生活。同时，绥靖政策也有损国家荣誉、尊严、利益和信仰。"① 面对印度教徒和穆斯林的冲突骚乱，国民志愿服务团指出国大党政府的态度和行为使得印度教社会不断蒙羞受辱。该组织还强调国大党政府只重视选票支持，而穆斯林群体是可靠的选票来源，这也是政府所有绥靖政策及其灾难后果的根源。国民志愿服务团甚至公开宣称，所有穆斯林的分裂和颠覆活动都被政府、领导人和政党所纵容。

国民志愿服务团就巴基斯坦和穆斯林政策持续向国大党政府发起舆论攻击，一方面，宣称政府没能有效捍卫国家的统一和印度教徒的利益，政府执政能力不足，试图在民众中制造对政府的不满情绪。另一方面，指责政府为获得选票支持而纵容大量的分裂和颠覆活动，以国家核心利益为代价进行政治交换，质疑国大党执政的合法性。20世纪60年代以来，国大党出现了内部分裂，整体实力有所下降，国民志愿服务团的舆论攻击进一步削弱了国大党的执政权威，也为人民同盟的崛起创造了政治机会。

本章小结

20世纪50—70年代，印度政治格局保持了国大党"一党独大"的态势，该时期也是国民志愿服务团组织转型与团家族形成的重要阶段。随着人民同盟的成立和团家族的初步形成，国民志愿服务团尝试进行大规模的社会动员，组织规模和社会基础不断扩大，政治影响力也稳步提升。

---

① M. S. Golwalkar, *Bunch of Thoughts*, p. 166.

从政治机会层面来看，主要包括创立人民同盟和参加选举政治，改善公众形象与争取政治地位，国家紧急状态、再次被禁与人民党执政三方面。首先，国民志愿服务团经历首次被禁后逐步恢复正常活动，并开始考虑发展政治分支组织，争取有效的政治庇护。以 1951 年人民同盟成立为标志，国民志愿服务团开始依靠政治分支组织正式参与选举政治。其次，国民志愿服务团被国大党政府认定为非法的教派主义组织，亟须改善公众形象并争取政治精英阶层的认可。为此，国民志愿服务团在果阿解放运动、中印边境战争和印巴战争中积极配合政府，派遣志愿者从事后勤保障工作，塑造了爱国主义的公众形象，在一定程度上也得到了政府的认可。最后，1975 年至 1977 年国家紧急状态期间，国民志愿服务团再次被政府取缔。国民志愿服务团与纳拉扬联合组织"JP 运动"，将争取解禁和反对国大党的政治抗争纳入合法的政治途径。1977 年，人民同盟与其他政党联合组建竞选联盟并赢得大选，建立了印度独立后首个非国大党政府——人民党政府，人民同盟开始参与执政，国民志愿服务团的宣传干部也进入了中央政府内阁。

从资源动员层面来看，主要包括形成以国民志愿服务团为核心的团家族、宗教符号的政治化与"圣牛保护"运动、宣传辨喜思想与修建纪念运动三方面。首先，进入 20 世纪 50 年代，国民志愿服务团意识到传统的沙卡建设难以实现团结印度教社会的最终目标，于是根据社会动员的需求开始组织转型，并在各社会领域和阶层成立分支组织。印度人民同盟、部落福利中心、印度工人联合会、世界印度教大会、印度农民协会等重要的分支组织相继成立，以国民志愿服务团为核心的团家族初步形成。其次，20 世纪 50 年代，国民志愿服务团发起了"圣牛保护"运动，开始操纵宗教符号并将其政治化。"圣牛保护"既是团结不同种姓和阶层印度教徒的"最大公约数"，也是煽动对穆斯林敌视仇恨情绪的宣传工具。作为印度独立后国民志愿服务团发起的首次大规模社会运动，有效扩大了社会基础并推动了人民同盟的政治崛起。最后，20 世纪 60 年代，国民志愿服务团开始选择印度教宗教精神领袖辨喜作为动员符号，发起宣传辨喜思想和修建纪念馆运动。该运动的规模和影响范围甚至超过了"圣牛保护"运动，在很大程度上推进了团结印度教社会的目标，成为国民志愿服务团进行大规模社会动员的重要里程碑。

从框架建构层面来看，主要包括"反穆斯林"框架建构的延续与强化、聚焦核心的印度教民族主义议题、攻击国大党政策路线与执政权威三方面。首先，以"反穆斯林"为基础，团结印度教社会是国民志愿服务团框架建构的基本模式。进入20世纪50年代，国民志愿服务团延续并强化了"反穆斯林"的框架建构模式。一方面，充分发掘印巴分治以及印度教徒遭受迫害相关叙事的动员潜能，扩大在印度教徒中的支持基础。另一方面，将"反穆斯林"等同于"反巴基斯坦"，从国家完整与民族统一的道德高度进行框架建构。其次，国民志愿服务团针对宪法中的相关遗留问题，聚焦"圣牛保护"、种姓制度、克什米尔的特殊自治地位和国家官方语言等具有动员潜力的核心议题，依托印度教民族主义的话语体系进行框架建构。这一做法既淡化了国民志愿服务团的教派主义色彩，又能充分发挥相关议题的动员潜能。最后，国民志愿服务团从反西方意识形态的框架出发，倡导以整体的人本主义思想为核心的国家建设路线。同时，对国大党的发展道路和执政能力进行舆论攻击，特别是针对巴基斯坦和穆斯林的绥靖政策。国民志愿服务团的框架建构试图削弱国大党的执政权威，撼动政治精英阶层的稳定性，为自身发展创造有利的政治机会。

第五章

激进主义与政治崛起时期

进入20世纪80年代，在经历国家紧急状态和组建人民党执政之后，国民志愿服务团充分感受到依托政党联盟进行政治动员的巨大潜力，也更加意识到获取政治权力是实现组织目标的基本保证。因此，德奥拉斯接任最高领袖之后，改变了国民志愿服务团谨慎参与政治活动的传统，而是转向了实用主义和激进主义的行动路线。当然，国民志愿服务团也尝试在保持意识形态纯洁性与获取政治权力之间实现平衡。随着印度社会政治环境的变化，国大党执政的稳定性不断降低，国民志愿服务团迎来了新的政治机会。在经历了短暂的分歧磨合之后，国民志愿服务团与印度人民党开始分工合作发起大规模的社会运动。以罗摩出生地运动为标志，印度人民党在政治上迅速崛起并最终走向了权力中心。

本章主要包括行动策略调整与政治机会的扩大、宗教政治动员与印度人民党的迅速崛起、强化印度教身份认同与对抗反框架建构三部分，分别从政治机会、资源动员和框架建构三方面出发，分析国民志愿服务团在20世纪80—90年代的发展变化以及如何参与印度的政治过程。

第一节 行动策略调整与政治机会的扩大

20世纪80年代以来，印度的社会政治环境发生了重要变化，世俗主义的建国原则不断削弱，国大党的整体实力逐步下降，身份政治开始迅速兴起。在经历了人民党执政之后，国民志愿服务团和印度人民党调整了参与政治的策略。随着政治机会的不断扩大，国民志愿服务团回归了基于宗教政治动员的激进主义行动路线。

一 双重政治遗产与印度人民党的策略调整

在追求政治权力与坚守意识形态纯洁性的问题上,国民志愿服务团陷入了两难,既不能放弃权力政治的实际利益,也不能忽视意识形态的指导作用。这种两难困境影响了国民志愿服务团的行动策略,具体则体现在印度人民党对待双重政治遗产的立场以及国民志愿服务团与印度人民党关系的变化。

(一)印度人民党的双重政治遗产

1980年4月,原人民同盟成员退出人民党后成立印度人民党,瓦杰帕伊担任主席,阿德瓦尼担任总书记。印度人民党实际上同时继承了两个不同的政治遗产,一个来自人民同盟,另一个则来自"JP 运动"(1973—1975年),对抗国家紧急状态(1975—1977年)和人民党(1977—1980年)。[1] 外界普遍认为印度人民党是人民同盟的继承者,然而,印度人民党则试图淡化与人民同盟的继承关系,突出与人民党的继承关系,并在命名时选择了"人民"(Janata)来表示对人民党政治遗产的延续。瓦杰帕伊表示:"我们不能回到过去,要利用在人民党的经验,依靠新的思想和原则的力量前进。"[2] 阿德瓦尼也特别强调"JP 运动"的政治遗产,认为纳拉扬在去除人民同盟"政治不可接触者"污名上做出了最大贡献。由此可见,进入20世纪80年代,印度人民党的意识形态发生了一定转变,从人民同盟狭隘的教派主义立场转向了纳拉扬和人民党更具包容性的行动路线。

由于人民同盟意识形态的教派主义色彩过于浓厚,长期被视为"政治的不可接触者",不利于与其他政党建立政治联盟。因此,印度人民党成立之后便开始调整意识形态,并淡化与人民同盟的继承关系。1980年12月,印度人民党召开首届全国代表大会并提出了五项原则:民族主义与国家统一、民主、积极的世俗主义、甘地式社会主义、基于价值的政治。尽管印度人民党仍然坚持废除宪法第370条,制定统一民法等印度教民族主义核心议题,但与人民同盟比,印度人民党在意识形态层面淡化了

---

[1] Geeta Puri, *Hindutva Politics in India: Genesis, Political Strategies and Growth of Bharatiya Janata Party*, New Delhi: UBS Publisher, 2005, p. xx.

[2] Vijay Kumar Malhotra and J. C. Jaitli, *Evolution of BJP* (Party Doucment Vol – 10), p. 67.

印度教民族主义思想，更加关注社会经济发展问题。同时，印度人民党更加注重政治动员、建立政治联盟和扩大社会基础，转向了更具包容性和偏向实用主义的行动路线。总之，印度人民党的意识形态框架在灵活性和实用性上留有余地，从而有助于寻找政治伙伴和建立选举联盟。①

关于人民同盟意识形态的问题，阿德瓦尼曾表示："对于印度而言，基于某种意识形态的政党只能在小范围内获得权力，却无法获得全国范围的支持。当人民同盟意识形态开始淡化时，支持率就会增加，当意识形态趋向严格时，支持率就会下降。"② 国民志愿服务团和人民同盟在经历"JP运动"、国家紧急状态和人民党执政之后，积累了较为丰富的政治经验。同时，也巩固了人民同盟跻身为印度主要政党的合法地位。因此，在对待双重政治遗产上，新成立的印度人民党适度远离了坚持鲜明意识形态的行动路线，并基于组建政治联盟和扩大社会基础的目标调整了行动策略。

（二）国民志愿服务团与印度人民党的意识形态分歧

印度人民党面临的双重政治遗产存在固有的矛盾。一方面，印度人民党需要淡化意识形态以寻求建立政党联盟，有效扩大社会基础。另一方面，印度人民党成员主要来自国民志愿服务团，需要在意识形态上与母体组织保持一致性，否则可能失去支持。事实上，印度人民党淡化意识形态的行为引起了国民志愿服务团的明确反对。国民志愿服务团表示："从根本上来说，印度人民党不能止步于一个政党，而应该成为一种运动。人民同盟是真正的印度教政党，而印度人民党则呈现出弱化印度教特征的趋势。"③ 由于印度人民党淡化意识形态的行为挑战了国民志愿服务团的意识形态权威地位，该组织决定以撤回支持的方式进行惩罚。1984 年，印度人民党参加第 8 届大选，国民志愿服务团撤回了对印度人民党的支持，转而支持拉吉夫·甘地领导的国大党，印度人民党最终仅获得 2 个人民院席位。在随后邦立法会选举中，印度人民党获得的席位数也从 198 个下降至 169 个。印度人民党尝试采取重实用主义轻意识形态的行动策略，结果引起了国民志愿服务团的反对和撤回支持。

---

① Geeta Puri, *Hindutva Politics in India: Genesis, Political Strategies and Growth of Bharatiya Janata Party*, p. xxi.

② Christophe Jaffrelot, *The Hindu Nationalist Movement and Indian Politics: 1925 to 1990s*, p. 314.

③ Sindu, "BJP: A Strategy for Victory," *Organiser*, April 10, 1983, p. 5.

选举结果证明，社会基础和政治影响力尚弱的印度人民党对国民志愿服务团存在着高度的依赖关系。

经历竞选失利后，印度人民党开始重新评估自身的行动策略。瓦杰帕伊对此提出两个问题：第一，印度人民党竞选失败是否因为人民同盟于 1977 年并入人民党又在 1980 年退出？这两个决定是否是错误的？第二，印度人民党是否应该回归人民同盟的传统？[①] 经过党内反复的激烈争论，印度人民党决定将整体的人本主义确立为指导思想，同时也继续坚持甘地式社会主义、积极的世俗主义等五项基本原则。当然，印度人民党并没有完全回归人民同盟的传统，而是尝试在人民同盟和人民党的政策路线之间取得平衡。

从选举政治的逻辑来看，印度人民党的行动策略从激进转向温和，有利于扩大社会基础，也有助于与其他反对党建立联盟。然而，作为社会运动组织的国民志愿服务团坚持意识形态的纯洁性，与政党实现有效政治动员的目标取向相互矛盾。虽然国民志愿服务团与印度人民党的意识形态在本质是一致的，但在寻求政治权力的具体路径上产生了分歧。印度人民党的直接目标是获得政治权力，而意识形态和行动策略应该服务于这一目标。国民志愿服务团则认为政治权力是实现组织目标的手段，根本前提是维护印度教徒的集体利益，获取政治权力的短期目标不能削弱组织建设的长期目标。总之，国民志愿服务团希望扶植一个始终代表印度教徒利益的政党，获取政治权力不能以削弱意识形态为代价。国民志愿服务团与印度人民党的意识形态分歧也导致团家族内部出现了分裂。

二 世俗主义原则的削弱与国大党实力的衰落

20 世纪 80 年代以来，印度的社会政治环境发生了诸多重要变化。在经历内部分裂和 1977 年选举失败之后，国大党开始了一系列的政策调整。其中最关键的是国大党不再严格坚持世俗主义的建国原则，开始基于现实需要不断操纵教派政治。随着世俗主义原则的逐步削弱，印度的教派政治迅速兴起，国民志愿服务团和印度人民党也面临着新的政治

---

① Geeta Puri, *Hindutva Politics in India: Genesis, Political Strategies and Growth of Bharatiya Janata Party*, p. xxix.

机会。

（一）国大党的机会主义策略与操纵教派政治

尽管英迪拉·甘地政府在宪法中关于印度国家性质的描述加入"世俗"的表述。[①] 然而，自 1980 年执政以来，国大党放弃了长期坚持的世俗主义原则，导致教派主义的政治影响力迅速上升。

值得注意的是，英·甘地以明显讽刺性的方式利用宗教谋取政治利益。[②] 在 1980 年重新执政之后的六周内，英·甘地访问了全印各地的多个神庙。[③] 1981 年，英·甘地承认阿里格尔穆斯林大学穆斯林教育机构的身份，赋予其更高的自治权。她还秘密支持旁遮普邦分离主义势力，试图借助其力量瓦解该邦的执政党阿卡利党。1983 年，英·甘地参加世界印度教大会支持建立的印度母亲神庙揭幕仪式。1983 年查谟和克什米尔邦选举期间，英·甘地为削弱阿卜杜拉（Farooq Abdullah）领导的国民大会，在竞选动员时强调斯利那加对印度教徒的歧视。此外，由于阿萨姆邦爆发针对孟加拉非法移民的抗议运动，导致 1980 年大选在该邦未能如期举行。为获得移民的选票支持，国大党政府于 1983 年派出军队维持选举进行，最终在 109 个席位中获得 91 个。总之，英·甘地的一系列做法标志着国大党政府开始不断操纵教派政治。

1984 年拉吉夫·甘地执政后，国大党政府延续了操纵教派政治的做法。在处理沙·巴诺案的过程中，迫于穆斯林传统派领袖的政治压力，拉·甘地政府无视最高法院的判决结果，参照伊斯兰教法制定《穆斯林妇女法案》，意味着穆斯林男子单方面提出离婚的行为不受统一刑法条款的约束。沙·巴诺案引起印度教民族主义势力的强烈反对，国大党的做法被指控为对宗教少数群体的绥靖政策。1989 年，拉·甘地允许世界印度教大会在阿约迪亚争议地附近举行罗摩庙的奠基仪式。此后，他选择在法扎巴德开始竞选活动并谈及"罗摩之治"，试图通过操纵印度教宗教符号争取选票支持。

[①] 1976 年，国大党政府提出宪法第 42 次修正案，将宪法序言中关于印度国家性质的表述由"主权的、民主共和国"改为"主权的、社会主义的、世俗的民主共和国"。

[②] Christophe Jaffrelot, "The Fate of Secularism in India", in Milan Vaishnav, ed. The BJP in Power: Indian Democracy and Religious Nationalism. Carnegie Endowment for International Peace, 2019, p. 53.

[③] I. Malhotra, Indira Gandhi: A Personal and Political Biography, London: Hodder and Stoughton, 1989, p. 231.

英·甘地和拉·甘地操纵教派政治的机会主义行为,严重损害了印度建国以来的政治根基——世俗主义原则,使得教派主义的政治影响力迅速上升。国大党背离世俗主义的政策路线受到广泛的舆论攻击,其执政的权威与合法性也受到普遍质疑。

(二) 国大党"一党独大"地位的丧失

1967年大选标志着国大党的实力开始下降,[①] 经历1977年大选失败之后,国大党进行了政策调整并于1980年重新执政。然而,由于英·甘地将国大党"去机构化"的做法以及对民粹主义选举策略的依赖,使得国大党的组织发展受到了严重削弱。[②] 进入20世纪80年代后期,国大党实力衰落的趋势已经不可逆转。以1989年大选为界,国大党虽然保持着议会第一大党的身份,但已经失去"一党独大"的地位,印度政治格局进入了多党竞争和联合执政的时代。国大党的衰落为反对党创造了权力真空,印度人民党争取成为国大党替代者的政治机会也逐渐扩大。

1. 个人集权独裁与国大党的持续分裂

1964年尼赫鲁去世之后,国大党失去了主要的领导核心,党内纷争和派系主义开始显现,1969年国大党发生了第一次重要的分裂。[③] 英·甘地为巩固个人的领导地位,大力扶植亲信势力,权力高度集中。她将总理的权力凌驾于国大党之上,直接干预党内事务,重要决策并不通过国大党全国工作委员会商议。这种集权和独裁的行为破坏了国大党的议事决策传统,领导阶层与底层干部脱节,国大党逐渐变得专制和僵化。1977年,为对抗英·甘地在国家紧急状态期间的独裁行为,贾格吉万·拉姆(Jagjivan Ram)脱离国大党(执政派)成立民主国大党。在1977年大选中,国大党被各反对党联合组建的竞选联盟击败,在经历30年长期执政后被迫下台。1978年,国大党经历第二次重要的分裂,国大党(执政派)再次分裂为英迪拉领导的国大党(英迪拉派)

[①] 1967年大选中,国大党获得席位数较1962年减少78个,投票率下降4%,同时,在8个邦失去多数的执政地位。

[②] Thomas Blom Hansen, *The Saffron Wave: Democracy and Hindu Nationalism in Modern India*, pp. 134 – 135.

[③] 1969年,英迪拉·甘地与国大党领导层产生分歧,国大党主席尼贾林加帕(S. Nijalingappa)以违反党纪为由将英迪拉驱逐出党,国大党分裂为英迪拉领导的国大党(执政派)和尼贾林加帕领导的国大党(组织派)。

和雷迪领导的国大党（正统派）。1979年，德瓦拉吉·乌尔斯（Devaraj Urs）脱离国大党（英迪拉派）成立国大党（乌尔斯派）。总之，前后数次分裂严重削弱了国大党的组织力量和社会基础，其衰落的趋势基本难以逆转。

2. 执政绩效低下削弱合法性

1980年英·甘地重新执政后，仍然坚持尼赫鲁时期制定的发展目标和基本方针，同时根据现实需求进行政策调整。英·甘地政府推出了一系列经济改革措施，包括重点发展核心工业部门，继续强调消除贫困，放宽对私营企业和外资的管制，鼓励出口和进口替代等。然而，这些改革举措都是根据经济社会发展的问题提出的局部性调整，没有形成一套系统全面的改革方案，国家面临的经济困境仍然没有实质性改变。

1984年，英·甘地遇刺，拉·甘地接任总理，在继承英·甘地政府政策路线的基础上，拉·甘地政府强调进一步减少政府干预，继续推进经济自由化改革。具体包括调整重工业和轻工业比重，放宽对外资的限制，实行对外开放，整顿国有企业，重视高科技对经济发展的作用等。拉·甘地政府的经济改革取得了一定成效，也为20世纪90年代印度的全面经济改革奠定了初步基础。然而，由于拉·甘地在国大党内部的支持基础较为薄弱，在各项改革举措推进过程中阻力较大，整体上未能改变经济恶化的趋势，同时还产生了一系列负面影响。例如，通过大量外债维持政府开支导致财政赤字不断扩大，进而引发了通货膨胀。1988年，拉·甘地卷入博福斯军火贿赂案，极大地降低了国大党领导人的公众形象。国大党政府持续受到民众和媒体的质疑以及各反对党的舆论攻击，其执政合法性面临着严峻的挑战。

进入20世纪80年代后期，国大党政府面临着全面的执政危机，各反对党迅速崛起，印度政局的力量对比发生了实质性变化。在经历1977年和1989年两次竞选失败后，国大党"一党独大"的地位已经基本丧失。国大党操纵教派政治实际上是一种短视的行为，极大地破坏了印度长期坚持的世俗主义原则，导致教派主义的政治影响力迅速上升。同时，国大党的持续衰落也为各反对党创造了权力真空。对国民志愿服务团而言，教派政治的兴起为族群宗教动员创造了有利的社会政治环境，推动形成了新的政治机会。

三 身份政治的兴起与社会分化的加剧

20世纪80年代末至90年代初,国际政治环境和印度国内政治环境均发生了重要变化。在国际政治层面,随着东欧剧变和苏联解体,共产主义和社会主义意识形态的影响力降低,左翼政党在印度国内的支持基础逐渐削弱,代表印度教民族主义的右翼政党迎来新的政治机会。在国内政治层面,印度政治不断走向"曼德尔化",在经历了高种姓数百年的压迫之后,贫穷和低种姓的多数群体开始宣示和维护自身权利。[①] 代表不同宗教、种姓和阶层的地方政党陆续出现,身份政治逐渐兴起,印度政党不断走向碎片化。20世纪90年代初,随着国内经济危机的出现,印度被迫开始经济改革。自由化、市场化、全球化和私有化的改革使印度经济的活力有效释放,同时也导致印度社会和经济不平等的持续加深。在身份政治和经济改革的双重作用下,印度社会分化进一步加剧,如何有效维持印度教社会的团结成为国民志愿服务团面临的新挑战。总之,超越碎片化的种姓身份,建立全国范围的印度教身份认同对印度人民党和团家族而言十分重要。[②]

(一) 印度政治的"曼德尔化"与政党的碎片化

1990年8月,维普·辛格宣布执行曼德尔委员会建议的预留方案,计划在政府和公共部门的职位中为其他落后种姓提供27%的预留名额,此后全国爆发了大范围的抗议运动,尤其在北印度地区发生了激烈的种姓冲突。自1980年完成以来,曼德尔委员会的报告因为政治争议过大而被长期搁置,拉吉夫·甘地曾指出曼德尔报告是"一罐虫子",永远也不会打开它。由于该报告脱离实际情况,原本致力于消除种姓制度造成的社会不平等、提升落后种姓地位的方案,却进一步加剧了种姓分裂冲突。维普·辛格的决定使得印度政治逐步陷入"曼德尔化"的困境,导致身份政治迅速兴起。可以说,20世纪90年代,基于宣示身份的权力斗争和对身份政治的操纵占据了印度的公共空间。[③]

由于维普·辛格政府内部存在左翼政党与印度人民党的派系冲突,

[①] Thomas Blom Hansen, *The Saffron Wave*: *Democracy and Hindu Nationalism in Modern India*, p. 143.

[②] C. P. Bhambhri, *Bharatiya Janata Party*: *Periphery to Centre*, p. 56.

[③] C. P. Bhambhri, *Bharatiya Janata Party*: *Periphery to Centre*, p. 54.

为了制衡印度人民党日益增强的影响力，政府试图通过曼德尔委员会方案在印度教票仓中制造分裂。其他落后种姓占印度总人口比例超过50%，曼德尔委员会的预留方案对国民志愿服务团和印度人民党的社会基础形成威胁，因此更加凸显了团结其他落后种姓，建立跨种姓身份认同的重要性。预留方案在一定程度上强化了国民志愿服务团、世界印度教大会与印度人民党的合作关系，也成为联合发起大规模社会运动的直接推动因素。

20世纪80年代末，印度进入了多党联合执政时期，从1989年至1999年的十年间共进行了五次大选，产生的均为少数党政府。因频繁的选举和政府更替，印度政治呈现出不稳定的状态。同时，印度地方政党和种姓政党的数量迅速增加，导致印度政党逐渐走向碎片化。根据有效政党数量公式计算，[①] 1989年至1999年印度大选的有效政党数分别为4.35、3.70、5.83、5.28和5.87，而在此之前的大选只有一次有效政党数超过3（1967年为3.16）。[②] 政治精英阶层的不稳定、内部分裂以及政党的碎片化为国民志愿服务团和印度人民党带来了新的政治机会。在众多新成立的政党中，代表低种姓阶层利益的政党迅速崛起。例如，在印度人民党的传统根基北方邦，社会党（Samajwadi Party）和大众社会党（Bahujan Samaj Party）迅速崛起，争取了大量达利特、其他落后种姓和穆斯林的选票支持。因此，印度人民党需要调整竞选策略，与低种姓政党进行合作。

（二）经济自由化改革导致社会分化加剧

1991年，印度迫于财政危机开始经济自由化改革。经济改革虽然有效释放了经济活力，实现了经济的快速增长。然而，改革的受益者主要是中产阶级等中上阶层，广大贫困阶层的利益则日益边缘化。同时，面对全球化对国内经济的冲击，印度社会和经济的不平等进一步加剧。印度贫困阶层的焦虑恐慌和对政府的怨愤情绪迅速累积，直接威胁了拉奥政府执政的稳定性。在这种情况下，国民志愿服务团和印度人民党一方面向中产阶级等中上阶层承诺，保证经济改革的红利，维持传统支

---

① 有效政党数量（Laakso-Taagepera Index）是按政党获议会席位数计算，数字越大说明政党碎片化程度越高。
② E. Sridharan, "Coalition Strategies and the BJP's Expansion, 1989 – 2004," *Commonwealth and Comparative Politics*, Vol. 43, No. 2, 2005, p. 195.

持。另一方面,操纵贫困阶层对经济改革的恐慌和怨愤情绪,将问题的矛头指向穆斯林和基督教徒。通过以上策略,国民志愿服务团和印度人民党能够进一步巩固印度教的身份认同,扩大在印度教徒中的社会基础。此外,为抵制经济改革的负面影响,国民志愿服务团分支组织印度工人联合会成立了民族觉醒论坛,发起反对外来资本,保护民族经济的"斯瓦德希"运动,得到了印度贫困阶层的广泛支持。

从政治机会结构的变化来看,经济改革在一定程度上增加了政体的开放性,社会分化加剧则削弱了政府执政的稳定性。同时,由于拉奥政府的工作重心在经济改革之上,对印度教民族主义运动的镇压力度有所降低。例如,1992年12月阿约迪亚事件之后,国民志愿服务团第三次被政府取缔,但政府禁令并没有真正执行。总体而言,经济改革实际上为国民志愿服务团创造了新的政治机会。

第二节 宗教政治动员与印度人民党的迅速崛起

一 世界印度教大会的宗教政治动员

(一)世界印度教大会地位的上升

国民志愿服务团认为与伊斯兰教和基督教相比,印度教的宗教团体相互分散,缺乏有效组织,容易产生内部分裂,不利于团结印度教社会。因此,该组织决定成立世界印度教大会,试图与印度教宗教团体和领袖建立联系,实现不同派别的协调合作,进一步扩大社会动员的基础。成立之初,世界印度教大会的主要作用是抵制基督教和伊斯兰教的意识形态渗透,防止印度教社会的内部分裂。20世纪70年代,世界印度教大会主要在印度东北部开展社会福利工作,以此抵制基督教的传教活动。

1979年1月,德奥拉斯参加世界印度教大会举行的会议并指出,政府无视印度教徒的基本利益,原因在于印度教徒整体上缺乏组织性,选票分散,而穆斯林和其他宗教少数群体则能够相对集中统一地投票。因此,国民志愿服务团希望通过整合集中印度教徒的选票,以此换取政府的重视和支持。由于当时人民同盟与人民党政府产生分歧,国民志愿服务团对人民同盟争取政治权力的能力产生怀疑,开始重视通过世界印度教大会的宗教政治动员建立选票支持。以第二届世界印度教大会的召开为标志,世界印度教大会在团家族中的地位逐步上升。1980年,印度人民党成立后首次参加大选失败,加之印度人民党尝试淡化意识形态,国民志愿服务团对印度人民党的信任和重视程度不断降低,二者的分歧也逐步扩大。此后,国民志愿服务团将工作重心转向世界印度教大会,该组织的功能定位从抵制基督教和伊斯兰教的传教活动为主,逐渐成为国民志愿服务团进行宗教政治动员的核心组织。

世界印度教大会之所以在团家族中地位上升,主要包括两方面原因。第一,世界印度教大会可以与印度教宗教团体和领袖建立联系并获得支持,能够有效抵制基督教和伊斯兰教传教活动的威胁,有助于团结印度教社会。第二,由于意识形态分歧,印度人民党相对于国民志愿服务团的自主性增强,呈现出一定的离心趋势。因此,国民志愿服务团决定利用激进的宗教组织,发起宗教政治动员建立票仓,重新扶植符合自身利益的政党。通常,当政治机会变小时,社会运动将调整动员方式,倾向于采取非制度化的暴力抗争。由于国民志愿服务团与印度人民党的意识形态分歧,加之印度人民党在1980年大选中失败,国民志愿服务团通过制度化政治渠道影响政府决策的政治机会缩小,因此,决定从依靠印度人民党进行政治动员转向依靠世界印度教大会进行宗教政治动员。

(二)抵制改宗与"统一朝圣"运动

1. 集体改宗问题

改宗现象在印度由来已久,主要是低种姓印度教徒的宗教信仰改为基督教或伊斯兰教。为抵制其他宗教的改宗活动,雅利安社开始采用"苏迪"仪式,让经历改宗的印度教徒改回印度教信仰。国民志愿服务团的分支组织部落福利中心,就是通过开展福利工作的方式,抵制基督教对部落群体的改宗活动。人民党政府时期,人民同盟成员曾提出宗教自由法案,呼吁禁止使用暴力、引诱或欺骗手段的改宗行为,但由于人民党政府解散而被搁置。国民志愿服务团认为改宗是造成印度教社会分裂的主要因素,呼吁通过各种方式抵制改宗行为。1981年,泰米尔纳德邦米纳克希普拉姆的大批达利特种姓集体改宗伊斯兰教,[①] 进一步激

---

① 1981年2月,泰米尔纳德邦米纳克希普拉姆(Meenakshipuram)约1000名达利特集体改宗伊斯兰教。此后的数月间,印度南部各邦的数千名达利特改宗伊斯兰教。

发了国民志愿服务团关于印度教社会分裂的危机感。改宗问题的重要原因是种姓制度造成的社会不平等，长期处于社会底层的低种姓群体是基督教和伊斯兰教进行改宗的主要对象。由于低种姓群体成为团结印度教社会的薄弱环节，国民志愿服务团进一步强调废除种姓制度，避免低种姓群体成为印度教社会内部的分裂因素。同时，国民志愿服务团开始渲染改宗问题的严重性，将其视为对国家统一和民族团结的重大威胁。

改宗事件之后，世界印度教大会随即发起"文化保护"运动。1981 年 7 月，国民志愿服务团通过决议指出："我们呼吁印度教社会搁置种姓争议，废止罪恶的不可接触者制度，团结形成统一的大家庭。只有这样，被忽视和踩躏的群体才能获得平等、安全和尊严。"[1] 此后，世界印度教大会先后在泰米尔纳德邦召开了两次印度教团结大会，印度教的主要宗教领袖出席会议，会议发表声明彻底废除不可接触者制度，维护印度教社会所有阶层的平等和团结。1982 年 11 月，世界印度教大会发起"人民觉醒"运动，呼吁全体印度教徒觉醒并警惕穆斯林的"破坏和阴谋"活动。尽管世界印度教大会针对改宗问题进行了积极动员，但并没有引起民众的广泛关注和参与。因此，国民志愿服务团和世界印度教大会决定在全国发起大规模的社会动员，宣传改宗问题的严重性，进一步扩大动员的范围。

2. "统一朝圣"运动

1983 年，世界印度教大会发起了"统一朝圣"运动，[2] 该运动是世界印度教大会发起的首次全国范围的大规模社会动员，有效扩大了该组织的社会基础。以"统一朝圣"运动为标志，世界印度教大会开始扮演印度教徒政治组织者和领导者的新角色。[3] "统一朝圣"运动充分体现了世界印度教大会在资源动员上的巨大优势，具体体现在规划朝圣路线、操纵宗教符号、调整组织结构并争取宗教领袖支持三方面。

第一，规划朝圣路线。世界印度教大会规划了三条主要的朝圣路线，第一条从尼泊尔的加德满都到泰米尔纳德邦拉梅斯瓦拉姆

---

[1] Dharmendra Kaushal, *R. S. S. RESOLVES: 1950 – 2007*, pp. 101 – 102.

[2] "统一朝圣"运动（EkatmataYatra）为期一个月，从 1983 年 11 月 16 日持续至 12 月 16 日。

[3] Manjari Katju, *Vishva Hindu Parishad and Indian Politics*, Hyderabad: Orient Lon gman, 2010, p. 44.

（Rameswaram）；第二条从西孟加拉邦萨格尔岛（Gangasagar）到古吉拉特邦索姆纳特（Somnath）；第三条从北方邦赫尔德瓦尔（Haradwar）到印度最南端的甘尼亚古马里（Kanyakumari）。三条路线均以印度教圣地为起点和终点，贯穿了印度东西和南北，在印度中部、国民志愿服务团总部所在地那格浦尔会合。朝圣路线代表了印度领土的大致范围，也象征着国家的完整统一。为最大限度地吸纳印度教徒参加运动，世界印度教大会还规划了数百条小型的朝圣路线，遍布印度各地的城镇和乡村。"统一朝圣"运动首先在新德里举行集会，随后使用大篷车按设定的路线游行，每到一地便举行公众集会和演讲。其间，三支运动队伍在那格浦尔会合，随后继续前往各自的终点。"统一朝圣"运动共举行了312场游行，4323次集会，覆盖了全国531个县，总里程达8.5万千米。对于国民志愿服务团和世界印度教大会而言，"统一朝圣"运动是一次真正意义上的、全国范围的大规模社会动员，有效扩大了社会基础和影响力。

第二，操纵印度教宗教符号。"统一朝圣"运动选择了三个标志性的印度教宗教符号，"婆罗多母亲"（Bharat Mata）、"恒河母亲"（Ganga Mata）和"圣牛母亲"（Gau Mata）。① 三个宗教符号都是印度教团结和国家完整统一的象征，在印度不同地区、不同种姓的印度教徒中具有普遍的感召力，因此具有较大的动员潜力。"统一朝圣"运动将地理层面的朝圣路线与精神层面的宗教符号相联系，发挥了较好的动员效果。朝圣队伍携带大量瓶装的恒河水，以十分低廉的价格向当地民众售卖。同时，收集途中或当地印度教神庙和圣河的水，将恒河水与收集的圣水混合，寓意印度教不同教派的团结统一。"统一朝圣"运动还尝试跨越种姓和教派的隔阂，低种姓印度教徒、耆那教徒和锡克教徒等均被邀请参加圣水传递活动。

第三，调整组织结构并争取宗教领袖支持。与基督教和伊斯兰教相比，印度教各派别力量分散，缺乏统一的组织和权威。为团结印度教各派别力量，世界印度教大会效仿基督教教会进行了组织结构调整。1982

---

① "婆罗多母亲"被打造成印度教女神杜尔迦的形象，代表勇气和力量；"恒河母亲"源于恒河，是印度文明的发源地和印度的母亲河；"圣牛母亲"源于牛在印度教中的神圣地位。

年,世界印度教大会成立了由印度教宗教领袖组成的"中央顾问委员会"(Central Margdarshak Mandal)和"圣人"议会(Sadhu Sansad),整合印度教不同派别的组织力量,同时赋予世界印度教大会宗教权威的正当性与合法性。1983年5月,"中央顾问委员会"一致同意世界印度教大会发起"统一朝圣"运动,这也是运动能够获得大范围支持的重要原因。运动争取了印度教不同派别宗教领袖和"圣人"参加,能够有效动员不同派别的印度教徒。同时,"统一朝圣"运动也塑造了世界印度教大会能够团结融合印度教各派别的公众形象。此外,"统一朝圣"运动效仿印度教"圣人"朝圣的做法,[1] 在运动形式上也符合宗教团体和"圣人"的传统仪式。

除上述原因外,"统一朝圣"运动的成功还有赖于两个因素。第一,国民志愿服务团的支持保障。国民志愿服务团在运动的组织安排和维持秩序方面发挥了重要作用,约5万名志愿者投入运动的支持保障工作。第二,国大党政府的默许。由于国大党政府的机会主义倾向,开始操纵教派政治,在一定程度上默许了印度教的宗教动员活动。当然,英·甘地纵容印度教情感在很大程度上也源于国大党组织的衰弱。[2] 在运动正式开始之前,世界印度教大会总书记哈莫汉·拉伊(Harmohan Lai)和联合书记阿肖克·辛格尔(Ashok Singhal)曾向印度总统吉亚尼·辛格(Giani Singh)汇报了运动的目标、计划和路线。同时,世界印度教大会还邀请英·甘地出席德里的集会,但她并未做出回应。"统一朝圣"运动开始之前,国大党政府并没有直接表示反对,而是采取了默许的态度。整个运动期间,政府也没有对运动进行镇压。

二 罗摩出生地运动推动印度人民党迅速崛起

(一)阿约迪亚"寺庙之争"的背景

巴布里清真寺(Babri Masjid)位于北方邦法扎巴德县阿约迪亚(Ayodhya),据称蒙古后裔巴布尔入侵南亚次大陆建立莫卧儿王朝,于1528年下令修建清真寺并命名为巴布里清真寺。国民志愿服务团宣称,

---

[1] 印度教"圣人"朝圣仪式通常是从喜马拉雅恒河源头携带圣水,自北向南穿过印度全境,抵达南部拉梅斯瓦拉姆圣地,将圣水浇洒在湿婆林伽上。
[2] Manjari Katju, *Vishva Hindu Parishad and Indian Politics*, p. 45.

清真寺是在拆毁原址印度教神庙的基础上修建的，该神庙所在地是印度教神毗湿奴化身罗摩的出生地。然而，关于拆毁罗摩庙与修建清真寺并没有明确的历史记载或考古证据，因此，围绕罗摩神庙和巴布里清真寺的"寺庙之争"一直悬而未决。印度教徒和穆斯林都将该地视为宗教圣地，为避免发生宗教冲突，1859 年英印政府在争议地安装围栏，印度教徒和穆斯林分开举行宗教仪式，这种局面一直持续到 1947 年印度独立。印巴分治后，印度教徒认为穆斯林已经独立建国，呼吁尽快拯救罗摩出生地。1949 年 12 月，巴布里清真寺圆顶建筑内出现了一尊罗摩之婴神像，尼赫鲁得知后要求北方邦政府尽快移除。然而，法扎巴德的当地官员没有执行命令，印度教徒和穆斯林向法院提起诉讼，随后政府宣布该地为争议地并下令关闭清真寺。① 在此后的 30 余年间，阿约迪亚土地争议问题被长期搁置，国民志愿服务团和人民同盟在相关决议和竞选宣言也没有提及该问题。直到 1984 年，世界印度教大会通过了关于拯救罗摩出生地的决议，"寺庙之争"问题再次迅速复兴，成为国民志愿服务团和世界印度教大会进行大规模社会动员的核心议题。

（二）罗摩出生地运动的动员过程

1983 年 5 月，世界印度教大会成立"圣地拯救"委员会，负责拯救和重建印度教宗教圣地。委员会曾向英·甘地递交备忘录，请求重建瓦拉纳西、马图拉和阿约迪亚三地的印度教神庙。② 1984 年 3 月，国民志愿服务团和世界印度教大会宣布了重建罗摩神庙计划。4 月，世界印度教大会召开首届宗教议会大会并通过了关于拯救罗摩出生地的决议。7 月，世界印度教大会成立"罗摩出生地拯救"委员会。9 月，委员会发起从比哈尔邦西塔马尔希到北方邦阿约迪亚的"罗摩—贾纳基"朝圣。③ 朝圣队伍抵达阿约迪亚之后前往勒克瑙向北方邦政府请愿，同时还计划前往新德里向中央政府请愿。④ 游行期间共向北方邦政府递交了约 5000 封电报，6.5 万个签名和 3.1 万封信件。⑤

---

① Kingshuk Nag, *The Saffron Tide：The Rise of The BJP*, p. 108.
② S. P. Udayakumar, *Presenting the Past：Anxious History and Ancient Future in Hindutva India*, Westport：Greenwood, 2005, p. 100.
③ 贾纳基（Janaki）是罗摩之妻，又称西塔（Sita）。
④ 由于 1984 年 10 月 31 日英·甘地遇刺，前往新德里请愿的计划被迫中止。
⑤ S. P. Udayakumar, *Presenting the Past：Anxious History and Ancient Future in Hindutva India*, p. 100.

1985年4月，世界印度教大会再次通过关于拯救罗摩出生地的决议。10月，世界印度教大会发起"解锁"运动，运动中将罗摩神像放置在铁笼内，呼吁民众拯救"被囚禁的印度教神灵"。此后，世界印度教大会召开第二届宗教议会大会，要求北方邦政府将罗摩出生地的土地所有权转交印度教徒，否则将举行全国范围的游行活动。迫于压力，法扎巴德法院判决开放巴布里清真寺并允许印度教徒进入，拉·甘地政府也表示同意。为表示抗议，全印穆斯林属人法委员会主席阿里（Ali Miyan）组织成立巴布里清真寺行动委员会，发起"保护清真寺"运动。同时，委员会向拉·甘地递交备忘录，要求在清真寺建筑和罗摩平台之间修建隔离墙。①

1989年1月，世界印度教大会发起"敬献罗摩圣砖"运动，从全国各地收集刻有罗摩名字的"圣砖"用于修建罗摩神庙。6月，印度人民党通过关于拯救罗摩出生地的决议，将重建罗摩神庙与重建索姆纳特神庙相提并论。② 截至10月底，"敬献罗摩圣砖"运动共收集到约27.5万块"圣砖"，近6000万人参加运动。③ 在印度第九届大选前夕，世界印度教大会在阿约迪亚争议地附近举行罗摩神庙的奠基仪式，该计划获得了国大党政府和北方邦政府的同意，内政部部长博塔·辛格（Boota Singh）和北方邦首席部长蒂瓦里（N. D. Tiwari）均参加仪式。为争取低种姓印度教徒对运动的支持，世界印度教大会选择一名达利特作为代表放置奠基石。

1990年年初，世界印度教大会宣布即将修建神庙。维普·辛格总理要求与穆斯林进行协商但并未取得任何进展。随后，世界印度教大会成立罗摩志愿服务委员会并决定开始修建神庙。9月，世界印度教大会在阿约迪亚发起"罗摩之火游行"，在全国范围传递"圣火"。同时，印度人民党主席阿德瓦尼宣布进行"战车游行"，以索姆纳特为起点，阿约迪亚为终点，计划行程1万千米。国民志愿服务团为"战车游行"提供了大批

---

① 巴布里清真寺所在的争议地包括一座清真寺的主体建筑（由三个圆顶结构建筑组成）以及一处院落，院落中建有一座罗摩平台（Ram Chabutra）。穆斯林在清真寺主体建筑内进行礼拜，印度教徒在院落内围绕罗摩平台举行活动。

② 索姆纳特神庙（Somnath Temple）位于古吉拉特邦西海岸，供奉印度教神湿婆（Shiva），据称该神庙曾多次遭受穆斯林等外来入侵者毁坏。印度独立后，内政部部长帕特尔决定重建神庙，1951年神庙重建完成，总统拉金德拉·普拉萨德（Rajendra Prasad）参加庆祝仪式。

③ Manoj Singh, *Ram Mandir*, New Delhi: Lakshay Books, 2018, p. 18.

志愿者进行后勤保障，时任宣传干部的纳伦德拉·莫迪负责组织在古吉拉特邦的游行活动。此后，比哈尔邦政府以游行活动制造了教派冲突为由，下令逮捕阿德瓦尼，"战车游行"被迫停止。部分参加"战车游行"的成员最终登上巴布里清真寺主体建筑圆顶并挥舞印度教旗帜。此后，阿约迪亚发生持续的冲突骚乱，北方邦政府禁止在争议土地举行游行示威活动，在镇压活动过程中造成多人死亡。世界印度教大会随即发起"殉道者骨灰游行"，携带在镇压过程中死亡成员的骨灰进行游行抗议。由于中央政府未能有效控制局势，加之北方邦政府的镇压措施激化矛盾，罗摩出生地运动引发的冲突对抗迅速升级。

1991年大选之后，国大党重新执政，印度人民党成为最大反对党，同时还赢得北方邦选举并执政。北方邦政府接管了争议土地并计划为修建罗摩庙做准备。然而，阿拉哈巴德法院宣布禁止在争议地修建任何永久性建筑。1992年10月，世界印度教大会召开第五届宗教议会大会，宣称将于12月正式启动修建神庙。12月6日，约20万名印度教徒聚集巴布里清真寺附近举行抗议示威活动，随后现场失控，部分印度教徒冲破警戒线并进入巴布里清真寺，最终强行拆毁了清真寺的主体建筑。次日，印度教徒在清真寺旁搭建帐篷并放入罗摩之婴神像，举行象征性的建庙仪式。中央政府得知阿约迪亚事件之后，决定解散北方邦政府并实行总统管制，印度人民党执政的中央邦、拉贾斯坦邦、喜马偕尔邦政府也相继解散。随后，中央政府宣布取缔国民志愿服务团、世界印度教大会和印度青年民兵组织，同时，伊斯兰大会党和伊斯兰服务团等组织也被政府取缔。至此，国民志愿服务团在发展历史上第三次被政府取缔。

（三）印度人民党的迅速崛起

国民志愿服务团试图通过操纵宗教符号建立印度教徒的票仓，从而将印度人口上的多数转化为政治上的多数。[1] 20世纪80年代初期，由于国民志愿服务团与印度人民党产生意识形态分歧，撤回了对印度人民党的选举支持，在很大程度上导致印度人民党竞选失败。同时，印度人民党淡化意识形态的行动路线也招致了世界印度教大会的批评，二者的关系不断疏

---

[1] Christophe Jaffrelot, "Refining the Moderation Thesis. Two Religious Parties and Indian Democracy: The Jana Sangh and the BJP between Hindutva Radicalism and Coalition Politics", *Democratization*, Vol. 20, No. 5, 2013, p. 884.

远。印度人民党最初担心激进的宗教动员不利于组建政党联盟,因此避免直接卷入罗摩出生地运动。然而,随着罗摩出生地运动的推进,世界印度教大会建立了印度教徒的票仓,印度人民党意识到没有国民志愿服务团和世界印度教大会的支持,难以保证选举取得胜利,因此决定参与罗摩出生地运动,行动路线也从相对温和转向激进。1989年6月,印度人民党通过关于拯救罗摩出生地的决议,标志着印度人民党公开表明与国民志愿服务团和世界印度教大会的合作关系。世界印度教大会联合书记阿肖克·辛格尔对此表示:"我们接纳愿意为运动提供帮助的政党,不管是湿婆军党、国大党、人民党还是民众党"。①

经历20世纪80年代初期的短暂分歧之后,国民志愿服务团、世界印度教大会与印度人民党开始分工合作,共同推动罗摩出生地运动的宗教政治动员,并在1989年和1991年大选中获得了可观的政治红利。在1989年大选中,印度人民党获得85个席位,投票份额达到11.36%。在1991年大选中,印度人民党获得120个席位,投票份额达到20.11%,成为人民院最大的反对党。(见表5-1和表5-2)此外,在1990年进行的邦立法会选举中,印度人民党成功在喜马偕尔邦、中央邦和拉贾斯坦邦执政,1991年又成功在北方邦执政。

表5-1　　　　　　　　1989年大选印度人民党的选举表现

邦/联邦属地	竞选席位数	获得席位数	投票份额
中央邦	33	27	39.66%
拉贾斯坦邦	17	13	29.64%
古吉拉特邦	12	12	30.47%
马哈拉施特拉邦	33	10	23.72%
比哈尔邦	24	8	11.72%
北方邦	31	8	7.58%
德里	5	4	26.19%
喜马偕尔邦	4	3	45.25%

资料来源:根据印度选举委员会网站(https://eci.gov.in/)数据制作。

① Manjari Katju, *Vishva Hindu Parishad and Indian Politics*, p.62.

表 5-2　　　　　　1991 年大选印度人民党的选举表现

邦/联邦属地	竞选席位数	获得席位数	投票份额（%）
北方邦	84	51	32.82
古吉拉特邦	26	20	50.37
中央邦	40	12	41.88
拉贾斯坦邦	25	12	40.88
德里	7	5	40.21
马哈拉施特拉邦	31	5	20.20
比哈尔邦	51	5	15.95
卡纳塔克邦	28	4	29.28
喜马偕尔邦	4	2	42.79
阿萨姆邦	8	2	9.60
达曼 & 第乌	1	1	31.88
安得拉邦	41	1	9.63

资料来源：根据印度选举委员会网站（https://eci.gov.in/）数据制作。

罗摩出生地运动不但迅速扩大了国民志愿服务团和世界印度教大会的社会基础和影响力，同时，还成功地将宗教政治动员转化为选票支持，推动印度人民党从印地语地区的地方政党成为人民院最大的反对党。罗摩出生地运动是国民志愿服务团进行大规模社会动员的重要里程碑，标志着团家族的政治影响力达到了新的高度。从资源动员的角度来看，罗摩出生地运动的成功源于以下三个主要原因。

第一，操纵具有广泛影响力的宗教符号。罗摩是印度乃至南亚地区影响范围最广、知晓程度最高的印度教神，关于罗摩的故事、神话传说在印度各地广为流传，斯里兰卡、印度尼西亚、毛里求斯等国家也深受罗摩文化的影响。除印度教外，罗摩在佛教和耆那教中也有着很高的地位。印度史诗《罗摩衍那》记载了罗摩为拯救妻子西塔战胜十首魔王罗延那的英雄事迹，寓意着正义终将战胜邪恶。此外，"罗摩之治"代表了印度教治理国家的最高理想状态。因此，罗摩既是兼具正义与勇武的英雄，也代表着最高的道德权威。在罗摩出生地运动过程中，国民志愿服务团和世界印度教大会一方面塑造了罗摩沉着冷静的温和形象，象征印度教徒善良和宽容的本性。另一方面则通过海报、宣传册等将罗摩描绘成一位坚毅不可战胜的勇士，能够抵制外来威胁，捍卫印度教徒的利益，保卫印度教国家。总之，充分挖掘和利用罗摩这一宗教符号的动员潜力是运动取得成功的重要因素。

第二，国民志愿服务团、世界印度教大会和印度人民党的分工合作。罗摩出生地运动的成功实际上是国民志愿服务团、世界印度教大会和印度人民党分工合作的结果。20世纪80年代，国民志愿服务团转向政治激进主义的行动路线，世界印度教大会成为团家族进行宗教政治动员的核心组织。世界印度教大会的最大优势是宗教社会动员，但在没有合作政党的情况下无法选派候选人参加竞选，社会动员就无法转化为选票支持。经历短暂分歧之后，印度人民党开始与国民志愿服务团、世界印度教大会分工合作。在国民志愿服务团志愿者的支持下，世界印度教大会在全国各地组织了大量的游行活动，充分发挥了团家族社会网络的动员优势。印度人民党则通过"战车游行""统一游行"与世界印度教大会的游行相互配合，互为补充。印度人民党在北方邦成功执政，也从政府层面为罗摩出生地运动提供了便利和支持。

第三，有效利用电子媒体进行宣传。20世纪80年代中期，印度电子媒体和现代通信技术迅速发展，电视机和各类音像产品不断推广普及。国民志愿服务团和世界印度教大会除了采用传统的游行、集会、演讲和发放海报宣传单等活动形式，还广泛使用电子媒体进行宣传动员，将各种演讲、公众集会和宗教议会大会等进行录音和录像并在全国传播。电子媒体的广泛使用使得宣传动员更为高效便捷，动员规模和范围也达到了前所未有的水平。此外，国民志愿服务团和世界印度教大会在海外拥有相对稳定的支持群体和组织网络，使其能够迅速掌握最新的电子媒体技术，获得资金支持购买音视频设备。1987年，印度国家电视台开始播放电视剧《罗摩衍那》，[1] 该电视剧综合了印度不同地区和印度教不同派别的神话传说，将罗摩塑造成国家统一和民族团结的象征。电视剧在全国范围播放，极大地激发了民众对罗摩的热情，为罗摩出生

---

[1] 关于该电视剧对印度社会政治影响的分析，可参见 Arvind Rajagopal, *Politics after Television: Hindu Nationalism and the Reshaping of the Public in India*, Oxford: Oxford University Press, 2001.

地运动创造了十分有利的舆论环境。罗摩出生地运动标志着团家族的动员方式从以传统纸质媒体为主到有效利用电子媒体的转变。

1984年以后，宗教政治动员成为国民志愿服务团及团家族成员组织的主要活动。特别是罗摩出生地运动为印度人民党带来了显著的政治红利，国民志愿服务团和世界印度教大会的社会基础和政治影响力迅速扩大，并创造了新的政治机会。虽然阿约迪亚事件导致国民志愿服务团第三次被政府取缔，但与前两次不同，第三次禁令没有真正执行，国民志愿服务团的主要领导者没有被逮捕，沙卡活动也没有停止。政府禁令于半年后解除，并没有对国民志愿服务团的发展造成实质性的影响。罗摩出生地运动是国民志愿服务团发起大规模社会运动的重要里程碑，直接推动了印度人民党的迅速崛起，在很大程度上改变了印度政党的力量对比，在印度社会政治发展过程中留下了深刻且持久的烙印。

（四）从激进主义到相对温和的转向

罗摩出生地运动推动了印度人民党的迅速崛起，然而，阿约迪亚事件在穆斯林群体中制造了大范围的恐慌，对国民志愿服务团和印度人民党也造成了负面影响，强化了其教派主义的公众形象。此后，重建罗摩庙议题的动员潜力逐步弱化，印度人民党的选举表现也出现退步。1993年，在印度人民党执政的5个邦立法会选举中，国大党在中央邦和喜马偕尔邦获胜，印度人民党仅在拉贾斯坦邦组建少数党政府，在北方邦与社会党和大众社会党组建联合政府。

面对宗教议题动员的局限性和激进主义的负面影响，印度人民党再次调整了政策路线，从激进主义逐步转向相对温和。在印度政治"曼德尔化"的背景下，为了摆脱"高种姓代言人"的公共形象，印度人民党开始广泛接触和动员低种姓阶层，总书记古德温阿查亚提出了"社会工程"计划。[1] 同时，印度人民党也开始采取组建政党联盟的竞选策略。[2] 虽然国民志愿服务团反对印度人民党淡化意识形态的做法，但也承认，如果印度人民党不与其他政党合作便难以争取执政机会。政党

---

[1] 社会工程（Social Engineering）由印度人民党总书记古德温阿查亚（K. S. Govindacharya）在20世纪90年代中期提出，强调印度人民党要改变高种姓阶层政党的形象，在低种姓阶层建立社会基础。他要求印度人民党提拔其他落后种姓、表列种姓和表列部落背景的干部。

[2] 例如，印度人民党在马哈拉施特拉邦与湿婆军组建联盟，在旁遮普邦与最高阿卡利党组建联盟，在哈里亚纳邦与哈里亚纳发展党组建联盟，在北方邦与社会党和大众社会党组建联盟。

联盟的策略一方面可以改善印度人民党"政治不可接触者"、教派主义政党的公众形象。另一方面也能够借助地方政党有效扩大在南部、东北部等地区的社会基础。总之，进入20世纪90年代中期，印度人民党尝试搁置了重建罗摩庙、废除宪法第370条、制定统一民法等印度教民族主义核心议题，意识形态也从激进的宗教民族主义转向了相对温和的经济与文化民族主义。

第三节　强化印度教身份认同与对抗反框架建构

一　强化印度教的集体身份认同

在缺乏有效政治机会的条件下，资源动员和框架建构的效果将受到较大的限制。印度独立初期，印巴分治引发了后续一系列的宗教冲突，国大党政府通过保护宗教少数群体的利益，维持了世俗主义意识形态的主导地位，基于教派主义的社会动员长期被镇压。20世纪80年代以来，由于世俗主义原则的削弱和国大党实力的衰落，印度社会分化不断加剧，身份政治迅速兴起，为族群宗教动员与框架建构提供了政治机会。国民志愿服务团重新强调印度教社会的脆弱性，凸显印度教徒"多数群体"身份与"弱势群体"地位的不平衡，在此基础上进一步强化印度教的集体身份认同。

（一）渲染印度教社会的脆弱性

20世纪80年代以来，沙·巴诺案引发一系列印穆冲突骚乱，同时，大批低种姓印度教徒集体改宗伊斯兰教，加之锡克教分离主义运动的兴起，印度教徒群体中产生了一种普遍的焦虑情绪。国民志愿服务团认为相关事件对团结印度教社会的目标产生了直接威胁，开始重新渲染印度教社会的脆弱性，呼吁广大印度教徒的集体觉醒和团结。

国民志愿服务团之所以重新强调印度教社会的脆弱性，直接原因是1981年泰米尔纳德邦的集体改宗事件，大批低种姓印度教徒改宗伊斯兰教产生了重要的社会影响。国民志愿服务团宣称阿拉伯国家提供资金支持针对印度教徒的改宗，因此，改宗是穆斯林对印度教社会蓄意分裂和破坏的行为，试图扶植分离势力，破坏印度的民族统一。国民志愿服务团通过决议指出："改宗不仅是宗教信仰的改变，而是对民族文化和情感的破坏，助长了分离主义势力和对外部的忠诚，加剧了教派冲突，严重削弱了民族统一和国家安全的基础。"① 此外，该组织指出基督教传教士以提供人道主义援助的名义对部落群体进行改宗，扶植东北部的分离主义势力，试图破坏印度的国家和民族统一。国民志愿服务团认为印度教社会过于脆弱，缺乏团结，从而深受伊斯兰教和基督教改宗活动的影响。由于低种姓群体是团结印度教社会的薄弱关键，只有依靠广大低种姓群体的普遍觉醒，才能够有效克服印度教社会脆弱性的问题。因此，国民志愿服务团呼吁印度教社会搁置种姓偏见，团结形成统一的大家庭，同时，还用"人民觉醒"替代了"印度教组织建设"的宣传口号。②

（二）"多数群体"身份与"弱势群体"地位的不平衡

在强调印度教社会脆弱性的基础上，国民志愿服务团进一步渲染印度教徒"多数群体"身份与"弱势群体"地位的不平衡。以沙·巴诺案为标志，国大党操纵教派政治的倾向越加明显，对宗教少数群体的保护政策逐渐转变为建立票仓的政治手段。国民志愿服务团认为国大党坚持对穆斯林的绥靖政策，赋予其各种特权，相当于损害了在人口上作为"多数群体"印度教徒的利益，使其降级为"弱势群体"。国民志愿服务团还宣称印度是世界上唯一一个"多数群体"仍然畏惧"少数群体"的国家，通过凸显身份与地位的不平衡，有效激发了印度教徒的焦虑和怨愤情绪。

20世纪80年代以来，印度低种姓阶层普遍觉醒并争取政治地位，挑战了高种姓阶层的传统主导地位。面对来自低种姓阶层和穆斯林的双重挑战，国民志愿服务团呼吁印度教社会内部的团结统一，希望缓解高种姓和低种姓阶层的矛盾冲突。同时，试图将低种姓阶层的怨愤情绪引向穆斯林，把矛盾从印度教社会内部转移到外部，即印度教社会与穆斯林群体的对立冲突，从而进一步强化印度教的集体身份认同。

例如，国民志愿服务团反复强调政府没有按照宪法指导原则制定统一民法，《穆斯林妇女法案》是国大党政府为争取穆斯林选票支持的政策结果，政府不断赋予宗教少数群体特殊权利，作为多数群体的印度教徒却长期受到歧视。世界印度教大会主席毗湿奴·达尔米亚（Vishnu Hari Dalmia）指出："穆斯林获得了'特权阶层'的地位并不断引发教派冲突，由于国大党长期以来对宗教少数群体的绥靖政策，印度教徒在自己的国家

---

① Dharmendra Kaushal, *R. S. S. RESOLVES: 1950–2007*, p. 102.
② Christophe Jaffrelot, *Religion, Caste, and Politics in India*, p. 175.

沦为了'二等公民'。"①

(三) 形成以"罗摩庙—清真寺"为核心的集体行动框架

任何强大的意识形态或社会理念,只有社会环境成熟时才能被接受。② 当印度教社会的脆弱性被不断渲染,印度教徒"多数群体"身份与"弱势群体"地位的不平衡持续凸显,整体的社会环境便有利于印度教民族主义的框架建构。罗里·麦克维指出:"框架建构的核心就是在特定人群中建立我们与他们的界限,即哪些是需要团结的自己人,哪些是需要反对和斗争的敌人。"③ 在国民志愿服务团的框架建构过程中,低种姓群体是需要团结的自己人,穆斯林则是主要敌人。实现印度教集体身份认同需要一个团结印度教社会的有效载体,同时,确定一个主要的攻击目标。为此,国民志愿服务团选择了罗摩这一具备广泛影响力的宗教符号作为载体,将阿约迪亚的巴布里清真寺确定为攻击目标,形成了以"罗摩庙—清真寺"为核心的集体行动框架,将低种姓群体的怨愤情绪转移到穆斯林群体,有效强化了印度教的集体身份认同。从框架建构层面来看,该集体行动框架具备较高的共鸣度,释放了巨大的动员潜力,主要体现在以下三点。

第一,依靠宗教符号提升框架的中心度。中心度是指集体行动框架所倡导的价值和信念在多大程度上接近动员对象的价值和信念系统中最重要的部分。对印度教徒而言,宗教信仰处于个人价值与信念系统的中心地位。印度教虽然是多神教,各种神灵数量繁多,但相比其他印度教诸神,罗摩的影响力最广泛,知晓程度也最高。国民志愿服务团强调:"罗摩及其神圣的出生地自古以来就是印度教徒心中最高信仰的标志,罗摩圣地作为民族信仰的闪耀标志将永存。"④ 因此,选择罗摩这一宗教符号能够有效提高框架的中心度,在塑造印度教集体身份认同上具有天然的优势。

第二,凸显印度教徒与穆斯林的"二元对立",增加框架的经验可信度。经验可信度是指框架与现实事件的契合程度,并非指诊断性和预后性

---

① Scott W. Hibbard, *Religious Politics and Secular States: Egypt, India, and the United States*, Baltimore: JHU Press, 2010, p. 157.

② C. P. Bhambhri, *Bharatiya Janata Party: Periphery to Centre*, p. 59.

③ Rory McVeigh, Daniel J. Myers and David Sikkink, "Corn, Klansmen, and Coolidge: Structure and Framing in Social Movements", *Social Forces*, Vol. 83, 2004, pp. 653–690.

④ Dharmendra Kaushal, *R. S. S. RESOLVES: 1950–2007*, p. 153.

框架建构是否符合事实或者有效，而是经验参照物能够成为诊断性框架建构的"真实"指标。① 也就是说，经验可信度的关键不在于是否有事实依据，而在于现实事件能够与行动框架对应起来，使动员对象倾向于认同集体行动框架。国民志愿服务团主要通过凸显印度教徒与穆斯林"二元对立"的方式，增加框架的经验可信度。例如，该组织强调印度教徒将牛奉为神明，穆斯林则以牛肉为食；印度教徒在清晨朝着东方和太阳朝圣，穆斯林则在傍晚向着西方和月亮礼拜；印度教徒修建神庙，穆斯林则将其拆毁。国民志愿服务团将印度教徒与穆斯林宗教仪式和行为习惯的差异纳入"二元对立"的框架，有效增加了框架建构的经验可信度。

第三，挖掘神话史诗增强框架的叙述逼真度。叙述逼真度是指框架的表述在多大程度上接近动员对象文化遗产中的语言、比喻、故事、传说、神话等。② 如果能够将集体行动框架与神话史诗等文化要素紧密结合，便能够有效增强叙述逼真度。印度史诗《罗摩衍那》在南亚地区广为流传，关于罗摩的神话传说家喻户晓，民间故事、歌曲、电视剧等均有罗摩题材的作品。国民志愿服务团通过制作罗摩的宣传海报和雕像，发起"罗摩战车"朝圣游行，能够将抽象的宗教符号具体化、形象化。同时，国民志愿服务团将罗摩视为印度教徒的保护神，将印度教徒与穆斯林的冲突同罗摩与十首魔王罗延那的斗争相提并论，赋予正义与邪恶较量的寓意。因此，国民志愿服务团通过挖掘印度教神话史诗，有效增强了框架的叙述逼真度。

二 "伪世俗主义"与"积极的世俗主义"之争

世俗主义是印度独立后国家建设的意识形态基础，也是国大党政府长期坚持的基本原则。在印度独立后的30年间，世俗主义占据着印度社会政治的主导地位，也是国大党长期执政的合法性基础。国大党政府认为国民志愿服务团的活动有悖于世俗主义原则，将其指控为教派主义组织。然而，国大党所坚持的世俗主义意味着保护宗教少数群体的权利，因此，也受到了国民志愿服务团的舆论攻击。对印度而言，世俗主义在内涵上较为

---

① Robert D. Benford and David A. Snow, "Framing Processes and Social Movements: An Overview and Assessment", *Annual Review of Sociology*, Vol. 26, 2000, p. 620.

② 冯仕政：《西方社会运动理论研究》，第249页。

复杂，在实践上也存在着诸多争议。印度独立后社会政治发展始终伴随着世俗主义与印度教民族主义的博弈，尼赫鲁曾坦言治理印度最大的挑战就是在一个宗教国家建立世俗政权。20 世纪 80 年代以来，国大党政府不断操纵教派政治，世俗主义原则被严重削弱。围绕世俗主义之争，国民志愿服务团开始持续对抗国大党政府的反框架建构。[①]

（一）印度世俗主义的复杂性与争议

政治语境下的世俗主义意味着国家与宗教分离，在内涵上有广义和狭义之分。广义上的世俗主义是指国家与所有宗教保持等距离，对所有宗教保持中立态度。狭义上的世俗主义则是指国家不能与任何宗教发生任何关系。[②] 此外，国家与宗教分离在具体实践上有两种形式，第一，国家与宗教组织之间的事务互不干涉；第二，国家与特定宗教没有法律上的关系。[③] 因此，世俗主义在内涵与实践层面存在着诸多不确定性和争议。

虽然世俗主义被视为印度建国的基础，但印度宪法中并没有关于世俗主义的明确定义。在 1976 年印度宪法关于国家性质表述加入"世俗的"之前，宪法中唯一使用的"世俗"是指与宗教或教会活动相对的世俗活动。[④] 通常，印度对世俗主义的理解包含两重含义，[⑤] 一种是保持宗教中立，相当于西方国家"政教分离"的概念，国家与宗教事务互不干涉。另一种是平等对待所有宗教，意味着不同宗教地位和权利的平衡。印度的宗教复杂多样，包括印度教、佛教、耆那教、犹太教、基督教、伊斯兰教、拜火教、锡克教和巴哈伊教等众多宗教。印度的世俗主义与西方国家"政教分离"的概念不同，实际上是平等尊重和支持所有宗教。因此，印度的

[①] 反框架建构（Anti-Framing）是指对竞争对手提出解决方案的逻辑或效力进行驳斥。长期以来，国大党基于世俗主义原则指控国民志愿服务团是非法的教派主义组织，相当于对国民志愿服务团基于印度教民族主义的框架建构进行驳斥，标志着政府对社会运动进行反框架建构。而国民志愿服务团操纵世俗主义概念，指控国大党政府是"伪世俗主义"则代表社会运动对抗政府的反框架建构。

[②] Amartya Sen, *The Argumentative Indian: Writings on Indian History, Culture and Identity*, London: Penguin Books, 2005, pp. 295 – 296.

[③] Gustavo Benavides and M. W. Daly, *Religion and Political Power*, Albany: SUNY Press, 1989, p. 34.

[④] 印度宪法第 25 条宗教自由权利规定："本条的任何规定均不得影响任何现行法律的执行或阻止国家制定任何法律，包括规范或限制与宗教活动有关的任何经济、金融、政治或其他世俗（secular）活动。"

[⑤] William Safran ed., *The Secular and the Sacred: Nation, Religion and Politics*, London: FRANK CASS, 2003, p. 231.

世俗主义意味着国家可以干涉宗教事务，只是在法律上国家与宗教没有联系。尼赫鲁曾表示印度不能成为教派主义或宗教国家，而只能是一个世俗、非教派的民主国家，所有个体无论任何宗教信仰都享有同等的权利和机会。

由于宗教的复杂性和多样性，印度的世俗主义不同于一般意义上"政教分离"式的世俗主义，也引发了诸多质疑。例如西方国家就认为像印度这样单一宗教人口占绝对多数的国家不可能存在真正的世俗主义。由于印巴分治是基于宗教原则划分，因此，印度宪法和社会规范具有保护穆斯林少数群体的传统。印度教民族主义认为世俗主义相当于赋予宗教少数群体特殊权利，是一种绥靖政策。此外，世俗主义还被指控为"身份优先主义"，即强调印度教徒、穆斯林或锡克教徒的身份先于印度公民，削弱了印度公民集体身份的认同。由于印度世俗主义内涵的复杂性以及在实践中的矛盾争议，在认知和解读上存在较大的操作空间，因此成为国民志愿服务团对抗国大党反框架建构的工具。

（二）国大党的"伪世俗主义"

印度独立后，印度教民族主义势力针对世俗主义原则提出质疑并指出，第一，世俗主义概念具有明显的基督教和西方的色彩，与印度传统文化不相容；第二，世俗主义概念对宗教民众毫不关心；第三，尽管世俗主义国家宣称保持中立，但实际上则偏袒无宗教信仰或宗教少数群体。[①] 格尔瓦卡曾表示世俗主义概念源自西方，与印度没有天然关系，描述印度应该使用"多宗教的"而不是"世俗的"。国民志愿服务团指出基于"政教分离"的世俗主义是西方概念，印度是一个多宗教国家，印度的文化传统是平等尊重所有宗教信仰。因此，国民志愿服务团反对使用世俗主义这一概念。在国大党统治时期，世俗主义占据印度社会政治生活的主导地位。为保证组织发展，免于政府镇压，国民志愿服务团选择默认世俗主义的概念。同时，为改善教派主义组织的负面形象，国民志愿服务团公开强调建设印度教国家与世俗主义并不冲突。

尽管国民志愿服务团并不认同世俗主义概念本身，但鉴于印度世俗主义内涵的复杂性以及在实践中的矛盾争议，该组织尝试基于印度文化传统重新定义世俗主义，并在此基础上提出了"伪世俗主义"的概念。国民

---

① Pralay Kanungo, *RSS's Tryst with Politics: From Hedgwar to Sudarshan*, p. 122.

志愿服务团最早使用"伪世俗主义"概念是在1951年,用来指控国大党所坚持的世俗主义是虚伪的,[①] 标志着该组织开始利用世俗主义概念对抗国大党的反框架建构。国民志愿服务团指出:"印度应该彻底放弃'伪世俗主义',印度教统治的国家才是真正意义上的世俗,能够赋予所有人宗教信仰自由。任何带有政治目的的对不同宗教单独预留、承认或庇护的计划,都将严重侵害民族统一。"[②] 国民志愿服务团宣称国大党所坚持的并非真正意义上的世俗主义,本质上是为保护其他宗教而压制印度教的发展。由于在国大党"一党独大"时期,世俗主义原则具有最高的合法性,国民志愿服务团的舆论攻击并没有产生太多实际效果。进入20世纪80年代,国大党开始操纵教派政治,世俗主义原则不断削弱,国大党也逐步陷入执政危机。政治精英执政的稳定性动摇,为国民志愿服务团及团家族对抗反框架建构提供了有利的政治机会,致力于成为国大党替代者的印度人民党成为团家族对抗反框架建构的核心组织。

印度人民党从印度文化传统出发,强调政治活动应该以道德和价值准则为前提,如果政治活动无视道德和价值就会沦为纯粹的权力竞逐。在此基础上,印度人民党指出国大党所坚持的是狭隘的世俗主义,即单纯强调对宗教少数群体尤其是穆斯林权利的保护,这一点固然正确,但实际上该行为背后的原因是为了获取穆斯林的选票支持。阿德瓦尼曾针对国大党的世俗主义路线指出:"对于很多政治家和政党而言,世俗主义就是为获得选票支持而对少数群体绥靖政策的隐晦表达。"[③] 因此,在印度人民党看来,国大党的世俗主义是不道德的和机会主义的,是在欺骗人民并导致印度政治的教派化。[④]

印度人民党将国大党的世俗主义指控为"伪世俗主义",将其等同于对穆斯林的绥靖政策和"票仓政治"策略。在此基础上,进一步将所有不符合印度教徒多数群体利益的政策或措施都贴上"伪世俗主义"的标签。进入20世纪80年代后期,印度人民党在很大程度上主导了印度的政

---

　　① Elenjimittam Anthony, *Philosophy and Action of the R. S. S. for the Hind Swaraj*, Bombay: Laxmi Publications, 1951, pp. 188 – 189.

　　② Dharmendra Kaushal, *R. S. S. RESOLVES*: *1950 – 2007*, p. 25.

　　③ Yogendra K. Malik and V. B. Singh, *Hindu Nationalism in India*: *The Rise of Bharatiya Janata Party*, p. 76.

　　④ Vijay Kumar Malhotra and J. C. Jaitli, *Evolution of BJP (Party Doucment Vol – 10)*, p. 78.

治话语，同时，制造了大量概念暗指国大党面对穆斯林表现出的妥协软弱，包括"伪世俗主义"、纵容少数群体、对穆斯林的绥靖政策、外部渗透等，相关概念后续被广泛使用。①

（三）印度人民党的"积极的世俗主义"

格尔瓦卡曾指出："世俗主义兼具消极和积极两方面含义，国民志愿服务团认同的是其中积极的含义，即平等对待和保护所有宗教信仰。不幸的是，印度的世俗主义实际上意味着当权者的'反印度教主义'。"② 国民志愿服务团认为国大党的世俗主义是消极的，与之相对提出了一个新的概念——"积极的世俗主义"。

1980年，印度人民党将"积极的世俗主义"列为五项基本原则之一，并阐述了具体内涵。瓦杰帕伊强调："达摩与宗教的概念不同，宗教是指特定的信仰，而达摩则代表了一种社会秩序和生活方式。印度的世俗主义是指平等对待所有宗教，相比西方其含义更为积极。"③ 印度人民党对"积极的世俗主义"的阐述体现了逐步递进的框架建构过程。首先，印度人民党强调忠于印度宪法，遵守法律约定的社会主义、世俗主义和民主原则，即接受和认同世俗主义的概念。作为政党参与政治活动需要以认同世俗主义为前提，同时还可以淡化印度人民党的教派主义色彩。其次，印度人民党将民主与世俗主义两个概念进行绑定。它强调世俗主义构成了民主的基础，对世俗主义的坚持就是对民主的坚持。同时，印度人民党指出对民主的坚持源自"JP运动"的政治遗产，体现了捍卫民主的政治传统。再次，印度人民党强调世俗主义是民族主义和民族统一的保证，具有广泛的含义，它坚持的是其中积极的方面。最后，印度人民党以印度传统文化为依据，提出"积极的世俗主义"的概念，认为世俗主义的积极含义是尊重所有宗教信仰，与印度的文化传统保持一致。

印度人民党强调"积极的世俗主义"是与"伪世俗主义"相对的概念，也是印度人民党区别于其他政党的显著特征。瓦杰帕伊曾指出："公开宣称世俗主义并且最先谴责教派主义的政党（国大党），出于政治目的与教派主义势力妥协，而且毫不羞耻地以保护少数群体的幌子满足其需

---

① Thomas Blom Hansen, *The Saffron Wave*: *Democracy and Hindu Nationalism in Modern India*, p. 160.
② M. S. Golwalkar, *Bunch of Thoughts*, p. 163.
③ Christophe Jaffrelot, *Hindu Nationalism*: *A Reader*, pp. 323 – 324.

求，这是令人十分惊讶的。"① 同时，阿德瓦尼也表示："印度宪法制定者确定的世俗主义包括两方面含义，对于绝大多数的政治家，世俗主义只是获取选票的工具，印度人民党则坚信'积极的世俗主义'。国大党和其他多数政党只是'选票世俗主义'，'积极的世俗主义'意味着平等对待所有人，但不姑息任何人。"② 此外，印度人民党特别强调印度传统文化价值对政治活动的指导作用，认为国家的危机本质上是道德危机，在于公共生活的道德让位于利己主义和权力政治。③ 因此，国大党的"伪世俗主义"是消极的世俗主义，是国家道德危机的集中体现。

长期以来，国大党政府基于世俗主义原则指控国民志愿服务团是非法的教派主义组织，对该组织基于印度教民族主义的框架建构进行驳斥，相当于利用反框架建构策略对社会运动进行舆论镇压。尽管国民志愿服务团对国大党政府的指控进行反驳和辩解，但未能有效对抗反框架建构。进入20世纪80年代，国大党不断操纵教派政治，世俗主义原则极大削弱，为国民志愿服务团对抗反框架建构提供了有利的政治机会，印度人民党充当了对抗反框架建构的核心组织。印度人民党根据印度传统文化，把世俗主义拆分为"伪世俗主义"和"积极的世俗主义"双重含义，将国大党坚持的世俗主义指控为"伪世俗主义"，宣称印度人民党坚持的是"积极的世俗主义"，完成了从世俗主义、"伪世俗主义"到"积极的世俗主义"的框架建构过程。国民志愿服务团和印度人民党以"伪世俗主义"为矛，对国大党的反框架建构形成有效对抗，同时，"积极的世俗主义"的概念也淡化了自身教派主义的色彩。

三 "斯瓦德希"理念与经济民族主义

1991年，印度因陷入财政危机被迫开始以自由化、市场化、全球化和私有化为标志的经济改革。国大党经济改革政策与效果的时间差引发了民众的不满情绪，为印度教特性运动从教派主义鼓动转向经济与文化民族主义提供了机会。④ 进入20世纪90年代中期，由于阿约迪亚事件带来的

---

① Christophe Jaffrelot, *Hindu Nationalism: A Reader*, p. 318.
② Timothy Fitzgerald, *Religion and Politics in International Relations: The Modern Myth*, p. 174.
③ Timothy Fitzgerald, *Religion and Politics in International Relations: The Modern Myth*, London: Continuum, 2011, p. 82.
④ 宋丽萍：《印度教特性运动的政治文化解读》，第54页。

负面影响，激进的宗教政治动员逐渐失去了动员潜力，国民志愿服务团的意识形态重心转向了经济与文化民族主义。

（一）"斯瓦德希"理念

"斯瓦德希"理念产生于印度独立运动早期，强调抵制英国商品，摆脱殖民剥削，实现民族经济独立。甘地曾指出："'斯瓦德希'代表一种精神力量，是一种普遍法则，适用于经济、政治、社会、宗教、教育、医疗卫生等各领域，在经济领域是指只使用自己生产的产品。"[①] 简言之，"斯瓦德希"就是使用国产物品，发展民族产业，强调经济独立和自力更生。

1991年，拉奥政府决定接受国际货币基金组织和世界银行的贷款援助，开始经济自由化改革。由于经济改革与"斯瓦德希"理念相悖，引起了国民志愿服务团的强烈反对。为抵制经济改革，国民志愿服务团成立了宣传"斯瓦德希"理念和组织抗议运动的专门组织——民族觉醒论坛。1992年，国民志愿服务团通过决议指出，以接受国际金融机构的附加条件获得贷款援助，将严重侵害印度的经济主权，并将陷入债务陷阱。同时，外国资本和跨国公司的涌入将严重冲击农业、卫生、金融等民族产业。因此，国民志愿服务团呼吁政府修正经济政策，践行"斯瓦德希"理念。以民族觉醒论坛的成立为标志，国民志愿服务团发起了抵制经济自由化改革的"斯瓦德希"运动。1992年1月，民族觉醒论坛领导了首次抵制政府经济政策的大规模社会运动。

（二）反对经济改革的框架建构

20世纪90年代以来，以"罗摩庙—清真寺"为核心的集体行动框架逐渐失去动员潜力，国民志愿服务团开始调整框架建构策略，并指出社会矛盾主要源自经济全球化的威胁。印度面临的财政危机和经济改革提供了新的政治机会，国民志愿服务团开始发起反对政府经济自由化政策的框架建构，从激进的印度教民族主义过渡到相对温和的经济民族主义。

1. 诊断性与预后性框架建构

诊断性框架建构包括确定存在问题、指认"加害者"和明确代言人。国民志愿服务团指出印度的经济生活正在走向衰落。首先，外来资本和跨

[①] M. Gandhi, "Definition of Swadeshi", *Bombay Sarvodaya Mandal & Gandhi Research Foundation*, January 25, 2021, https://www.mkgandhi.org/articles/swadeshi1.htm.

国公司的大量涌入严重冲击了民族产业的发展，造成大规模的技术性失业。其次，由于印度国内市场被跨国公司及其产品垄断，印度经济逐渐丧失了独立性。再次，国际金融机构附加条件的贷款援助，使印度容易陷入债务陷阱。最后，西方发达国家对原材料和自然资源的持续掠夺，使得越来越多的民众面临饥荒，社会经济分化不断加剧，底层民众尤其是农民的生活状况不断恶化。

在确定存在的经济问题之后，国民志愿服务团将其归结为经济全球化的负面影响，即外来资本和跨国公司对民族经济造成了严重冲击，失业和贫困导致底层民众的生活境遇不断恶化。在此基础上，国民志愿服务团进一步指出了问题的深层次原因，即国家的经济政策缺乏"斯瓦德希"精神，使得经济全球化的负面影响波及印度国内。该组织认为取消容易滋生腐败的许可经营制度，推行更加自由开放的经济制度是进步的举措。然而，国家没有保护民族产业，过度对外开放并不利于国内经济发展，而且容易丧失经济独立，陷入债务陷阱。国民志愿服务团还强调："由于国家采取的经济政策不符合国情，国民生活的各方面正在退化，最关键的原因就在于政策制定者缺乏'斯瓦德希'精神，完全忽视了印度人民的天赋、生命价值、现状需求以及未来愿望。"[1] 在此基础上，国民志愿服务团将印度经济问题的"加害者"认定为国大党政府的经济改革政策，而民族觉醒论坛则成为最主要的代言人。

针对国家经济政策缺乏"斯瓦德希"精神的问题，国民志愿服务团提出了以宣传"斯瓦德希"理念，发起"斯瓦德希"运动为核心的解决方案。该组织认为"斯瓦德希"理念与独立运动精神一脉相承，是指导一切公共政策和社会生活的普遍原则。国家政策制定者要抵制西方物质主义和消费主义的侵蚀，构建既符合时代要求又与本国需求和生活价值相一致的经济秩序，探索符合本国国情的经济发展道路。国民志愿服务团倡导的"斯瓦德希"理念强调抵制外国产品，使用各类替代性产品，鼓励支持和购买国内产品，推动民族经济独立自主发展。至此，国民志愿服务团完成了对印度经济问题的诊断性和预后性框架建构。

2. 促动性框架建构

促动性框架建构主要从问题的严重性、采取行动的紧迫性、采取行动

---

[1] Dharmendra Kaushal, *R. S. S. RESOLVES: 1950–2007*, pp. 204–205.

的有效性和行动在道德上的正当性等方面进行。首先，国民志愿服务团指出在经济自由化改革的背景下，印度的经济状况不断退化，问题十分严重。它指出印度向大型跨国公司和外国机构开放市场，将严重阻碍农业、卫生、教育、通信、银行和金融业的发展。同时，印度国内市场充斥着外国产品，严重威胁着家庭手工业和小规模工业。此外，国民志愿服务团还强调跨国公司传播西方的消费主义思想，破坏了印度的传统文化价值。因此，政府的经济改革非但没有实现增加外汇储备和创造就业等既定目标，反而使国内产业和本土文化受到巨大冲击。

其次，强调发扬"斯瓦德希"精神的紧迫性。国民志愿服务团指出世界银行、国际货币基金组织和世界贸易组织只是获取第三世界国家资源和市场的工具，采取以发展名义提供贷款的策略，在借贷国家陷入债务危机时再对其发号施令。因此，该组织呼吁："所有爱国同胞全面参与'第二次独立运动'，挽救国家经济走向深渊的趋势。"[①] 国民志愿服务团将跨国公司指控为压榨印度财富的"东印度公司"，指出"斯瓦德希"关系国家经济独立以及贫困阶层的福祉，并将"斯瓦德希"运动称为"第二次独立运动"，不断渲染采取行动的紧迫性。

再次，强调"斯瓦德希"理念是化解经济困境的有效途径。国民志愿服务团指出："'斯瓦德希'和强烈的民族主义能够帮助国家实现自力更生，印度正是基于'斯瓦德希'的崇高理念才能够摆脱殖民统治获得民族独立。为应对跨国公司的挑战，除了'斯瓦德希'和民族主义之外别无他法。"[②] 总之，国民志愿服务团反复强调"斯瓦德希"理念对国家经济具有重要的调节和指导作用，是化解经济改革负面影响的唯一有效途径。

最后，凸显"斯瓦德希"理念在道德上的正当性。国民志愿服务团将西方发达国家和国际金融机构的行为指控为"经济殖民主义"和"经济帝国主义"，损害印度的国家主权和利益，尝试削弱其在道德上的合法性。同时，国民志愿服务团谴责国大党政府的经济政策，认为政府同意关贸总协定邓克尔草案背叛了国家主权，让国家陷入"经济殖民"困境。在此基础上，国民志愿服务团将"斯瓦德希"与反殖民的独立运动相提

---

① Dharmendra Kaushal, *R. S. S. RESOLVES: 1950 – 2007*, pp. 256 – 257.
② Dharmendra Kaushal, *R. S. S. RESOLVES: 1950 – 2007*, p. 237.

并论，赋予其道德上的崇高性和正当性。此外，国民志愿服务团还宣称政府鼓励跨国公司投资并攫取高额利益的行为，是对为争取印度独立而牺牲人民的侮辱，试图站在道义制高点否定政府经济改革。

"斯瓦德希"理念实际上是国民志愿服务团"反西方"框架建构传统的延续，"反穆斯林"和"反西方"构成了国民志愿服务团框架建构的两个支柱。在族群宗教冲突激化的社会政治环境下，"反穆斯林"的框架建构能够凸显"我们"与"他们"的对立，强化印度教的集体认同。而在族群宗教关系相对平稳的社会政治环境下，"反西方"的框架建构在政治上反对西方民主制度，在经济上反对物质和消费主义，能够有效塑造爱国主义的形象。基于"斯瓦德希"理念的框架建构在底层民众中发挥了一定的动员作用，但其内在的保护主义思维模式不利于全球化背景下的经济发展。因此，印度教特性的发展话语似乎无法实现逻辑自洽，凸显了内在矛盾，[1] 也影响了框架建构的实际动员效果。

本章小结

20世纪80—90年代，印度的社会政治环境发生了重要变化，印度教民族主义不断挑战世俗主义意识形态的主导地位，并开始深刻影响印度的政治过程。国民志愿服务团依靠大规模的宗教政治动员，社会政治影响力迅速提升，印度人民党也从地方政党发展成全国性政党，并从议会第一大党发展成为执政党，进入印度政治的权力中心。该时期是印度人民党迅速崛起的关键时期，也是印度社会政治发展的重要分水岭。

从政治机会层面来看，主要包括双重政治遗产与印度人民党的策略调整、世俗主义原则的削弱与国大党实力的衰落、身份政治的兴起与社会分化的加剧三方面。首先，印度人民党继承了人民同盟和人民党的双重政治遗产，但在权力政治与意识形态纯洁性的平衡中陷入两难困境。印度人民党淡化意识形态的行为引起国民志愿服务团的反对并撤回支持，在很大程度上导致印度人民党首次参加大选失利。其次，进入20世纪80年代，印

---

[1] Pralay Kanungo, "Hindutva's Discourse on Development", in Mahajan, Gurpreet, Jodhka, Surinder S. eds. *Religion, Community and Development: Changing Contours of Politics and Policy in India*, London: Routledge, 2010, p. 97.

度社会政治环境发生重要变化，国大党开始操纵教派政治，世俗主义原则逐步削弱。由于党内派系斗争和不断分裂，加之执政绩效低下，国大党逐渐丧失了"一党独大"的统治地位，国民志愿服务团和印度人民党的政治机会则逐步扩大。最后，20世纪80年代末至90年代初，印度政治走向"曼德尔化"，身份政治迅速兴起。代表不同宗教、种姓和阶层的地方政党陆续出现，印度政党不断走向碎片化。同时，随着1991年经济改革，贫困阶层利益受到冲击，社会和经济分化进一步加剧。其间，国大党政府专注经济改革，对印度教民族主义运动的镇压力度有所降低，在一定程度上也为国民志愿服务团和印度人民党创造了政治机会。

从资源动员层面来看，20世纪80—90年代是国民志愿服务团发起大规模宗教政治动员，在政治上迅速崛起的关键时期。由于与印度人民党的意识形态分歧，国民志愿服务团转向依靠激进的宗教分支组织——世界印度教大会进行宗教动员。1983年，世界印度教大会发起"统一朝圣"运动，作为首次发起的全国范围的大规模社会动员，在规划朝圣路线、操纵宗教符号、调整组织结构并争取宗教领袖支持等方面发挥了资源动员的巨大优势，奠定了广泛的社会基础。1984年，世界印度教大会发起罗摩出生地运动。该运动是印度独立后团家族发起的最大规模的社会运动之一，国民志愿服务团、世界印度教大会和印度人民党分工合作，通过操纵具有强大影响力的宗教符号——罗摩，利用电子媒体广泛宣传动员，不但扩大了国民志愿服务团和世界印度教大会的社会基础和影响力，同时成功将宗教动员转化为选票支持，推动印度人民党从印地语地区的地方政党成为人民院最大的反对党。罗摩出生地运动是国民志愿服务团进行大规模社会动员的重要里程碑，标志着其社会政治影响力达到空前的水平。

从框架建构层面来看，主要包括强化印度教的集体身份认同，"伪世俗主义"与"积极的世俗主义"之争，"斯瓦德希"理念与经济民族主义等方面。首先，国民志愿服务团积极渲染印度教社会的脆弱性，凸显印度教徒"多数群体"身份与"弱势群体"地位的不平衡。同时，构建以"罗摩庙—清真寺"为核心的集体行动框架，将低种姓群体的怨愤情绪转移到穆斯林群体，不断强化印度教的集体身份认同。其次，国民志愿服务团和印度人民党将世俗主义拆分为"伪世俗主义"和"积极的世俗主义"，将国大党坚持的世俗主义指控为"伪世俗主义"，宣称印度人民党坚持的是"积极的世俗主义"，完成了从世俗主义、"伪世俗主义"到

"积极的世俗主义"的框架建构过程，对国大党的反框架建构形成有效对抗。最后，进入20世纪90年代中期，国民志愿服务团转向以经济民族主义为核心的框架建构。它强调经济改革对国内经济和民众生活造成巨大冲击，认为根本原因是国家经济政策缺乏"斯瓦德希"精神。为此，国民志愿服务团成立民族觉醒论坛，提出了以宣传"斯瓦德希"理念和发起"斯瓦德希"运动的解决方案，将"斯瓦德希"运动称为"第二次独立运动"。"斯瓦德希"是国民志愿服务团"反西方"框架建构传统的延续，并成为其反对政府经济自由化政策的框架建构基础。

第六章

印度人民党执政时期国民志愿服务团对内政外交的影响

自1925年成立以来,国民志愿服务团不断发展壮大,深度参与印度政治过程,先后经历了组织成立与发展建设初期、组织转型与团家族形成时期、激进主义与政治崛起时期,社会政治影响力逐步提升。然而,作为社会运动组织,国民志愿服务团在长期的抗争过程中始终被排斥在制度化政治体系之外,由于缺少有效的制度化政治渠道,难以直接参与并影响印度政府的决策过程。作为国民志愿服务团的政治分支组织,人民同盟和印度人民党先后建立了一定的制度化政治渠道,然而,二者未能实现在中央稳定执政,制度化政治渠道的有效性较低,国民志愿服务团难以通过制度化政治渠道直接影响印度的内政和外交。

20世纪90年代末,印度人民党成功在中央执政,实现了成为"国大党替代者"的最初目标。印度人民党执政建立了更加有效的制度化政治渠道,为国民志愿服务团创造了空前的政治机会。国民志愿服务团积极尝试通过政府层面推动印度教民族主义议题,然而,作为社会运动组织的国民志愿服务团与作为执政党的印度人民党在意识形态和政策立场上存在分歧,二者的矛盾也逐步凸显。实际上,社会运动激进主义的逻辑与选举政治的逻辑存在固有的矛盾性,选举政治遵循中间派和结盟的逻辑,社会运动则坚持狭隘甚至是极端的观点,在特定议题上毫不妥协。[1] 因此,国民志愿服务团与印度人民党的互动关系经历了不断磨合的过程。当二者的合作关系破裂时,制度化政治渠道的有效性降低,国民志愿服务团对政府决

---

[1] Doug McAdam and Sidney Tarrow, "Ballots and Barricades: On the Reciprocal Relationship between Elections and Social Movements", *Perspectives on Politics*, Vol. 8, No. 2, 2010, p. 537.

策的影响就比较有限。当二者的合作关系紧密，制度化政治渠道的有效性高，国民志愿服务团对政府决策的影响就比较大。在特定的条件下，社会运动与政党特别是执政党可以形成一种互利共生的合作关系，从而能够更加深刻且持久地影响国家的内政和外交，国民志愿服务团与印度人民党的关系正是如此。

本章重点关注印度人民党的两次执政经历，即瓦杰帕伊政府时期和莫迪政府时期，以国民志愿服务团与印度人民党的互动关系变化为切入点，具体分析国民志愿服务团对印度内政和外交产生的影响。

第一节 瓦杰帕伊政府时期

1999年，印度人民党领导的全国民主联盟赢得大选并组建联合政府，瓦杰帕伊出任总理。瓦杰帕伊政府是印度人民党首次在中央完整执政，面对空前的政治机会，国民志愿服务团积极通过政府层面推动印度教民族主义议题。然而，由于国民志愿服务团与印度人民党尤其是与瓦杰帕伊产生了较大的分歧，导致制度化政治渠道的有效性降低，难以通过印度人民党有效影响政府决策。总体而言，瓦杰帕伊政府时期，国民志愿服务团对社会、教育和文化领域政策产生了一定的影响。但在国防和外交等领域，瓦杰帕伊政府主导了相关政策的制定和实施，尽管国民志愿服务团尝试进行干预，但实际的作用比较有限。

一 国民志愿服务团与印度人民党的关系：从合作走向破裂

通常，社会运动的命运与政党的政治地位密切相关。瓦杰帕伊政府是印度人民党首次在中央完整执政，国民志愿服务团的政治机会有效扩大。印度人民党的选举获胜与国民志愿服务团的动员支持密不可分，作为政治交换，印度人民党应该在执政后推进国民志愿服务团所关注的印度教民族主义议题。然而，二者并没有按照预期进行紧密合作，而是围绕意识形态和政策实践产生了较大的分歧。随着国民志愿服务团与印度人民党矛盾的公开化，二者的互动关系也从合作走向破裂。

（一）政党联盟与意识形态的纯洁性

意识形态的纯洁性一直是影响国民志愿服务团与印度人民党互动关系的主要因素。作为印度教民族主义政党，印度人民党需要在权力政治和意识形态之间取得平衡。一方面，它需要与不同意识形态的政党建立联盟，提升政治影响力。另一方面，还需要坚持意识形态的纯洁性，维护国民志愿服务团和团家族的有效支持。20世纪80年代中后期，激进的宗教政治动员推动了印度人民党的迅速崛起，进入90年代中后期，意识形态的调整对于印度人民党的崛起也同样重要。正是通过与不同意识形态的政党建立联盟，印度人民党才实现在中央执政。党内元老瓦杰帕伊和阿德瓦尼深知政党联盟对印度人民党崛起和执政的重要性，例如，阿德瓦尼曾指出以意识形态为基础的政党没有前途，争取执政必须组建政党联盟。

1980年印度人民党成立之后对意识形态进行了大幅的调整，引起了国民志愿服务团的反对并撤回支持，在很大程度上导致印度人民党在1984年大选中失利。当意识形态调整不能有效增加选票支持时，印度人民党逐步回归了印度教民族主义的核心意识形态，并于1985年将整体的人本主义确立为指导思想。进入20世纪90年代，印度人民党不断尝试组建政党联盟的行动路线。1996年，印度人民党成为议会第一大党并首次组建联合政府，然而，因为意识形态问题以及与国民志愿服务团的特殊关系，政府未能通过议会的不信任投票，被迫解散。1998年，印度人民党第二次组建联合政府，并继续进行意识形态的调整。由此可见，印度人民党始终在坚持意识形态纯洁性与组建政党联盟的行动路线之间寻求平衡。

由于瓦杰帕伊政府是众多执政党组建的少数党联合政府，不同政党的意识形态和政策立场差异较大。为保证联合政府执政的稳定性，在任期大部分时间内，瓦杰帕伊均希望印度人民党与国民志愿服务团、印度人民党党内强硬势力和团家族保持距离。① 联合政府的其他执政党也表示，加入全国民主联盟的前提是印度人民党放弃印度教民族主义议题，如果印度人民党试图重启相关议题，就要分道扬镳。1998年，瓦杰帕伊在演讲中表示不支持印度教民族主义的三大议题，认为相关问题应该通过法律途径合理解决。此外，瓦杰帕伊政府出台的首份施政纲要融合了全国民主联盟各执政党的基本诉求，而重建罗摩庙、废除宪法第370条和制定统一民法等议题并没有列入其中。1999年，印度人民党在大选中放弃了单独的竞选宣言，②

---

① Saba Naqvi, *Shades of Saffron: From Vajpayee to Modi*, p. 10.
② 在第1999年大选中，印度人民党没有按以往制定单独的竞选宣言，而是统一使用全国民主联盟的竞选宣言。

并继续搁置了备受争议的三大议题。瓦杰帕伊政府淡化意识形态的行动路线再次引起国民志愿服务团的反对，该组织宣称瓦杰帕伊政府是"印度人民党的政府"，但是其执政方式却脱离了团家族的意识形态框架。团家族成员组织世界印度教大会和印度工人联合会对瓦杰帕伊政府的政策路线进行批评和舆论攻击，国民志愿服务团与印度人民党的矛盾分歧也不断升级。1998年12月，国民志愿服务团举行政策沟通会议，强调国民志愿服务团绝不能成为印度人民党的附属组织，[1] 同时，强烈反对印度人民党放弃重建罗摩庙等印度教民族主义议题以及淡化意识形态的行动路线。

（二）国民志愿服务团最高领袖与印度人民党领导人的紧张关系

瓦杰帕伊政府时期，国民志愿服务团最高领袖与印度人民党领导人的关系较为紧张，也是导致国民志愿服务团与印度人民党合作关系破裂的重要原因。瓦杰帕伊和阿德瓦尼均为资深的宣传干部和印度人民党早期领导人，在印度人民党党内和团家族有着较高的地位和影响力。[2] 两人不同的是，瓦杰帕伊被视为温和派，阿德瓦尼则被视为强硬派。国民志愿服务团最高领袖与印度人民党领导人紧张关系的根源仍然是意识形态问题。然而，意识形态之争在20世纪90年代初期并不突出。例如，1995年5月，瓦杰帕伊曾在《组织者》上发表题为《国民志愿服务团是我的灵魂》的文章。他表示："我与国民志愿服务团保持长期联系，最简单的原因就是我热爱它，热爱它的意识形态，最重要的是热爱它对待人民的态度。"[3] 1996年5月，瓦杰帕伊在接受议会不信任投票时曾积极为国民志愿服务团辩护，他强调："国民志愿服务团致力于国家的福祉和利益，印度的爱国人士和志愿为国服务的人们都选择加入，尽管有些人与该组织的观点立场不同，但各种形式的指控则大可不必。"[4]

随着1998年印度人民党执政，国民志愿服务团与瓦杰帕伊围绕意识形态

---

[1] 国民志愿服务团在特殊时期会举行政策沟通会议（Chintan Baithak），召集团家族成员组织的负责人集体讨论重要事项并作出决定。该会议较为重要，此前，国民志愿服务团仅在1948年甘地遇刺、1975年国家紧急状态、1984年印度人民党竞选失利时举行过政策沟通会议。

[2] 瓦杰帕伊和阿德瓦尼加入国民志愿服务团较早，另外，瓦杰帕伊曾担任印度人民党首任主席，阿德瓦尼曾三次担任印度人民党主席。

[3] A. G. Noorani, *The RSS: A Menace to India*, pp. 525–527.

[4] Kumar Shakti Shekhar, "Atal Bihari Vajpayee defended RSS like no other BJP leader did," *India Today*, August 16, 2018, https://www.indiatoday.in/india/story/atal-bihari-vajpayee-defended-rss-like-no-other-bjp-leader-did-1316190-2018-08-16.

之争开始产生分歧,首先体现在任命政府内阁成员的问题上。瓦杰帕伊组建政府初期,时任国民志愿服务团总书记的苏达山直接前往瓦杰帕伊住所,提出反对任命贾斯旺特·辛格担任财政部部长,认为他倡导自由市场经济,不符合"斯瓦德希"的经济主张。同时,极力推荐原印度人民党主席莫里·曼诺哈·乔希(Murli Manohar Joshi)担任财政部部长。瓦杰帕伊没有接受国民志愿服务团的推荐人选,而是任命雅什旺特·辛哈(Yashwant Sinha)担任财政部部长,乔希则被任命为人力资源与发展部部长。此外,国民志愿服务团曾表示反对布拉杰什·米希拉(Brajesh Mishra)担任国家安全顾问,但瓦杰帕伊最终坚持任用。国民志愿服务团与瓦杰帕伊关于官员任命的分歧,实际上反映了二者观念和政策立场的差异。国民志愿服务团坚持"斯瓦德希"理念,反对经济自由化改革。同时,国民志愿服务团呼吁对巴基斯坦采取强硬政策,与政府尝试改善印巴关系的政策取向也存在矛盾。

1994年至2000年,拉金德拉·辛格(Rajendra Singh)担任国民志愿服务团最高领袖。辛格与瓦杰帕伊于20世纪40年代相识,保持了较好的个人关系。瓦杰帕伊就任总理后,辛格公开称赞瓦杰帕伊是富有才干的领导人,能够领导印度人民党迅速崛起。作为最高领袖,辛格的态度立场为国民志愿服务团和印度人民党的合作关系提供了基本保障。辛格通常只讨论宏观层面的印度教民族主义议题,并不直接干涉瓦杰帕伊政府的具体政策制定。同时,在重要的政治问题上,辛格要求国民志愿服务团服从于政府决定,避免让印度人民党政府陷入难堪。因此,瓦杰帕伊政府执政初期,国民志愿服务团与印度人民党虽然产生一些分歧,但二者的紧张关系并没有激化。瓦杰帕伊也指出如果辛格能够继任最高领袖,政府与国民志愿服务团的沟通协调将比较顺利。然而,印度教民族主义的保守派和强硬派苏达山于2010年接任最高领袖,开始重新树立国民志愿服务团对印度人民党的意识形态权威地位,甚至公开批评瓦杰帕伊政府的政策路线,认为政府不能按照国民志愿服务团的理念治理国家。2000年以后,苏达山与瓦杰帕伊的个人关系日趋紧张,导致国民志愿服务团与印度人民党的关系也逐步恶化。[①]

[①] 通常国民志愿服务团最高领袖要比印度人民党主席年长且资历更深,也体现了国民志愿服务团相对印度人民党的意识形态权威地位。然而,苏达山从资历和政治影响力上均不如瓦杰帕伊和阿德瓦尼,因此,也在一定程度上造成了国民志愿服务团与印度人民党的紧张关系。

（三）国民志愿服务团与政府建立政策沟通机制

国民志愿服务团与瓦杰帕伊政府的矛盾集中体现在意识形态的纯洁性、"斯瓦德希"的经济政策和重建罗摩庙等方面。例如，世界印度教大会积极推进重建罗摩庙议题，对瓦杰帕伊政府的拖延政策十分不满。另外，印度工人联合会倡导"斯瓦德希"理念，公开反对政府的经济自由化改革。国民志愿服务团试图扮演"政府导师"的角色，但也不得不承认瓦杰帕伊政府只是印度人民党组建的联合政府，而不是能够完全听命于国民志愿服务团的"印度人民党的政府"。随着国民志愿服务团与瓦杰帕伊政府的矛盾分歧不断升级，二者建立了一定的政策沟通机制，以此保障团家族内部的政策协调与力量平衡。

组织书记是团家族内部沟通协调的关键，国民志愿服务团联合总书记与团家族成员组织的组织书记保持密切的政策沟通，能够有效化解团家族内部的矛盾分歧。瓦杰帕伊政府时期，国民志愿服务团通过联合总书记马登达斯·戴维（Madan Das Devi）在国民志愿服务团、团家族成员组织和印度人民党之间沟通协调。同时，国民志愿服务团与瓦杰帕伊政府还建立了非正式的政策沟通机制。国民志愿服务团高层干部不定期地与联邦部长、印度人民党领导干部在瓦杰帕伊总理官邸进行政策沟通，推动了政府相关政策的制定与实施。2002年10月，国民志愿服务团要求与政府举行高层对话会，对政府执政绩效进行评判并提出改进建议。对话会主要聚焦经济政策、对巴基斯坦的政策和重建罗摩庙议题，瓦杰帕伊、阿德瓦尼、印度人民党主席奈杜（Venkaiah Naidu）和国民志愿服务团最高领袖苏达山、联合总书记谢夏德里（H. V. Seshadri）等均出席。瓦杰帕伊和苏达山同时出席对话会标志着国民志愿服务团与政府关系的缓和，二者的政策沟通渠道也逐步扩大。

（四）印度人民党的内部分裂与竞选失败

国民志愿服务团与印度人民党的紧张关系也造成了印度人民党的内部分裂，以瓦杰帕伊为代表的温和派和以阿德瓦尼为代表的强硬派逐渐产生分歧，而后者得到了国民志愿服务团的支持。2002年2月，古吉拉特邦发生大规模的印穆冲突骚乱，瓦杰帕伊要求时任首席部长莫迪引咎辞职。然而，莫迪针对穆斯林的强硬态度获得了国民志愿服务团和团家族的大力支持。阿德瓦尼极力反对莫迪辞职，甚至以退出内阁相威胁。印度人民党全国委员会驳回了莫迪的辞职申请，建议邦政府解散并重新进行选举。此后，古吉拉特邦政府解散并于 12 月举行选举。印度人民党获胜，莫迪再次出任首席部长。该事件进一步加剧了印度人民党温和派与强硬派的冲突分裂。

国民志愿服务团与印度人民党合作关系破裂的最终后果是 2004 年印度人民党竞选失败。国民志愿服务团宣称印度人民党淡化意识形态是导致其下台的根本原因，该组织发言人马达夫表示："感觉在过去的四五年间，印度教特性的意识形态被削弱了。"[1] 随着印度人民党竞选失败，国民志愿服务团与印度人民党的关系也持续恶化。苏达山指出实现国民志愿服务团的最终目标与印度人民党是否执政无关，似乎在与竞选失利的印度人民党划清界限。长期以来，国民志愿服务团与印度人民党始终保持着竞选动员的合作关系，尤其是 1977 年、1996 年、1998 年和 1999 年等几次大选中，国民志愿服务团先后组织大量志愿者投入竞选动员活动，对印度人民党赢得选举发挥了至关重要的作用。然而，二者的竞选合作关系出现过两次中断，国民志愿服务团撤回了对印度人民党的竞选支持，第一次是 1984 年，第二次就是 2004 年。国民志愿服务团两次撤回支持的根本原因就是印度人民党的行动路线偏离了团家族的意识形态框架。

二 国民志愿服务团对印度社会政治发展的影响

瓦杰帕伊政府希望搁置备受争议的印度教民族主义议题，通过淡化意识形态的方式维持联合政府的稳定性。因此，并不希望与国民志愿服务团的关系太近，也不希望后者过多地影响政府决策过程。然而，国民志愿服务团则通过干预政府人员任命、推行印度教民族主义议题等方式，试图影响瓦杰帕伊政府的决策过程。总体上，在瓦杰帕伊政府期间，国民志愿服务团对政府的社会、教育和文化等政策领域施加了一定的影响，政府出台的部分公共政策带有了明显印度教民族主义底色。

（一）推动印度教民族主义的复兴

20 世纪 90 年代中后期，随着印度人民党意识形态和行动路线的温和化转向，印度教民族主义的发展态势趋于平稳。印度人民党执政之后，国

---

[1] Christophe Jaffrelot, "The BJP and the 2004 general election: dimensions, causes and implications of an unexpected defeat", in Adeney, Katharine and Saez, Lawrence, eds. *Coalition Politics and Hindu Nationalism*, London: Routledge, 2007, p. 248.

民志愿服务团积极尝试通过政府层面推动印度教民族主义议题，试图将印度教民族主义意识形态以国家政策的名义渗透到社会、教育和文化领域，直接推动了 21 世纪初印度教民族主义的复兴。

禁止屠牛是国民志愿服务团长期坚持的核心议题，该问题同时涉及宗教情感、经济理性和文化政治，历来备受争议。[①] 国民志愿服务团试图改变部分禁止屠牛的局面，实现全国统一的禁止屠牛立法。20 世纪 60 年代，国民志愿服务团曾发起了大规模的"圣牛保护"运动。然而，在此后的 30 余年间，"圣牛保护"议题的关注度和影响力逐渐下降。印度人民党执政后，国民志愿服务团重新启动了"圣牛保护"议题，积极推动在中央和各邦立法，禁止屠牛和牛肉交易。2000 年，国民志愿服务团通过决议，呼吁瓦杰帕伊政府通过立法在全国范围禁止屠牛。2001 年，该组织再次通过议表示："'圣牛保护'关系到印度教、耆那教、佛教、锡克教等宗教信仰，政府应尽早通过立法实现全国禁止屠牛。"[②] 同时，国民志愿服务团还呼吁政府成立"圣牛保护"委员会。瓦杰帕伊政府随后成立了全国牛类政策委员会，该机构致力于推动制定关于保护牛类的政策和立法。2003 年 8 月，印度政府内阁拟定了一则在全国范围禁止屠牛的法案，然而在议会投票时遭到反对党的反对，最终没有通过。

由于 1992 年的阿约迪亚事件，罗摩出生地运动被政府镇压而逐渐衰落。印度人民党执政以后，国民志愿服务团试图复兴重建罗摩庙议题，并多次通过决议，呼吁政府尽快立法允许修建罗摩庙。2001 年，国民志愿服务团授权世界印度教大会下设的宗教会议继续推进重建罗摩庙。国民志愿服务团要求政府尊重印度教徒的宗教情感，为重建罗摩庙扫清一切法律障碍。2002 年，国民志愿服务团通过决议，强调罗摩出生地运动团结了不同种姓、宗教、地区和语言的人民，呼吁政府尽快立法允许重建罗摩庙。2003 年，国民志愿服务团在决议中表示："恢复印度教圣地的往日荣耀是国家的责任，阿约迪亚问题不是印度教徒与穆斯林之间的争议，而是代表了国家的尊严和荣誉。"[③] 国民志愿服务团反复对政府进行舆论施压，在这种情况下，瓦杰帕伊开始改变了对重建罗摩庙问题的态度。2000 年，

[①] 吴晓黎：《解析印度禁屠牛令争议——有关宗教情感、经济理性与文化政治》，《世界民族》2016 年第 5 期。

[②] Dharmendra Kaushal, *R. S. S. RESOLVES: 1950 – 2007*, p. 296.

[③] Dharmendra Kaushal, *R. S. S. RESOLVES: 1950 – 2007*, pp. 320 – 321.

瓦杰帕伊表示可以在阿约迪亚的争议地修建罗摩庙，另外选择一个地方修建清真寺。2003年，瓦杰帕伊在阿约迪亚发表演讲时强调要清除所有障碍，推动重建罗摩庙。虽然关于阿约迪亚争议土地的法院判决仍然没有实质进展，但瓦杰帕伊态度的转变标志着政府对印度教民族主义议题的默许和支持，也推动了印度教民族主义的复兴。

（二）开始教育文化领域的"橘黄色化"

国民志愿服务团自成立之初就致力于通过沙卡进行品格塑造，由于沙卡的数量、规模和影响范围有限，因此，该组织通过开办学校的方式，积极推行印度教民族主义教育。1952年，国民志愿服务团开设了"萨拉斯瓦蒂学生神庙"，传授印度教民族主义的思想观念。1977年，国民志愿服务团成立分支组织负责在全国开设学校和教育机构。此外，国民志愿服务团还尝试影响印度国民教育体系，通过禁用、修改和重新编写历史教科书的方式，在青少年群体中推行印度教民族主义的价值理念。随着印度人民党执政，国民志愿服务团试图影响政府教育政策的制定实施，积极推进教育文化领域的"橘黄色化"。

瓦杰帕伊政府时期，国民志愿服务团主要依靠政府内部的印度教民族主义激进派力量，不断推进印度教民族主义的教育政策。在国民志愿服务团的极力推荐下，莫里·曼诺哈·乔希担任人力资源与发展部部长，[①] 他通过任命支持国民志愿服务团的人员担任学校和教育文化机构负责人、修改历史教科书、增设梵语和瑜伽等课程的方式，积极推行印度教民族主义的教育政策。乔希就任之后，任命了一批与国民志愿服务团关系紧密的人员担任主要教育和文化机构负责人。例如，格罗弗（B. R. Grover）被任命为印度历史研究委员会主席，并试图证明巴布里清真寺的原址存在一座印度教神庙。同时，一些支持国民志愿服务团的人员先后担任国家教育研究与培训委员会、印度社会科学研究委员会、印度高等研究院、印度考古研究所、印度哲学研究所等机构的负责人或委员会成员。此外，国民志愿服务团还试图控制高校的管理运行，严重削弱了德里大学等知名高校的学术独立性。上述教育和文化机构按照国民志愿服务团的意识形态制定和推行教育文化政策，直接推动了印度社会、教

[①] 乔希曾于1991年担任印度人民党主席，是印度教民族主义激进派的代表人物。当时的人力资源与发展部是印度主管教育的政府部门，职能相当于教育部。

育和文化领域的"橘黄色化"。

在乔希的支持和推动下，教育部门按照国民志愿服务团的意识形态改写历史教科书，删除不符合印度教民族主义叙事话语的内容。在国民志愿服务团的历史观中，雅利安人是南亚次大陆的原住民，穆斯林入侵南亚次大陆是印度的民族耻辱。试图贬低并否认穆斯林统治时期的历史文化，树立吠陀文明和雅利安文化的正统性，突出提拉克、萨瓦卡等印度教民族主义代表人物的历史地位。乔希曾表示："雅利安人侵南亚次大陆的说法是错误的，没有任何观点比这更能对民族统一造成伤害。"[1] 实际上，早在人民党政府期间，人民同盟就试图禁止使用部分不符合印度教民族主义叙事话语的教科书，包括"古代印度""现代印度"和"自由斗争"等历史教科书，后因大规模的抗议而被迫中止。2001年，瓦杰帕伊政府颁布了国家课程框架，正式开始修改教科书计划。政府要求全国教育研究和培训委员会对正在使用中的历史教科书进行全面评估，根据评估报告结果，41本教科书中存在"贬低印度教"和"赞美穆斯林"的内容。政府决定删除4本历史教科书中共计16页的内容，[2] 具体包括古代印度食用牛肉的习惯，考古发现无法证实阿约迪亚曾建有罗摩庙等内容。阿玛蒂亚·森、比潘·钱德拉等印度学者公开批评国民志愿服务团对教育文化领域的控制和影响，却被苏达山认为是"反印度教的"，乔希甚至将他们称为"知识恐怖分子"并指出："他们制造的问题比跨境恐怖主义更加危险。"[3] 印度人民党发言人马赫拉（V. K. Malhotra）表示教科书的内容伤害了印度教徒的宗教情感，因此必须删除。瓦杰帕伊也称赞乔希推行的教育政策，他指出："我看到反对者指责乔希将教育体系变得'橘黄色化'，橘黄色是印度教敬献仪式的颜色，我们鼓励这种颜色。"[4]

此外，政府教育部门还在学校中增设宣扬印度教民族主义的课程内容。国民志愿服务团认为目前的历史教科书，没有充分体现萨瓦卡、海德

---

[1] Christophe Jaffrelot, *Hindu Nationalism: A Reader*, p. 278.

[2] 参见 Delhi Historians' Group, *Communalization of Education: The History Textbooks Controversy*, 2001。

[3] Aditya Mukherjee and Mridula Mukherjee, "Remembering Historian Arjun Dev, Who Spearheaded the Effort to Create Modern Textbooks", *The Wire*, April 3, 2020, https://thewire.in/education/arjun-dev-historian-tribute.

[4] J. Kuruvachira, *Politicisation of Hindu Religion in Postmodern India*, Jaipur: Rawat Publications, 2008, p. 35.

格瓦等人在独立运动中的地位和作用,应该加入相关的介绍内容。另外,国民志愿服务团强调,如果不了解梵语就无法充分认识古代印度的历史文化,呼吁大力推广梵语教育,将《薄伽梵歌》等加入课程内容。总之,国民志愿服务团以宗教情感的名义,借用国家政策的外衣,积极推行印度教民族主义的教育文化政策。教育文化领域"橘黄色化"的最大危害在于严重挤压了世俗主义的话语体系,将印度教民族主义的意识形态和价值观念灌输给印度的年青一代,这种深刻影响将在印度未来社会政治发展过程中逐步显现和放大。

(三) 助长对宗教少数群体的暴力事件

长期以来,国民志愿服务团将印度的穆斯林和基督教徒视为"外来入侵者",不断对其进行污名化和妖魔化。例如,国民志愿服务团将印度的穆斯林称为"第五纵队",同时,指控基督教传教士的传教活动是"阴谋颠覆活动"。印度人民党执政之后,伴随着社会文化领域的"橘黄色化",国民志愿服务团针对宗教少数群体的态度和立场更为激进,由此引发了较多的教派冲突和暴力伤害事件。由于政府的默许和纵容,印度教民族主义势力的暴力活动没有得到及时镇压,导致少数群体的社会地位和生存空间受到打压,不断边缘化。

阿约迪亚"寺庙之争"一直是印穆冲突的主要焦点和隐患,并导致了印度独立后最严重的教派冲突事件之一——2002 年发生在古吉拉特邦的印穆冲突骚乱。[①] 时任古吉拉特邦首席部长莫迪被指责纵容印度教徒对穆斯林的报复行为,事件引发了国际社会的强烈谴责,美国以莫迪破坏宗教自由为由对其进行制裁。瓦杰帕伊在事发后前往古吉拉特邦,他表示不能基于种姓和宗教而区别对待人民,莫迪则态度强硬地为政府在冲突骚乱中不作为进行辩护。由于面临来自国际和国内层面的舆论压力,瓦杰帕伊要求莫迪引咎辞职,最终决定解散古吉拉特邦政府并重新进行选举。然而,莫迪再次当选首席部长,似乎并未对事件付出代价。迫于国民志愿服务团和印度人民党的施压,瓦杰帕伊此后也改变了态度,他表示:"如果不是穆斯林对火车纵火,烧死无辜乘客的预谋,后面的悲剧本可以避免。

---

① 2002 年 2 月,古吉拉特邦戈德拉火车站的一列火车被纵火,造成 59 人丧生,列车乘客主要是印度教徒。印度教徒宣称是穆斯林蓄意纵火,此后古吉拉特邦发生了印度教徒与穆斯林的大规模冲突骚乱。当时莫迪担任古吉拉特邦首席部长,但政府和警察放任不作为,骚乱升级为针对穆斯林的报复屠杀,共造成 1000 余人丧生,该事件也被称为"古吉拉特大屠杀"。

事件后续发展的确令人谴责,但是谁先放的火?"① 国民志愿服务团宣称对火车纵火是穆斯林有预谋的报复行动,要让穆斯林意识到他们的生命安危掌握在多数群体(印度教徒)的手里。② 在古吉拉特邦政府的默认和纵容下,相关肇事人员没有受到法律制裁。政府逮捕了一些肇事的印度教徒,也是先抓后放,明显袒护印度教徒。③ 该事件在穆斯林群体中制造了大范围的恐慌情绪。

此外,国民志愿服务团一直抵制基督教的传教活动,认为针对印度教徒的改宗不但破坏印度教社会的团结,还助长了东北部边境地区的分离主义势力。1999年1月,奥迪萨邦的基督教传教士格雷厄姆·施泰涅斯和他的两个儿子被印度青年民兵纵火烧死,④ 理由是他将部落居民强行改宗为基督教徒,该事件是印度教民族主义势力迫害基督教徒的重要标志性事件。除对基督传教士进行人身攻击外,印度教民族主义者还蓄意破坏基督教堂,导致印度教徒与基督教徒的冲突不断加剧。阿德瓦尼曾指出1998年共发生了116起针对基督教徒的暴力犯罪活动。⑤ 1999年教皇约翰·保罗二世访问印度,他强调人们有权选择自己的宗教信仰,并在印度教重要节日排灯节当日发起号召,呼吁更多亚洲地区的人民改宗基督教。⑥ 约翰·保罗的言论和行动引发了国民志愿服务团的抵制,该组织随即通过决议呼吁亚洲和印度人民警惕基督教的"邪恶用心",并粉碎任何诋毁印度教的企图。同时,为抵制改宗行为,国民志愿服务团还发起"回家"运动,号召将改宗基督教的印度教徒改回印度教的宗教信仰。

---

① Kingshuk Nag, *The Saffron Tide*:*The Rise of The BJP*, p. 196.
② Dharmendra Kaushal, *R. S. S. RESOLVES*:*1950 – 2007*, p. 305.
③ 张四齐、宋丽萍:《透视印度宗教危机管理机制——古吉拉特教派冲突个案分析》,《南亚研究季刊》2004年第1期。
④ 格雷厄姆·施泰涅斯(Graham Staines)是澳大利亚的基督教传教士,1965年到印度奥迪萨邦马约约巴哈尼传教。1999年1月22日,格雷厄姆·施泰涅斯和他的两个儿子在吉普车中休息,世界印度教大会下属的印度青年民兵组织成员达拉·辛格(Dara Singh)带领暴徒对汽车纵火。
⑤ Maanvi, "Why India Shouldn't Forget the Murder of Graham Staines", *The Quint*, January 22, 2020, https://www.thequint.com/explainers/why-india-shouldnt-forget-graham-staines-murder-gladys-staines-dara-singh-bajrang-dal-christianity-odisha-saibo.
⑥ Uli Schmetzer, "POPE CONCLUDES VISIT TO INDIA WITH CALL FOR CRUSADE IN ASIA", *Chicago Tribune*, November 8, 1999, https://www.chicagotribune.com/news/ct-xpm-1999-11-08-9911080178-story.html.

三 国民志愿服务团对印度外交战略和政策的影响

国民志愿服务团以复兴吠陀文化,建设印度教国家为使命,坚持从印度古代典籍中汲取指导思想。无论是印度两大史诗《摩诃婆罗多》和《罗摩衍那》,还是考底利耶的《政事论》,其中都蕴含了好战尚武的观念,具有一定的霸权思想和现实主义取向。在罗摩出生地运动时期,国民志愿服务团将罗摩描绘为正义勇武的战神,捍卫印度教国家的尊严,反映了国民志愿服务团好战强硬的一贯立场,这种霸权思想和强硬立场深刻塑造了国民志愿服务团的国家安全和外交战略观。国民志愿服务团信奉"统一的印度"观念,将南亚次大陆视为一个整体,捍卫印度在南亚和印度洋地区的主导性地位。因此,国民志愿服务团倡导积极防御的国家安全和外交战略政策,防范巴基斯坦和中国等周边国家的威胁和挑战。

印度政府的外交决策权力集中在以总理为核心的内阁,作为少数党联合政府,瓦杰帕伊政府内阁中除瓦杰帕伊和阿德瓦尼等为国民志愿服务团宣传干部外,多为非国民志愿服务团背景的其他执政党成员,处于政府外部的国民志愿服务团难以直接参与政府的决策过程。因此,国民志愿服务团主要通过观念塑造、政策沟通和舆论施压等方式对政府决策施加影响,其中观念塑造的影响最为明显。瓦杰帕伊出身于国民志愿服务团并深受其意识形态影响,但是在外交政策理念上倾向于务实主义,与国民志愿服务团的激进主义立场有所不同。在核政策等领域,瓦杰帕伊政府与国民志愿服务团的立场一致,相关政策是二者"合力"的结果,政策推行过程也比较顺利。然而,在与巴基斯坦和中国关系等领域,二者的立场存在分歧,政府政策的制定和执行受到国民志愿服务团的掣肘,在一定程度上削弱了相关政策的实际效果。

(一) 重启核试验与积极防御的核政策

自印度独立以来,国民志愿服务团就一直呼吁印度加强国防建设,加快研发核武器。1964 年 10 月,中国首颗原子弹爆炸成功,消息引起了国民志愿服务团的强烈反应,该组织于次年通过决议指出:"中国已经拥有核武器,我们也必须拥有。"[①] 国民志愿服务团强调印度要在军事力量尤其是核武器上与中国对等,从而实现对中国的有效制衡。1966 年,萨瓦卡在

---

① Dharmendra Kaushal, *R. S. S. RESOLVES*: *1950 – 2007*, p. 46.

去世之前也呼吁印度政府尽快研发核武器。国民志愿服务团认为尼赫鲁—甘地的政治遗产助长了"失败主义"、"伪世俗主义"和内部分裂，应该被完全抛弃，取而代之的是在国家安全问题上采取更加积极进取的政策。①

英·甘地政府曾于1974年5月进行印度首次核试验，当时，人民同盟将核试验之日称为印度历史上的重要纪念日。在此后的20余年间，包括拉奥等在内的多位总理曾尝试重启核试验，但都因为美国监测卫星发现和制裁威胁而被迫中止。② 1996年，国民志愿服务团通过决议指出："巴基斯坦不遗余力地争取成为核武器国家，我们强烈要求政府制造核武器和远程导弹，为保护国家安全不能有半点耽搁，也不能屈从于任何国际压力。"③ 5月，瓦杰帕伊首次出任总理后迅速着手重启核试验，然而，由于政府在执政13天后解散，重启核试验计划也就此破产。1998年，印度人民党在竞选宣言中强调核武器是国家荣耀的象征，并承诺印度要获得核国家地位。在第二次出任总理后，瓦杰帕伊继续秘密筹划重启核试验。5月11日，印度连续进行了3次核试验，代号分别为沙克蒂1号、沙克蒂2号和沙克蒂3号。次日，瓦杰帕伊对外宣布核试验成功。5月13日，印度又进行了2次核试验，代号为沙克蒂4号和沙克蒂5号。本次核试验计划完全由总理办公室掌控，在政府内阁中也高度保密，核试验避开了美国的卫星侦查并取得成功。

瓦杰帕伊政府的核试验引发了国际社会的震惊和谴责，美国克林顿政府宣布对印度实施经济制裁，欧洲国家和日本也停止对印度提供援助。坚持制造核武器和重启核试验是国民志愿服务团的一贯立场，瓦杰帕伊曾表示"对付原子弹最好的办法就是原子弹"。因此，国民志愿服务团关于核武器的立场深刻影响了瓦杰帕伊政府的核政策。核试验之后，瓦杰帕伊对外表示："我们的核武器不针对任何国家，而是为了自我防卫。然而一旦情况所迫，我们会毫不犹豫地使用。"④ 为避免美国的制裁，瓦杰帕伊致

---

① Pralay Kanungo, *RSS's Tryst with Politics*: *From Hedgwar to Sudarshan*, p. 235.

② 例如，1995年，拉奥政府计划在博科兰进行核试验，但被美国中央情报局侦察发现，美国表示将进行制裁，核试验计划被迫中止。1996年，拉奥政府再次尝试进行核试验，但又因为美国中情局发现而被迫中止。

③ Dharmendra Kaushal, *R. S. S. RESOLVES*: *1950 – 2007*, p. 245.

④ Rama Lakshmi and Sopan Joshi, "Atal Bihari Vajpayee, prime minister who made India a nuclear power, dies at 93", *The Washington Post*, Agust 16, 2018, https://www.washingtonpost.com/local/obituaries/atal-bihari-vajpayee-prime-minister-who-made-india-a-nuclear-power-dies-at-93/2018/08/16/e04da47e-a150-11e8-93e3-24d1703d2a7a_ story.html.

信克林顿,澄清进行核试验的原因和立场,《纽约时报》次日全文刊发信件内容。瓦杰帕伊在信中表示核试验的原因在于印度的安全环境不断恶化,为平息事态,瓦杰帕伊随后宣布暂停核试验,同时承诺不首先使用核武器。

苏达山曾指出:"我们是一个英勇智慧的民族,有能力成为世界领袖,但是唯一的不足是缺乏武器,尤其是高质量的武器。"[1] 言外之意就是印度必须拥有核武器,核试验满足了国民志愿服务团长期以来对加强印度国防建设的诉求。另外,国民志愿服务团还建议在核试验地点修建印度教神庙,纪念"印度教核弹"的诞生。2003 年,国民志愿服务团中央执行委员会通过决议表示:"印度成为核武器国家增强了国际声望,而且目前的国际形势要求印度必须更加强大。"[2]

国民志愿服务团对巴基斯坦和中国具有天然的戒备心理和防范意识,其国家安全和外交战略观念也主要基于对中国和巴基斯坦的威胁认知,并深刻影响了瓦杰帕伊政府的核政策。印度进行核试验反映出印度精英阶层认同团家族激进和好战的民族主义思维。[3] 瓦杰帕伊政府改变了尼赫鲁时期的和平核政策,转向更为积极防御的核政策,既符合国民志愿服务团的一贯诉求,也符合瓦杰帕伊实用主义的国防和外交政策原则。另外,瓦杰帕伊还将核政策置于不结盟传统的框架下,认为发展核武器是为了实现战略自主。他强调:"我们的政策是将国家引向自力更生,在思想和行动上独立的道路,核试验是这一政策的延续。"[4]

核试验虽然引发了来自国际层面的舆论压力和制裁,但印度在没有签署《核不扩散条约》和《全面禁止核试验条约》的情况下,成为实际拥有核武器的国家,对于提升印度的国防实力和国际地位具有标志性的意义。同时,印度人民党以国家安全为由化解了国际舆论指责,成功地塑造了印度负责任的核大国形象。[5] 然而,印度发展核武器成为南亚地区核军

---

[1] Pankaj Mishra, "The Other Face of Fanaticism", *The New York Times Magazine*, Feburary 2, 2003, https://www.nytimes.com/2003/02/02/magazine/the-other-face-of-fanaticism.html.

[2] Dharmendra Kaushal, *R. S. S. RESOLVES*: *1950 - 2007*, p. 326.

[3] John McGuire and Ian Copland, eds., *Hindu Nationalism and Governance*, New Delhi: Oxford University Press, 2009, pp. 380 - 381.

[4] Sujata K. Dass, *Atal Bihari Vajpayee*: *Prime Minister of India*, New Delhi: Kalpaz Publications, 2004, p. 40.

[5] 陈小萍:《印度教民族主义与独立后印度政治发展研究》,第 142—143 页。

备竞赛的重要原因之一,对中国的国家安全也形成某种潜在挑战。① 另外,在印度核试验之后两周内,巴基斯坦做出迅速回应并后进行了两次核试验,进一步加剧了印巴双边和南亚地区的紧张局势。

(二) 阻碍印巴关系的正常化

印巴关系构成了印度外交政策的核心之一,瓦杰帕伊对印度外交的重要贡献就是主动改善与巴基斯坦、中国等周边国家的关系,他在谈及印巴关系时指出国家可以选择盟友,但无法选择邻居,② 积极推动印巴关系的正常化。然而,由于国民志愿服务团和印度人民党对巴基斯坦持有一贯的敌对态度,将巴基斯坦视为扶植恐怖主义势力的"大本营",将印度的穆斯林指控为"第五纵队"。同时,在影响印巴关系的核心——克什米尔问题上立场强硬,少有余地。尽管瓦杰帕伊进行各种尝试和努力,但无法得到印度人民党和国民志愿服务团的有效支持,导致主动改善双边关系的协议、宣言等仅仅停留在纸面,印巴关系也难以真正走向正常化。

20世纪70年代,时任德赛政府外交部部长的瓦杰帕伊就倡导与巴基斯坦、中国改善关系。1977年,瓦杰帕伊在联合国大会演讲时针对国家间关系提及"世界一家"的理念,释放了改善对外关系的积极信号。1998年,瓦杰帕伊就任总理后开始主动改善印巴关系。1999年2月,瓦杰帕伊以"巴士外交"为起点开启了印巴关系正常化的进程。在巴基斯坦总理纳瓦兹·沙里夫的邀请下,瓦杰帕伊乘坐首次通航的巴士由印度新德里前往巴基斯坦拉合尔,并到访巴基斯坦独立纪念塔。该塔是巴基斯坦建国的纪念标志,印度总理的到访此处对于改善双边关系具有标志性的意义。其间,瓦杰帕伊表示一个强大和稳定的巴基斯坦符合印度的最佳利益。2月21日,印巴两国签署拉合尔宣言,明确两国应避免核军备竞赛和冲突,致力于解决包括克什米尔在内的各类问题。在1998年印巴先后进行核试验的紧张氛围下,拉合尔宣言成为两国主动改善双边关系的重要里程碑。然而,5月印巴陷入战争对抗,因巴基斯坦军队越过卡吉尔地区印巴实际控制线,瓦杰帕伊政府发起代号为"胜利行动"的作战计划,

---

① 夏立平:《论印度核政策与核战略》,《南亚研究》2007年第2期。
② "You can change friends, not neighbours", *The Economic Times*, May 9, 2003, https://economictimes.indiatimes.com/you-can-change-friends-not-neighbours/articleshow/45796501.cms?from=mdr.

印度收回被占土地，巴基斯坦军队撤回实际控制线。卡吉尔战争的胜利为瓦杰帕伊政府赢得了国内民众和国民志愿服务团的支持，同时，也向外界展示了印度的大国形象和军事实力，瓦杰帕伊在印度人民党和国民志愿服务团中的影响力和威信迅速提升。

继卡吉尔战争之后，印度接连遭受三起来自巴基斯坦恐怖组织的袭击，将印巴紧张关系推向白热化。1999年12月，一架印度航空客机遭到巴基斯坦恐怖组织伊斯兰游击队组织（Harkat-ul-Mujahideen）劫持。2001年10月，克什米尔立法会遭到巴基斯坦恐怖组织穆罕默德军（Jaish-e-Mohammed）的炸弹袭击。12月，新德里国会大厦遭到巴基斯坦恐怖组织虔诚军（Lashkar-e-Taiba）和穆罕默德军的袭击。恐怖袭击频发的紧张局势意味着战争一触即发，瓦杰帕伊政府面临巨大的国内和国际舆论压力。然而，瓦杰帕伊仍然坚持避免印巴走向全面对抗，积极改善双边关系。2001年7月，瓦杰帕伊邀请巴基斯坦总统佩尔韦兹·穆沙拉夫在阿格拉举行会晤，尝试为卡吉尔战争和恐怖袭击造成的紧张关系降温。2003年4月，瓦杰帕伊访问查谟和克什米尔，公开表示希望与巴基斯坦改善关系。随后，瓦杰帕伊提出了解决克什米尔问题的三点原则：人性、和平与克什米尔人民的尊严。11月，巴基斯坦提出在实际控制线停火并得到了瓦杰帕伊政府的同意。2004年1月南亚区域合作联盟峰会期间，印巴双方发表联合声明，巴基斯坦承诺不支持恐怖主义，双方通过开展对话解决相关问题。此外，穆沙拉夫提出了解决克什米尔问题的四点准则，即确认克什米尔争议区域、去军事化、保持自治、建立印巴双发联合管理或协商机制，尝试在印巴双方均不损失占领土地的情况下解决问题，标志着巴基斯坦针对克什米尔问题的强硬立场发生关键转变。

然而，在克什米尔问题上，国民志愿服务团的强硬立场与瓦杰帕伊的温和路线产生了较大分歧，国民志愿服务团和印度人民党强硬派也成为瓦杰帕伊政府改善印巴关系的主要障碍。2001年，国民志愿服务团就克什米尔问题通过决议强调："印度政府作出在实际控制线停火的决定并没有取得预期效果，尽管对峙有所降温，但恐怖主义活动却没有停止。叛乱和恐怖主义需要用铁腕镇压，我们要赋予安全部队自由决策和行动权，将实际控制线附近的恐怖主义训练营捣毁。"[1] 国民志愿服务团认为虽然印度

---

[1] Dharmendra Kaushal, *R. S. S. RESOLVES: 1950 – 2007*, pp. 293 – 294.

主动与巴基斯坦改善关系，但并没有解决恐怖主义活动等问题，呼吁政府采取军事行动进行镇压。6月，国民志愿服务团针对即将举行的阿格拉会晤通过决议指出："巴基斯坦无权干涉克什米尔山谷的土地划分，穆斯林不能获得巴基斯坦提出的任何特殊地位。查谟和克什米尔以及巴基斯坦非法占领的土地都是印度不可分割的领土。"① 该组织始终强调印度在克什米尔问题谈判中不能进行任何妥协，并对瓦杰帕伊政府的政策立场提出抗议。此外，国民志愿服务团还呼吁政府将查谟设为邦，将拉达克设为联邦属地，全力支持克什米尔并入印度。总之，国民志愿服务团的强硬立场和舆论施压使得克什米尔问题谈判陷入僵局，瓦杰帕伊政府难有政策妥协回旋的余地。

（三）影响中印双边关系的改善

国民志愿服务团强调印度在南亚次大陆的主导性地位，但认为中国对印度国家安全形成了天然威胁，一直对中国持防范和警惕的态度。印度独立初期，国民志愿服务团就公然宣称"中国在战略和文化上不断向印度扩张"。20世纪50年代末，格尔瓦卡提出"要警惕中国"。1959年，国民志愿服务团通过决议呼吁政府尽快采取政策有效应对中国的威胁。1962年中印边境战争前后，国民志愿服务团连续发布多份决议，呼吁印度政府拒绝谈判，对中国采取强硬政策，以捍卫印度的国家主权和领土完整。此外，作为国民志愿服务团的政治分支组织，人民同盟也长期对中国持警惕和敌对态度。

20世纪五六十年代，瓦杰帕伊对中国的态度立场与国民志愿服务团和人民同盟一致，整体上比较消极敌对。当他担任德赛政府外交部部长之后，意识到印度要成为世界大国必须改善与周边国家的关系，对中国的态度立场出现明显转变。1979年2月瓦杰帕伊访问中国，这是中印边境战争之后首次印度高层领导访问中国。本次访问被视为结束两国因战争长期对峙的"融冰之旅"，其间也确定了边界问题不阻碍双边关系发展的基本原则。印度人民党执政之后，瓦杰帕伊总理于2003年再次访问中国，并公开表态承认"西藏是中国不可分割的领土"。其间，两国建立了中印边境问题特别代表机制，印度国家安全顾问布拉杰什·米希拉被任命为印方代表。此外，两国还签署了《中印关系原则和全面合作宣言》。总之，瓦

---

① Dharmendra Kaushal, *R. S. S. RESOLVES*: *1950 – 2007*, p. 298.

第六章　印度人民党执政时期国民志愿服务团对内政外交的影响　　183

杰帕伊采取务实主义的外交政策原则，访华期间取得了一些标志性的成果，对改善中印关系发挥了重要的示范和引领作用。

　　瓦杰帕伊的表态标志着印度政府对所谓"西藏问题"立场的重要转变，但引起了国民志愿服务团的强烈反对。该组织宣称印度承认西藏是中国领土相当于主动放弃了遏制中国的有力工具。国民志愿服务团发言人罗摩·马达夫表示："尽管总理访问中国带来了经济和贸易上的利益，但是我们对政府在'西藏问题'上的立场并不赞同。"① 2003 年，国民志愿服务团对国际形势和印度安全进行评估时指出："在印度人民党执政的五年内，印度的国际地位显著提升。然而，外交政策的核心目标是保护国家利益和领土完整，国家领导人没有对边境安全表现出足够的关注和敏感性。"②

　　尽管瓦杰帕伊政府努力改善中印关系，避免边界问题影响经贸合作，并取得了一些标志性成果。然而，瓦杰帕伊政府的对华政策始终面临国民志愿服务团的施压和掣肘。尤其是国民志愿服务团大肆炒作中印边界和所谓"西藏问题"，在国内制造反华的民族主义情绪，加之中印边界历史遗留问题以及 1962 年中印边境战争受挫的心理包袱，瓦杰帕伊政府的对华政策面临着巨大的国内舆论压力，导致中印双边关系的改善困难重重，难有实质性的突破和进展。

第二节　莫迪政府时期

　　2004 年 5 月，国大党领导的联合进步联盟赢得第 14 届大选，印度人民党从执政党转变为反对党的角色。在此后的十年间，印度人民党一直保持着议会最大反对党的地位。由于印度人民党失去了执政机会，国民志愿服务团的制度化政治渠道有效性迅速降低，尽管印度人民党作为反对党对国大党政府决策能够发挥一定的制衡作用，但整体上的影响比较有限。2014 年 5 月，莫迪领导的印度人民党以绝对多数赢得大选，结束了印度政局长达三十年的"悬浮议会"状态。国民志愿服务团有效推动了印度

---

① Shekhar Iyer, "RSS unhappy over Tibet", *Hindustan Times*, July 2, 2003, https://www.hindustantimes.com/india/rss-unhappy-over-tibet/story-8HgRas6xIrDCjyeIKaVNEM.html.

② Dharmendra Kaushal, *R. S. S. RESOLVES*: *1950 – 2007*, p. 326.

人民党和莫迪的迅速崛起，莫迪政府则积极推行印度教民族主义的政策实践。莫迪执政以来，国民志愿服务团的制度化政治渠道有效性迅速提升，能够更多地参与和影响政府决策，与印度人民党的沟通联系也更加公开化，二者的互动关系从矛盾分歧逐步走向互利共生。

莫迪执政以来，国民志愿服务团对印度内政和外交的影响达到了空前的水平。印度教民族主义的发展速度和影响力超过历史时期，渗透到印度政治、社会、文化和教育等各领域，逐渐成为当代印度社会政治发展的主线。印度快报记者西拉·巴特（Sheela Bhatt）指出："莫迪政府有两个权力中心，一个是总理办公室，另一个是那格浦尔的国民志愿服务团总部。"总之，国民志愿服务团及团家族正在成为深刻影响印度内政外交的"深层国家"。

一　国民志愿服务团与印度人民党的关系：从分歧走向共生

瓦杰帕伊政府时期，国民志愿服务团与印度人民党存在矛盾分歧，主要体现在意识形态纯洁性、重建罗摩庙、与中国和巴基斯坦关系等方面，二者合作关系的破裂在很大程度上导致了 2004 年印度人民党竞选失败。在 2004 年至 2014 年的十年间，随着国民志愿服务团最高领袖和印度人民党领导人的更换，二者的关系经历了长期的磨合调整过程，破裂关系得到修复，矛盾分歧也不断缓和。2014 年，国民志愿服务团再次全力投入支持印度人民党的竞选动员，作为政治交换，印度人民党执政之后积极推行印度教民族主义的政策实践，二者的互动关系实现了从分歧到共生的转变。

（一）国民志愿服务团与印度人民党的关系持续恶化

2004 年 5 月，印度人民党竞选失败导致与国民志愿服务团的关系进一步恶化，二者的相对地位关系也随之发生变化。围绕意识形态问题，瓦杰帕伊与阿德瓦尼、印度人民党主席奈杜逐步产生分歧，印度人民党随之出现内部分裂，整体实力有所下降。2004 年竞选失败表明，国民志愿服务团对印度人民党的支持是有条件的，印度人民党凭借自身力量无法保证赢得选举，必须与国民志愿服务团重新建立合作关系。苏达山则宣称国民志愿服务团使命目标的实现并不依赖于印度人民党能否重新执政。可见，印度人民党对国民志愿服务团仍然存在着非对称的依赖关系。2004 年之后，印度人民党相对国民志愿服务团的自主性和实际地位有所下降，国民志愿服务团对印度人民党的影响力则不断提升。

国民志愿服务团试图通过党内强硬派阿德瓦尼调整印度人民党的政策路线，在国民志愿服务团的要求和支持下，他第三次出任印度人民党主席。阿德瓦尼试图带领印度人民党回归印度教民族主义的核心意识形态，2004年10月，他在印度人民党全国委员会会议上指出："我们在印度人民党从边缘走向政治舞台中心的过程中充满期待，但是却没能兑现重建罗摩庙的承诺。"① 2005年3月，苏达山指出阿德瓦尼担任主席后修正了印度人民党的政策路线，重新回归了印度教民族主义的核心议程。然而，国民志愿服务团对印度人民党的发展状态和领导人表现并不满意，并试图进一步加强控制。苏达山在一次电视采访中谈及印度人民党领导人的年龄问题，认为阿德瓦尼和瓦杰帕伊应该让位给更加年轻的人选。6月，阿德瓦尼访问巴基斯坦，尝试改变强硬立场并主动改善印巴关系，他在访问期间称赞巴基斯坦国父真纳是一位"伟人和世俗的领导人"。阿德瓦尼的言论触怒了国民志愿服务团，被指责承认了真纳的"两个民族"理论并放弃了"统一的印度"的信念，世界印度教大会甚至称阿德瓦尼是"背叛者"。面对国民志愿服务团的施压，阿德瓦尼被迫宣布辞职。此外，苏达山在接受采访时称赞英·甘地是具有钢铁般意志的领导人，成功地将巴基斯坦"肢解"②，但对瓦杰帕伊并没有给予积极的评价。最高领袖的公开表态标志着国民志愿服务团与印度人民党的关系持续走向恶化。

2005年9月，印度人民党召开全国执行委员会会议，阿德瓦尼在讲话中表示："近年来有一种现象，就是在没有国民志愿服务团支持的情况下，印度人民党无法做出任何政治或组织上的决定，这对双方均没有好处。国民志愿服务团的观念对我们的决策过程做出了贡献，但印度人民党作为政党需要对人民负责，我们的表现需要定期接受选举的考验。"③ 作为以参加选举并执政为最终目标的政党，印度人民党希望通过淡化意识形态的行动路线，争取更广泛的选票支持。然而，作为社会运动组织，国民志愿服务团坚持以意识形态纯洁性为先，试图将印度人民党作为"政治

---

① Kingshuk Nag, *The Saffron Tide: The Rise of The BJP*, p. 204.
② 1971年第三次印巴战争，东巴基斯坦独立成为孟加拉国。
③ Christophe Jaffrelot, *Hindu Nationalism: A Reader*, p. 191.

代理人"推行印度教民族主义的政策实践。社会运动与政党的固有矛盾使得国民志愿服务团与印度人民党的关系再次陷入僵局。

(二) 加强对印度人民党的控制和影响

2004 年之后,瓦杰帕伊实际上不再直接参与印度人民党的政治事务。2005 年,阿德瓦尼辞去印度人民党主席之后担任议会反对党领袖。整体而言,瓦杰帕伊和阿德瓦尼对印度人民党的影响力已经大为减弱,国民志愿服务团开始支持更为年轻的党内领导干部,不断加强对印度人民党的控制和影响。

2009 年大选前夕,苏达山卸任最高领袖职位,时任总书记巴格瓦特接任最高领袖并进一步加强对印度人民党的控制。阿德瓦尼领导印度人民党参加第 15 届大选但再次遭遇失败,他随后也不再担任反对党领袖和议会委员会主席。至此,瓦杰帕伊和阿德瓦尼等资深领导人对印度人民党已不具备实际的影响力。此后担任印度人民党主席的拉吉纳特·辛格和尼廷·加德卡里,在印度人民党和团家族的影响力比较有限,逐渐成为国民志愿服务团控制印度人民党的"代理人"。在经历 2004 年和 2009 年两次大选接连失败后,国民志愿服务团开始重新选拔总理候选人并决定全力投入 2014 年大选。此时,国民志愿服务团不再选择"瓦杰帕伊式"的温和派,而是将目标集中在印度教民族主义的强硬派,希望在印度人民党执政后能够有效推动印度教民族主义议题。

(三) 莫迪个人地位和影响力的上升

国民志愿服务团对印度人民党控制和影响的增强,集中体现在莫迪在印度人民党和团家族内部地位的上升,并被确定为 2014 年大选总理候选人。莫迪的政治履历具有鲜明的国民志愿服务团烙印,他于 1972 年加入国民志愿服务团,长期担任宣传干部。1987 年加入印度人民党,随后担任古吉拉特邦分支的组织书记,1995 年担任印度人民党新德里总部书记,1998 年担任负责组织工作的全国总书记。2001 年出任古吉拉特邦首席部长,并于 2002 年、2007 年和 2012 年三次连任。莫迪凭借在古吉拉特邦的执政表现得到了民众的普遍支持,个人影响力甚至超过了国民志愿服务团和印度人民党在古吉拉特邦的负责人。由于在 2002 年印穆冲突骚乱事件中坚持强硬立场,莫迪成为印度教民族主义强硬派的核心人物,赢得了国民志愿服务团的信任和支持。在 2012 年莫迪连任古吉拉特邦首席部长之后,国民志愿服务团开始考虑支持莫迪担任 2014 年大选的总理候选人。

然而，国民志愿服务团内部对此意见并不统一，反对者认为推荐莫迪带有"个人崇拜"的色彩，并不符合团家族的传统。同时，以莫迪的强硬作风和个人影响力而言，执政后可能会垄断国家权力，国民志愿服务团将失去对印度人民党与政府的控制和影响。另外，印度人民党内部的反对者认为莫迪在 2002 年印穆冲突骚乱事件中纵容暴力犯罪，导致教派冲突失控，也不符合政治领袖的身份。2013 年 6 月，阿德瓦尼辞去党内所有职务，以此抗议莫迪担任选举委员会主席。

尽管国民志愿服务团对外宣称印度人民党掌握总理候选人的最终决定权，但实际上该组织排除各种反对声音，坚持将莫迪确定为最终人选。2013 年 9 月，印度人民党议会委员会正式宣布莫迪担任 2014 年大选总理候选人。当然，国民志愿服务团对支持莫迪也提出了附加条件，包括承诺在阿约迪亚重建罗摩庙，在全国推行统一民法，废止宪法第 370 条，取消查谟和克什米尔的特殊地位，在全国推行"圣牛保护"法令等。巴格瓦特在 2013 年十胜节讲话中呼吁："我们在行使投票权时，要对政党的政策和候选人的品格进行评估，我们投票的唯一原则是针对议题，投给推行保护国家利益政策的政党，投给富有能力的候选人。"① 巴格瓦特在讲话中虽然没有具体提及莫迪和印度人民党，但实际上已经开始为印度人民党进行竞选动员。

对于 2014 年大选，国民志愿服务团最为担心的是如果国大党继续执政，将无法推进印度教民族主义议题，复兴印度教文化，建设印度教国家的使命目标也将被无限期延迟。因此，国民志愿服务团将 2014 年大选视为关系自身组织发展和印度人民党能否执政的"最后一搏"，全力投入对印度人民党的竞选动员活动。巴格瓦特对外宣称如果印度人民党在 2014 年获胜，在未来 25 年内都能够保持执政。而如果竞选失败，在未来 100 年都没有机会。他还表示："莫迪是唯一一位始终扎根团家族意识形态的人，你们选择正确的候选人，剩下的我们负责。"② 国民志愿服务团通过加强对印度人民党的控制和影响，支持莫迪担任总理候

---

① Mohan Bhagwat, "Pujaniya Sarsanghachalak Dr. Mohan Bhagwat speech on Vijayadashami 2013", *Rashtriya Swayamsevak Sangh*, January 30, 2014, http：//rss. org/Encyc/2014/1/30/mohan-bhagwat-vijayadashami-speech. html.

② Dinesh Narayanan, "Mohan Bhagwat brings a resurgent Sangh to the cusp of political power", *The Caravan*, May 1, 2014, https：//caravanmagazine. in/reportage/rss-30#.

选人，试图通过 2014 年大选助推印度人民党重新执政，继续推行印度教民族主义的政策实践。因此，印度人民党的竞选结果也将影响二者关系的未来走向。

（四）国民志愿服务团与印度人民党的互利共生关系

2014 年印度人民党以绝对多数赢得大选，这对印度人民党与国民志愿服务团的关系具有标志性意义，在经历了十余年的分歧、磨合和调整之后，二者的合作关系达到了空前的水平。莫迪执政以后，国民志愿服务团与印度人民党政府形成了非正式的权力共享约定，莫迪主导经济、商务、外交和安全等核心领域，国民志愿服务团则负责社会、文化和教育等领域。① 二者逐渐形成了一种在文化与政治领域的共生关系，并主要体现在以下四方面。

首先，国民志愿服务团全力支持印度人民党的竞选动员。2014 年大选标志着国民志愿服务团对印度人民党的竞选动员支持达到新的高度。国民志愿服务团基本上为每个选区都选派志愿者进行宣传动员，团家族庞大组织网络和志愿者群体发挥了"选举机器"的重要作用，印度人民党获得的席位数和得票率均有显著提高，担任反对党十年之后重新上台执政。另外，2019 年大选前夕，印度人民党阿米特·沙阿提出要使得票率翻番的目标，国民志愿服务团的大批志愿者通过家庭走访和公众集会，号召民众全员参与投票。最终，印度人民党再次以绝对多数成功连任，获得席位数和得票率再创新高。

其次，巴格瓦特与莫迪的个人关系紧密。瓦杰帕伊政府时期，国民志愿服务团最高领袖与印度人民党领导人的关系紧张，而巴格瓦特与莫迪的个人关系则较为紧密。两人同龄，具有相似的成长背景，均出生于印度独立之后，没有直接经历印巴分治期间的社会动荡。莫迪早年参加国民志愿服务团期间，曾接受巴格瓦特的父亲马杜卡拉奥·巴格瓦特的指导。由于巴格瓦特与莫迪个人关系较为紧密，在很大程度上促进了国民志愿服务团与莫迪政府的政策协调。同时，国民志愿服务团还可以有效化解团家族内部的矛盾分歧，在经济、外交和安全政策等关键领域支持莫迪政府。

---

① Pralay Kanungo, "Sangh and Sarkar: The RSS Power Centre Shifts from Nagpur to New Delhi", in Angana P. Chatterji, Thomas B. Hansen and Christophe Jaffrelot, eds. *Majoritarian State: How Hindu Nationalism Is Changing India*, Noida: HarperCollins Publishers, 2019, p. 134.

第六章 印度人民党执政时期国民志愿服务团对内政外交的影响

再次，国民志愿服务团与印度人民党保持了正式和非正式的政策协调机制。瓦杰帕伊政府时期，国民志愿服务团与印度人民党建立了正式的政策协调机制，即协调会议。[①] 莫迪执政以来，协调会议的规模和议题范围都明显扩大。在协调会议上，国民志愿服务团、印度人民党和团家族成员组织就相关政策沟通协调，化解矛盾分歧，确保政府决策不违背国民志愿服务团和团家族的基本原则和立场。此外，国民志愿服务团与印度人民党还保持着非正式的沟通机制。一方面，印度人民党的组织书记与国民志愿服务团保持沟通联络。另一方面，印度人民党主席阿米特·沙阿定期与巴格瓦特电话联络或前往那格浦尔见面沟通。关于政府的重要政策决定，印度人民党都将提前告知国民志愿服务团并征求意见。在2015年9月举行的协调会议中，印度人民党政府的内政部部长、外交部部长和财政部部长等均参加，莫迪本人出席了第三天的会议。国民志愿服务团与莫迪政府的深度沟通协调，标志着国民志愿服务团在一定程度上扮演了"政府导师"的角色。

最后，莫迪政府任命大量国民志愿服务团背景人员担任政府和相关机构要职。据统计，莫迪首个任期内，66名内阁部长中有41位出身国民志愿服务团。第二个任期内，53位内阁部长中有38位具有国民志愿服务团背景。同时，印度人民党303名人民院议员中有146名具有国民志愿服务团背景，82名联邦院议员中有34名具有国民志愿服务团背景。[②] 例如，莫迪政府首届内阁成员中，内政部部长拉吉纳特·辛格（Rajnath Singh）、外交部部长苏什玛·斯瓦拉吉（Sushma Swaraj）、国防部部长曼诺哈尔·帕里卡尔（Manohar Parrikar）、财政部部长阿伦·杰特利（Arun Jaitley）均有国民志愿服务团背景。在地方政府成员中，北方邦首席部长约吉·阿迪蒂亚纳特（Yogi Adityanath）、马哈拉施特拉邦首席部长德文德拉·法德纳维斯（Devendra Fadnavis）等也都出身国民志愿服务团。此外，政府

[①] 协调会议（Samanvay Baithak）是除国民志愿服务团全国代表大会和中央执行委员会会议外最重要的会议，通常每年举行2次，分别在1月和9月，会期3天。参会人员包括国民志愿服务团全国执行委员会成员以及团家族成员组织负责人。该会议讨论重要事项，是国民志愿服务团和政府决策的重要风向标。例如，2013年9月的协调会议就讨论了将莫迪确定为2014年大选总理候选人。

[②] Neelam Pandey and Shanker Arnimesh, "RSS in Modi govt in numbers—3 of 4 ministers are rooted in the Sangh", *The Print*, January 27, 2020, https://theprint.in/politics/rss-in-modi-govt-in-numbers-3-of-4-ministers-are-rooted-in-the-sangh/353942/.

还任命较多国民志愿服务团背景的人员担任重要的教育、文化和科研机构负责人。包括印度历史研究委员会主席苏达山·拉奥（H. V. Sudarshan Rao）、印度文化关系委员会主席拉克什·钱德拉（Lokesh Chandra）、英迪拉·甘地国家艺术中心主席罗摩·巴哈杜尔·雷（Ram Bahadur Rai）、国家图书托拉斯主席巴尔德夫·夏尔马（Baldev Sharma）、尼赫鲁纪念馆和图书馆主席沙克蒂·辛哈（Shakti Sinha）、印度高等研究院主席卡皮尔·卡普尔（Kapil Kapoor）和院长马卡兰德·帕兰杰普（Makarand Paranjape）等。莫迪政府任命大量国民志愿服务团背景人员担任政府和教育文化机构要职，在一定程度上也是对国民志愿服务团竞选支持的政治交换。莫迪政府和国民志愿服务团通过人员沟通协调，进一步提高了制度化政治渠道的有效性，后者能够更加有效地从政府层面推动印度教民族主义的政策实践。

莫迪政府时期，由于莫迪的个人权威，印度人民党相对于国民志愿服务团的自主性明显增强。在互利共生的合作关系框架下，二者也逐渐产生了一些政策分歧，主要体现在经济政策、劳工改革和土地改革等领域。由于莫迪政府的相关改革政策取向不符合团家族"斯瓦德希"的传统理念，触动了国民志愿服务团和团家族群体的利益。因此，国民志愿服务团与印度人民党的政策分歧也日渐显露，对二者的合作关系形成潜在的威胁。然而，印度人民党与国民志愿服务团是一种相互依赖的关系，当现实政策利益冲突引起团家族内部争议时，二者会根据实际情况适当做出妥协和让步。只要印度人民党和莫迪政府没有偏离印度教民族主义的基本路线，国民志愿服务团将会有效平衡团家族的内部分歧，短期内并不会动摇国民志愿服务团与印度人民党共生关系的根基。

二 国民志愿服务团对印度社会政治发展的影响

莫迪执政以来，印度国内社会政治环境发生了重要变化，印度教民族主义强势崛起并逐渐成为主流意识形态。国民志愿服务团开始更多地参与和影响政府决策，对当代印度社会政治发展产生了深刻的影响。总体而言，印度教民族主义的发展速度和影响力均超过了历史时期，深入政治、社会、文化和教育等各领域，逐渐成为当代印度社会政治发展的主线。

（一）推动印度教民族主义向日常生活领域渗透

莫迪执政以来，国民志愿服务团和印度人民党通过宣传瑜伽、推广印地语和修改地名等方式，以国家政策的名义推崇印度教文化，推动印度教文化向民众日常生活领域渗透，宣扬文化民族主义，试图确立印度教民族主义意识形态的主导性地位。

2014年印度人民党执政之后，政府宣布成立瑜伽部，并以弘扬民族文化遗产的名义，要求政府、学校等机构统一练习瑜伽并在全国大力推广。同时，政府还将瑜伽作为印度的国家文化标志向国际社会宣传推广。[①] 国民志愿服务团联合总书记、发言人曼莫汉·维迪亚指出："瑜伽是印度古代文化遗产的一部分，我们通过大规模地庆祝瑜伽活动来印证光辉的历史。"[②] 此外，依靠动员民众投票支持莫迪和推广瑜伽活动，印度教民族主义激进派、瑜伽师巴巴·兰德福（Baba Ramdev）的个人影响力迅速提升。政府大范围推广瑜伽引起了穆斯林群体的抵触，他们认为推广瑜伽是强化印度教徒身份而将穆斯林边缘化的政策，在一定程度上加剧了印度教徒与穆斯林的对立冲突。

长期以来，国民志愿服务团将梵语视为世界语言的精华，认为印地语继承了梵文的灵魂，大力提倡将印地语确立为国家官方语言。然而由于现实的种种原因，这一目标始终没有实现。莫迪执政后，在国民志愿服务团的积极推动下，政府开始推行一系列"印地语至上"的语言政策。莫迪本人在国内外公开场合通常只讲印地语，同时，要求政府官员在日常交流和社交网站上也都使用印地语。另外，莫迪政府将部分地区的公共标识由英语统一改为印地语，并计划在东北部和南部等非印地语地区继续推广印地语。2019年印地语日活动期间，莫迪总理和内政部部长阿米特·沙阿用印地语发表推特，称赞印地语作为民族语言的简洁性，强调印地语是印度人的身份标志。此外，莫迪政府还在2019年国家教育政策草案中规定，印地语作为非印地语地区学校必修的第三语言，最终由于南部各邦的集体抵制被迫撤销。达罗毗荼进步联盟主席卡鲁纳尼迪（M. Karunanidhi）表示："赋予印地语的优先地位意味着差别对待非印地语人群，使其沦为

---

① 2014年，联合国将6月21日确定为国际瑜伽日，2016年，瑜伽被列入联合国教科文组织非物质文化遗产。

② Rupam Jain Nair and Andrew MacAskill, "India PM Modi's yoga offensive gets Muslims stressed", *Reuters*, June 16, 2015, https：//www.reuters.com/article/us-india-yoga-idUSK-BN0OW0JU20150616.

'二等公民'。"①

此外，莫迪执政以来，中央政府和印度人民党执政的邦政府根据印度教历史文化，先后修改多个城市街道等地理标志名称。印度人民党及其政治盟友推动的更名活动关注以波斯语、阿拉伯语词命名的各类地名，主张以象征"印度教徒民族"黄金时代的梵语地名取而代之。② 例如，北方邦城市阿拉哈巴德（Allahhabad）被改为普拉亚格拉杰（Prayagraj），③ 法扎巴德（Faizabad）被改为阿约迪亚（Ayodhya）。位于瓦拉纳西（Varanasi）的莫卧儿撒拉火车站（Mughalsarai Station）被改为丁达雅尔·乌帕德雅亚枢纽站（Deen Dayal Upadhyay Junction）。首都新德里的奥朗则布路（Aurangzeb Road）被改为阿布杜尔·卡兰路（Abdul Kalam Road）。④ 哈里亚纳邦的古尔冈（Gurgaon）被改为古鲁格拉姆（Gurugram）。⑤ 位于查谟的乔克（Chowk）被改为印度母亲乔克（Bharat Mata Chowk），查谟机场（Jammu Airport）被改为玛哈拉贾哈里·辛格查谟机场（Maharaja Hari Singh Jammu Airport）。⑥ 同时，印度人民党执政的其他邦也在计划修改相关地名。实际上，印度独立后修改城市名称的做法并不少见，但之前主要是修改体现英国殖民历史的英语名称。⑦ 莫迪执政以来则试图完全抹去反映穆斯林统治历史的名称，体现了国民志愿服务团"反穆斯林"的一贯立场。

（二）推动教育文化领域的全面"橘黄色化"

瓦杰帕伊政府时期，国民志愿服务团和印度人民党通过控制教育文化机构、修改历史教科书和推行印度教民族主义课程内容等方式，开始了教

---

① PTI, "Narendra Modi govt orders promotion of Hindi in all departments", *Financial Express*, June 20, 2014, https://www.financialexpress.com/archive/narendra-modi-govt-orders-promotion-of-hindi-in-all-departments/1262346/.
② 张忞煜：《谁的印度斯坦》，《世界知识》2018 年第 24 期。
③ 阿拉哈巴德意为"安拉的城市"，1583 年莫卧儿王朝阿克巴为其命名。国民志愿服务团认为该地是印度教圣地，因此参照印度教典籍中的圣地普拉亚格要求更名为普拉亚格拉杰。
④ 奥朗则布是莫卧儿王朝的第六任皇帝，阿布杜尔·卡兰是印度科学家，被誉为"印度导弹之父"，曾任印度第 11 届总统。
⑤ 古鲁格拉姆源自古鲁德罗纳查亚（Guru Dronacharya），是印度史诗《摩诃婆罗多》中的印度教高种姓。
⑥ 玛哈拉贾·哈里·辛格是查谟—克什米尔土邦多格拉王朝末代王公。
⑦ 例如，孟买由 Bombay 改为 Mumbai，马德拉斯由 Madras 改为 Chennai，加尔各答由 Calcutta 改为 Kolkata，班加罗尔由 Bangalore 改为 Bengaluru。

育文化领域的"橘黄色化"进程。然而,由于其他政党的强烈反对,国民志愿服务团和印度人民党的很多政策尝试被迫中止,并没有对教育文化领域产生深刻且持久的影响。莫迪执政以来,印度人民党与国民志愿服务团形成了一种在政治和文化领域分工合作的共生关系。作为多数党政府,莫迪政府在制定教育文化政策上受到较少的掣肘,政策自主性较高。国民志愿服务团积极推动政府改写印度历史,塑造印度教主体民族的正统性与合法性,并在教育文化领域大力推进印度教民族主义政策,印度人民党政府则以弘扬民族文化和爱国主义精神的名义为其背书。因此,莫迪执政以来,印度教育文化领域"橘黄色化"的趋势愈演愈烈。

国民志愿服务团认为雅利安人是南亚次大陆的原住民,印度教徒是雅利安人的后裔,印度教是诞生于南亚次大陆的本土宗教。然而,由于历史证据和研究发现与其历史观不一致,[①] 国民志愿服务团便尝试改写历史,塑造印度教主体民族的正统性与合法性。莫迪执政以来,大量国民志愿服务团背景人员和印度教民族主义激进派担任印度主要教育、科研和文化机构负责人,为改写历史创造了便利条件。2014年8月,全印历史编纂计划组织宣布完成四项研究计划,包括探寻印度教圣河——萨拉什瓦蒂河的地理位置,证实雅利安是南亚次大陆的原住民,确定史诗《摩诃婆罗多》的诞生日期以及1857年民族大起义的研究。该组织长期致力于以印度教民族主义的视角改写历史,成为莫迪执政以来积极推进改写历史的核心组织。此外,2017年9月,在文化部部长马赫什·夏尔马(Mahesh Sharma)的支持下,莫迪政府成立专家委员会,计划通过考古发现和遗传信息确认印度教徒是南亚次大陆原住民的后裔,甚至试图证明印度教经典并不是神话传说,而是历史事实。

莫迪政府还通过国家教育研究和培训委员会项目对公立学校的教材内容进行大量修改,删除了与国民志愿服务团意识形态相悖的内容,替换成符合印度教民族主义历史叙事的版本。据统计,在2014年至2018年,该项目对2005年至2009年出版的182本教材累计进行了1334处修改。[②] 修

[①] 现有研究表明,雅利安人于前2000—前1000年进入南亚次大陆,并非南亚次大陆原住民。

[②] Christophe Jaffrelot and Pradyumna Jairam, "BJP Has Been Effective in Transmitting Its Version of Indian History to Next Generation of Learners", *The Indian Express*, November 16, 2019, https://indianexpress.com/article/opinion/columns/education-ours-and-theirs-6121982/.

改新增的内容包括赞颂印度历史上的印度教统治者，将穆斯林统治者妖魔化和污名化，强调伊斯兰教以杀戮的方式进行传教，将基督教传教士的传教活动视为阴谋，等等。在国民志愿服务团的印度教民族主义历史叙事框架下，甘地和尼赫鲁的历史地位被人为降低，萨瓦卡、海德格瓦、格尔瓦卡等激进的印度教民族主义代表人物的历史地位迅速上升，甚至被奉为民族英雄。

印度教右翼的历史叙事是其力图塑造印度国族认同的重要工具，也构成了印度人民党政府重要的合法性来源之一。[①] 阿米特·沙阿曾表示对历史进行整合、修饰和改写是人民和历史学家的责任。他强调印度的历史应该从印度教民族主义的视角进行改写，代表着政府层面对国民志愿服务团推动改写历史的默许和支持。早在瓦杰帕伊政府时期，国民志愿服务团就通过修改历史教科书的方式改写历史。例如，国民志愿服务团成员高士刺杀甘地的事件被从教科书中删除，激进的印度教民族主义者被视为做出重要贡献的历史人物。2020年7月，在国民志愿服务团的推动下，莫迪政府将人力资源与发展部更名为教育部，为其在教育领域推进印度教民族主义政策创造便利条件。总之，莫迪执政以来，印度人民党与国民志愿服务团分工合作，根据印度教民族主义的历史叙事框架改写历史，试图树立印度教主体民族的正统性与合法性，进一步推动教育文化领域的"橘黄色化"。

（三）宗教少数群体的地位进一步边缘化

印度教特性是印度教民族主义的核心，国民志愿服务团强调以印度教特性作为印度人身份的统一标志。莫迪执政以来，在国民志愿服务团的积极推动下，政府制定出台了多项带有明显印度教特性色彩的法律法规和公共政策。相关政策将印度教特性的行为规范上升为全国统一标准并强加给穆斯林等宗教少数群体。印度多元包容的文化传统和国家治理原则逐渐削弱，印度教主体民族与少数族群的对立冲突不断加剧。在此过程中，穆斯林和基督教徒等宗教少数群体的地位进一步边缘化。其中，最具代表性的印度教特性政策法规包括全国范围的屠牛禁令、阿约迪亚争议土地判决、《公民身份修正法案》和《反改宗法》等。

自印度独立以来，国民志愿服务团一直试图改变部分禁止屠牛的局

---

① 杨怡爽：《朝"美好"的过去前进：印度教右翼的历史观》，《世界知识》2020年第5期。

面，实现全国范围内统一禁止屠牛立法。然而，在其独立后的数十年间，关于禁止屠牛的立法并没有实质性进展。莫迪执政以来，中央和各邦政府先后通过立法，不断扩大禁止屠牛的范围并加大惩罚力度。2015年3月，马哈拉施特拉邦通过《动物保护修正案》，将禁止屠宰范围从母牛扩大到小牛、公牛和阉牛。同时还加大了处罚力度，将触犯该法的罪行改为不可保释，处罚从6个月监禁提高至5年，罚金也从1千印度卢比提高至1万印度卢比。哈里亚纳邦先后通过法案，规定全面禁止牛肉交易和牛类屠宰，对触犯者处以3万印度卢比到10万印度卢比的罚款以及3年到10年的监禁，成为全印屠牛禁令最为严苛的邦之一。2017年3月，印度人民党赢得北方邦选举，印度教民族主义强硬派约吉·阿迪蒂亚纳特出任首席部长。为兑现竞选承诺，约吉随即宣布关停所有非法屠宰场，计划全面禁止牛类屠宰。2020年6月，北方邦政府通过禁止牛类屠宰的修正案草案，规定触犯者最高处以10年监禁和50万印度卢比的罚款。莫迪执政以来，通过禁止屠牛法案的邦数量迅速增加，处罚范围逐步扩大，处罚力度也不断升级。目前，除南部的喀拉拉邦和东北部各邦外，其余邦都已经不同程度地立法限制或禁止牛类屠宰。由于大量的穆斯林和达利特以牛类屠宰和皮革制造为生，屠牛禁令对相关群体的收入和生活造成了严重的冲击。此外，屠牛禁令还导致了"护牛私刑"的泛滥。穆斯林和达利特等因从事牛类运输、交易或屠宰等原因，被"圣牛保护者"暴力殴打致死的事件屡次发生。而且，屠牛禁令越严格的地区，"护牛私刑"活动越严重。中央和各邦政府和警察往往纵容"护牛私刑"行为，肇事者非但免于处罚，甚至还被国民志愿服务团的激进分子称为"圣牛保护英雄"。

  阿约迪亚事件曾引起印度历史上大规模的印穆冲突骚乱，瓦杰帕伊政府时期，为维持联合政府执政的稳定性，备受争议的印度教民族主义议题被暂时搁置。同时，为避免教派冲突激化，瓦杰帕伊呼吁通过法律途径解决阿约迪亚土地争议问题。在瓦杰帕伊任期内，争议土地问题并没有取得实质性进展，直到2010年9月，北方邦阿拉哈巴德高等法院做出裁决，计划将2.77英亩的争议土地分为三部分，分别划拨给穆斯林逊尼派瓦克夫委员会、印度教组织无念教派和罗摩之婴。然而，由于各方不同意裁决结果并向最高法院上诉，土地争议问题再次陷入僵局。

  2014年莫迪执政之后，为稳固执政基础，在首个任期内专注经济改革，并没有积极推进土地争议问题。国民志愿服务团通过公众集会和演讲等方式，不断向政府施压。2019年5月莫迪连任之后加快了针对该问题的推进速度并取得实质性进展。11月，印度最高法院宣布裁决结果，2.77英亩的争议土地归罗摩之婴所有，政府将成立信托机构管理和监督印度教神庙的修建，另外划拨5英亩土地给穆斯林逊尼派瓦克夫委员会用于修建清真寺。至此，印度教徒在法律上获得了争议土地的所有权。2020年8月，莫迪出席重建罗摩庙的奠基仪式。阿约迪亚土地争议的判决具有标志性的意义，在国民志愿服务团的积极推动和施压下，法院判决明显偏袒了作为多数群体的印度教徒，印度司法公正也受到了干预和侵蚀。

莫迪政府还通过立法否定了穆斯林和基督教徒部分行为方式和规范的合法性。国民志愿服务团一直强调废除穆斯林属人法，建立统一民法。2019年7月，莫迪政府正式废除了穆斯林"三声离婚"制度，在废除穆斯林属人法方面取得重要进展。国民志愿服务团宣称穆斯林和基督教徒对印度教徒的改宗行为非法且威胁国家安全，为此，中央邦、古吉拉特邦和奥迪萨邦等多个邦先后出台反改宗法，中央政府还计划在全国推行，在一定程度上，相当于限制了民众选择宗教信仰的自由。值得注意的是，从其他宗教通过"苏迪"仪式改回印度教信仰则不受限制，体现了国民志愿服务团在改宗问题上的双重标准。此外，在政府的相关政策法案中，穆斯林往往被视为特殊群体而区别对待，难以平等享受正常国民待遇。2019年12月，印度议会通过《公民身份修正法案》，规定印度教徒、锡克教徒、佛教徒、耆那教徒、帕西人和基督教徒的移民可申请加入印籍，而唯独穆斯林被排除在外。总之，在国民志愿服务团和莫迪政府的大力推动下，印度世俗主义的建国原则与多元包容的文化传统极大削弱，穆斯林等宗教少数群体的社会政治地位进一步边缘化。

三　国民志愿服务团对印度外交战略和政策的影响

莫迪的个人成长和政治履历有着深刻的国民志愿服务团烙印，因此，莫迪政府的执政理念也深受国民志愿服务团和印度教民族主义思想的塑造影响。莫迪在2014年大选前接受采访时表示："我的印度教特性面孔将是与其他国家处理外交事务的优势。"[①] 印度教民族主义推动改变了印度对

[①] "My Hindutva face will be an asset in foreign affairs", *Narendra Modi*, April 23, 2014, https://www.narendramodi.in/my-hindutva-face-will-be-an-asset-in-foreign-affairs-3183.

自身国际地位和外交立场的认识判断，加之莫迪政治强人的决策风格，莫迪政府将"印度优先""领导性强国"和"世界领袖"等目标融入了印度外交战略。同时，由于莫迪政府具有鲜明的国民志愿服务团底色，内阁安全委员会和经济事务委员会等核心决策机构均有国民志愿服务团背景人员担任要职。因此，国民志愿服务团能够从政府内部来影响外交政策制定和实施。

总之，国民志愿服务团对莫迪政府外交产生了深刻影响，首先，国民志愿服务团关于印度"世界领袖"的愿景塑造了印度"领导性强国"的心态抱负。其次，国民志愿服务团"世界一家"的理念引导印度重视发挥"移民外交"的纽带作用。再次，国民志愿服务团"反穆斯林"和"反巴基斯坦"的一贯立场，导致印巴对立冲突加剧。最后，国民志愿服务团长期对华坚持敌对态度，印度对华政策竞争性和冒险性不断增强，导致中印关系面临更大的不稳定与不确定性。

(一)"世界领袖"愿景与"领导性强国"抱负

印度的大国心态和抱负由来已久，尼赫鲁在建国初期就指出印度要争做"有声有色的大国"，强调印度的国际地位要与其领土面积、人口规模和国家实力相匹配。因此，大国心态和抱负可以视为印度明确国际定位和制定外交战略的前提基础。国民志愿服务团对印度国际地位的认知判断源自古代印度所处的地位，认为印度文明和历史悠久，影响范围包括南亚地区和世界多个国家，因此，古代印度扮演了"世界领袖"的角色。由于南亚次大陆在历史上遭到穆斯林等外部入侵，加之英国的长期殖民统治，导致印度的国际地位不断衰落。因此，印度的外交战略要以古代印度"世界领袖"的地位为目标，树立印度在国际社会的领导性地位。

莫迪本人深受国民志愿服务团和辨喜思想的影响，十分认同印度是"世界领袖"的传统理念。他在 2014 年国庆日红堡讲话时强调印度要成为"世界领袖"，并号召印度民众努力实现这一愿景。[①] 在"世界领袖"愿景的引导下，莫迪政府对印度的国际地位判断以及外交战略目标进行了重新调整。"世界领袖"意味着印度不单是主导南亚的地区大国，还要成为在国际层面具有话语权和影响力的全球大国。印度要成为多极世界中的

---

① Narendra Modi, "Text of PM's speech at Red Fort", *Narendra Modi*, August 15, 2014, http：//www.narendramodi.in/text-of-pmsspeech-at-red-fort-2.

重要一极，在全球事务中扮演领导性角色。① 这标志着印度将自身的角色定位从规则遵守者转变为规则制定者，从"平衡性大国"转变为"领导性强国"。总之，莫迪计划将印度从一个有影响力的实体转变为能够根据自身实力和偏好塑造国际政治的国家。② 莫迪政府的"领导性强国"抱负主要体现在两方面，第一，莫迪和政府官员在多个场合向国际社会展现印度建设"领导性强国"的目标和雄心。第二，莫迪政府从多个领域、多个层次塑造国际规范，不断充实完善"领导性强国"的实质和内涵。③

莫迪政府于 2015 年推出"数字印度"计划，在应对全球网络安全领域，莫迪强调印度可以在这场"不流血的战争"中扮演领导者角色。在应对气候变化领域，莫迪强调印度注重保护环境的传统使其成为应对全球变暖的"天然领导者"。印度外交部 2016 年发布的报告指出："印度证明自己在全球治理改革、气候变化、跨国恐怖主义和网络安全等不同议题领域扮演了主要角色。"④ 此外，莫迪在 2020 年印度全球周活动讲话时表示，将全球经济复苏与印度联系起来是理所当然的，在全球新冠疫情大流行之后的经济复苏中，印度将扮演领导者角色。⑤ 莫迪在网络安全、气候变化、经济复苏等各领域始终强调印度扮演领导者角色和发挥领导性作用。可见，莫迪对"领导性强国"的打造是全方位的、系统性的，成为"世界领导"和"全球领导"已经成为莫迪的经典表述。⑥

除了在多个场合反复强调"领导性强国"的抱负，莫迪政府还与世界主要大国加强合作关系，在多个重要的国际机制中积极作为，推动改革并塑造国际规范，将"领导性强国"的抱负付诸实践。首先，莫迪执政以来加速推动联合国机制改革，极力争取成为常任理事国。⑦ 莫迪执政后

---

① "PM to Heads of Indian Missions", *Indian Press Information Bureau*, *Prime Minister's Office*, Feburary 7, 2015, http：//pib. nic. in/newsite/PrintRelease. aspx？relid = 115241.
② Ashley J. Tellis, *India as a Leading Power*, Washington：Carnegie Endowment for International Peace, 2016, p. 5.
③ 王瑞领：《论莫迪执政以来印度外交政策的调整——基于印度政治发展的视角》，第 35 页。
④ Ministry of External Affairs, *Diplomacy for Development*：*From Aspirations to Achievements*, 2016, p. 3.
⑤ "PM Modi at Global Week 2020：India seeing green shoots of recovery", *Business Today*, July 9, 2020, https：//www. businesstoday. in/current/economy-politics/india-seeing-green-shoots-of-recovery-remains-one-of-the-most-open-economies-says-pm-modi-at-global-week/story/409379. html.
⑥ 任远喆：《印度外交理念的演进与莫迪政府外交变革初探》，《太平洋学报》2017 年第 10 期。
⑦ 印度是联合国创始成员国，在历史上曾 8 次担任联合国安理会非常任理事国。

邀请五大常任理事国代表访问印度,为印度争取"入常"建立联系。同时,莫迪在多个国际场合呼吁联合国机制改革的必要性以及印度"入常"的合理性。总之,莫迪执政以来反复呼吁并极力推动印度"入常","入常"是既印度追求"领导性强国"地位的首要目标,也是实现"世界领袖"地位的前提条件。

莫迪政府还积极参加多个重要国际多边机制,不断增强印度的国际话语权和规范性权力。2014 年,莫迪参加第六届金砖国家峰会,作为其执政后参加的首个重要国际峰会取得了重要成果。会上成立了金砖国家新开发银行,来自印度的卡马特(K. V. Kamath)担任首任行长。2015 年 12 月,印度成为亚洲基础设施投资银行创始成员国并成为第二大出资国,此后成为向"亚投行"贷款规模最大的成员国。加入"亚投行"为印度参与亚洲区域建设互联互通化和经济一体化提供了重要平台。2017 年 6 月,印度和巴基斯坦成为上海合作组织正式成员。印度加入上海合作组织能够为印度深度参与欧亚事务提供更广阔的平台,对提升其国际地位和国际影响力意义深远。[1]

此外,根据国民志愿服务团和印度教民族主义的地缘政治观,南亚和印度洋地区属于印度的势力范围,因此,莫迪政府不断加强在印度洋地区的影响力。印度与美国、日本建立更为紧密的合作关系,积极响应以"美日印澳"四国集团为核心的"印太"战略,既能与"东进"政策有效对接,又能提升印度在"印太"地区的影响力。外交理念塑造了外交战略定位,外交战略又指导了具体的外交政策制定。莫迪政府坚持"世界领袖"的使命愿景,将印度的国际地位调整为"领导性强国",在具体的外交话语和政策行动中均反映了争当"领导性强国"的决心与抱负。

(二)"世界一家"理念与重视"移民外交"

国民志愿服务团指出:"印度教对待国际事务的看法不受政治和外交的限制,全球福利、建设性态度、合作关系和家庭礼仪是印度与世界关系的基本理念。"[2] 可见,国民志愿服务团的国际观与西方的现实主义或理想主义理念不同,而是源于印度教看待世界的思想观念。国民志愿服务团

---

[1] 邱昌情:《印度加入上海合作组织的进程、动力及影响》,《南亚东南亚研究》2019 年第 3 期。

[2] Sunil Ambekar, *The RSS: Roadmaps for the 21st Century*, pp. 174 – 175.

指出：" 国际关系既不是纯粹的国家间政治，也不完全遵循霸权原则，而是一种社会文化关系，印度与其他国家的关系类似于'世界一家'理念下大家庭内部成员的关系。"① 2014年印度人民党在竞选宣言中将对外关系表述为"国家优先，全球的兄弟情义"②。莫迪就任总理之后在联合国大会发表演讲时表示，每个国家的文明和哲学传统塑造了其世界观，印度古代思想视世界为一家。因此，"世界一家"的理念构成了莫迪政府外交战略的基本原则和指导思想之一。

"世界一家"的理念强调与世界各国建立广泛的合作关系，其中邻国是首要对象。为此，莫迪政府提出了"邻国优先"政策，主动改善与南亚各国的关系。其中，标志性事件是莫迪邀请所有南亚区域合作联盟国家领导人参加总理就任仪式，同时，在首个任期内访问所有南盟国家。为加强与东南亚国家的联系与合作，莫迪政府将印度的"东向"政策调整为更加积极进取的"东进"政策。此外，莫迪政府积极与其他周边国家、欧洲国家以及美国、俄罗斯等世界大国建立更加紧密的关系。在首个任期内，莫迪共出访92次，到访57个国家，出访次数几乎是前任总理曼莫汉·辛格的两倍。③

除积极与世界各国建立广泛合作关系外，"世界一家"理念认为海外印度移民是印度文明不可分割的一部分，④ 因此，特别强调与海外印度移民的文化联系，维持印度教的集体认同。实际上，国民志愿服务团历来重视与印度移民的沟通联系，早在20世纪40年代就在肯尼亚建立了海外分支组织印度教志愿服务团，目前在美国、英国、澳大利亚等国均设有分支组织。根据印度外交部网站数据，全球共有超过3200万印度移民生活在210个国家和地区。⑤ 根据世界移民组织2020年的《世界移民报告》统

---

① Sunil Ambekar, *The RSS: Roadmaps for the 21st Century*, p. 178.
② Bharatiya Janata Party, *Election Manifesto* 2014, p. 39.
③ Bloomberg, "92 trips, 57 countries: What PM Modi achieved on his foreign", *The Times of India*, April 30, 2019, https://timesofindia.indiatimes.com/india/92-trips-57-countries-what-pm-modi-achieved-on-his-foreign-visits/articleshow/69106996.cms.
④ 印度移民（Indian Diaspora）又称海外印度人（Overseas Indian），主要包括两类：非定居印度人（Non-Resident Indians）和印度裔外国人（Persons of Indian Origin）。
⑤ Ministry of External Affairs, Government of India, *Population of Overseas Indians*, http://mea.gov.in/images/attach/NRIs-and-PIOs_1.pdf.

计，印度是全球最大的跨国移民来源国。① 另外，根据皮尤调查中心数据，印度是美国第三大移民来源国。② 印度移民规模庞大，而且整体上学历层次、收入水平和社会地位较高，在所在国经济和政治领域均具有较大的影响力。然而，在独立后的相当长时间内，国大党政府并没有充分重视和利用印度移民资源。③ 直到印度人民党首次正式执政，即瓦杰帕伊政府时期才正式从政府层面建立与印度移民联系的机制渠道，制定了与印度移民沟通联系的相关政策并成立了专门的海外印度人事务部。④

莫迪一直十分重视利用印度移民资源，在担任古吉拉特邦首席部长期间，大力吸引印度移民投资，执政表现也赢得了印度移民的选举支持，古吉拉特邦政府与海外印度移民之间形成了机制化的良性互动。⑤ 绝大多数的印度移民均认同印度教宗教信仰和印度人民党的意识形态，因此，印度移民也是巩固印度人民党执政根基和提升印度国际地位的重要力量。印度人民党在2014年竞选宣言中表示："海外印度移民是在表达国家利益和参与全球事务的人才储备库，该资源将被用来推动'品牌印度'计划。"⑥ 因此，进一步加强与海外印度移民的联系是莫迪政府对外战略的重要支点，"移民外交"成为莫迪政府官方外交的有效延伸工具。

莫迪在国外访问期间参加由海外印度移民组织的大型集会，反复强调印度移民与印度的紧密联系以及为所在国贡献的智慧力量，印度移民将成为印度与所在国深化双边关系的纽带。2014年9月，莫迪访问美国并出席在纽约麦迪逊广场花园举行的大型集会，约1.8万名印度移民参加。莫迪呼吁印度移民支持"印度制造"计划并在印度本土投资。11月，莫迪访问澳大利亚期间出席在悉尼穹顶体育场举行的印度移民集会，1.6万余

---

① 世界移民组织：《世界移民报告2020》，2019年，第3页。
② Neil G. Ruiz, *Indian Migration to the U.S.*, Pew Research Center, 2018, p. 8.
③ 尼赫鲁认为印度政府与印度移民联系将有损移民所在国的主权，主张与印度移民保持距离。他曾表示如果印度移民加入了所在国的国籍，从政治上而言他们已经不再是印度公民。
④ 瓦杰帕伊政府出台的与海外印度人联系的相关政策包括每年举办海外印度人日、设立海外印度人奖、发放印度海外公民身份卡等。2004年5月，瓦杰帕伊政府成立非定居印度人事务部（Ministry of Non-Resident Indians' Affairs），负责处理所有与海外印度人相关事务，9月，该部更名为海外印度人事务部（Ministry of Overseas Indian Affairs）。2016年1月，海外印度人事务部并入外交部。
⑤ 陈小萍：《远程民族主义视角下的印度教认同与美国印度移民政治》，《世界民族》2013年第3期。
⑥ Bharatiya Janata Party, *Election Manifesto* 2014, p. 40.

人参加。2015年8月，莫迪访问阿联酋期间出席在迪拜板球运动场举行的印度移民集会，约5万人参加。11月，莫迪访问英国期间出席在温布尔顿体育场举行的印度移民集会，约7万人参加。此外，莫迪在访问中国、法国、加拿大、马来西亚、塞舌尔、毛里求斯和斐济等国家时均出席了印度移民的集会。

  2019年，印度人民党将"世界一家"写入竞选宣言，强调"世界一家"的理念是印度开展全球合作的基础，同时指出将建立相关机制，进一步深化与印度裔的文化关系并保持紧密联系。① 莫迪连任之后访问美国，出席在休斯敦瑞兰特体育场举行的"你好！莫迪"大型印度移民集会，超过5万人参加。可见，"移民外交"成了莫迪政府外交政策的重要组成部分。举办超大规模的印度移民集会与国民志愿服务团海外分支组织的动员支持密不可分，印度移民在所在国形成了颇具影响力的游说集团，在宣传印度外交政策和改善双边关系方面发挥了积极作用。印度人民党总书记马达夫表示："我们正在考虑改变外交策略，探索在海外提升国家利益的新路径。其他国家的守法公民（海外印度移民）也能发出印度的声音，这就是'移民外交'的长期目标，就像犹太群体在美国寻求以色列的国家利益一样。"②

  莫迪执政以来，"世界一家"的理念逐渐成为印度外交战略和政策制定的基本原则和指导思想之一。"世界一家"的理念推动莫迪政府重视"移民外交"，在巩固莫迪政府国内执政基础，提升印度国际形象和地位方面均发挥了重要作用。

（三）导致印巴的对立冲突加剧

  印巴关系一直是印度外交战略和政策的重心，国民志愿服务团认为巴基斯坦是从印度分裂出去的"伊斯兰国家"，长期坚持对巴基斯坦的敌对态度。影响印巴关系的关键是克什米尔问题，而废除宪法第370条，取消克什米尔的特殊自治地位是国民志愿服务团坚持的三大核心议题之一。莫迪执政以来，国民志愿服务团积极推动政府通过修正案，废除宪法第370条。同时，公开谴责巴基斯坦支持跨境恐怖主义，呼吁政

---

① Bharatiya Janata Party, *Election Manifesto* 2019, p. 38.
② Gleb Ivashentsov, "Modi: Focusing on the Indian Diaspora Abroad", *Russian International Affairs Council*, March 18, 2016, https://russiancouncil.ru/en/analytics-and-comments/analytics/modi-stavka-na-zarubezhnuyu-indiyskuyu-diasporu/.

府对巴基斯坦采取强硬政策。莫迪政府对巴基斯坦的态度立场深受国民志愿服务团的影响，该组织通过内部沟通和舆论施压，在很大程度上助推了莫迪政府对巴基斯坦的强硬政策，导致印巴关系再度紧张升温，对立冲突进一步加剧。

1. 取消克什米尔的特殊自治地位

废除宪法第370条，取消克什米尔的特殊自治地位，既是国民志愿服务团长期坚持的核心议题，也是印度人民党对国民志愿服务团的竞选承诺。进入第二个任期以来，随着莫迪政府执政基础的进一步巩固，国民志愿服务团呼吁政府尽快通过宪法修正案，废除宪法第370条，莫迪政府也加快了推进该议题的速度。

2019年8月5日，印度议会投票通过《查谟和克什米尔重组法案》，正式废除宪法第370条，取消了查谟和克什米尔的特殊自治地位。原查谟和克什米尔被拆分为两个联邦直辖区：具备地方立法权的查谟和克什米尔直辖区，不具备地方立法权的拉达克直辖区。此前，印控克什米尔实际上拥有相对独立的法律以及除国防、通信和外交之外的自治权。至此，国民志愿服务团长期坚持推动的议题成为现实。国民志愿服务团总书记苏雷什·乔希（Suresh Joshi）指出："国民志愿服务团对印度人民党政府做出的勇敢且具有历史意义的决定表示欢迎和赞赏，从宪法的角度而言，克什米尔与其他各邦应该具有同等的地位。"[1]

克什米尔问题一直是印巴关系的导火索，消息一出，巴基斯坦外交部迅速发布声明谴责印度单方面的行为，强调印控克什米尔是国际公认的争端土地，并表示将采取一切手段对抗印度的"非法行为"。同时，巴基斯坦总理伊姆兰·汗召开国家安全委员会会议，决定降级与印度的外交关系，暂停与印度的双边贸易。克什米尔是印度唯一一个穆斯林人口占多数的邦，议会投票同步废除的还包括宪法第35A条，[2] 相当于为印度教徒移民当地，改变人口结构扫清了障碍，对于国民志愿服务团推进印度教国家建设具有标志性的意义。《查谟和克什米尔重组法案》引发了克什米尔地

---

[1] "Article 370 scrapped, RSS says integration finally complete", *The Hindustan Times*, August 7, 2019, https://www.hindustantimes.com/india-news/article-370-scrapped-rss-says-integration-finally-complete/story-dWV0g8DdiaeiAKNHKkxgaO.html.

[2] 宪法第35A条是1954年对第370条的修正补充，废除该条款意味着印度其他邦的公民也可在克什米尔永久居留、置业、获取奖学金和进入邦政府工作。

区的大规模抗议，也进一步激化了印巴在克什米尔问题上的矛盾冲突。在印度宣布废除宪法第370条一年之后，2020年8月，巴基斯坦发布新版国家地图，明确将克什米尔标记为争端领土，并写明最终地位将参照联合国安理会相关决议确定。

2. 加大对印巴边境恐怖主义打击力度

自印巴分治以来，国民志愿服务团就一直指控巴基斯坦政府支持恐怖主义，威胁印度边境安全，反复呼吁印度政府加大对印巴边境恐怖主义势力的打击力度。莫迪执政以来，为巩固印度教徒的社会基础，同时兑现对国民志愿服务团的竞选承诺，展现对巴基斯坦的强硬姿态，印度人民党政府加大对边境恐怖主义势力的打击力度，在一定程度上导致印巴边境局势再度升温。

2016年1月，印度旁遮普邦伯坦果德（Pathankot）空军基地遭受袭击，疑与极端组织穆罕默德军有关。事件引发了国民志愿服务团的强烈反应，要求巴基斯坦停止支持恐怖主义活动，并呼吁印度政府对巴基斯坦进行报复。国民志愿服务团中央执行委员会成员因德雷什·库马尔（Indresh Kumar）指出："伯坦果德袭击事件意味着巴基斯坦不希望和平、和谐与发展，我们奉劝巴基斯坦放弃对印度的仇恨政策，如果继续采取这种极端方式，巴基斯坦将走向分裂。"① 世界印度教大会领导人普拉文·托加迪亚（Pravin Togadia）表示："伯坦果德袭击事件相当于对印度开战，决不能够通过外交或对话方式解决。"② 9月，莫迪政府对外发布消息，称印度空军越过印巴实际控制线，对巴控克什米尔进行了"外科手术式的攻击"，伯坦果德袭击事件再次引燃了印巴边境冲突。

2019年2月，印度中央储备警察部队车辆在印控克什米尔地区普尔瓦马（Pulwama）一高速公路遭遇恐怖袭击，印方称袭击造成至少44名警察部队人员死亡，随后穆罕默德军宣布对此次袭击负责。巴格瓦特随即表示："这是懦夫的行为，我们予以强烈谴责，政府必须采取行动，这是

---

① PTI, "Pathankot terror attack: Here is what RSS thinks about India-Pakistan Foreign Secretary level talks", *DNA*, January 4, 2016, https://www.dnaindia.com/india/report-here-is-what-rss-thinks-about-india-pakistan-foreign-secretary-level-talks-2162285.

② PTI, "Pathankot attack: Act of war can't be answered diplomatically, says Pravin Togadia", *Business Standard*, January 19, 2016, https://www.business-standard.com/article/pti-stories/act-of-war-can-t-be-answered-diplomatically-togadia-116011900821_1.html.

全体人民的诉求。"① 此后，多架印度战机越过克什米尔实际控制线，对巴基斯坦控制的穆扎法拉巴德地区进行空袭。印度称此次空袭目标是穆罕默德军的训练营，并造成300名恐怖分子丧生，巴基斯坦则表示空袭并未造成任何基础设施破坏和人员伤亡。国民志愿服务团在事后表示："我们对印度政府和空军的行动表示祝贺，行动平复了印度民众的愤怒。"② 另外，印度反复向联合国安理会提议将穆罕默德军头目马苏德（Masood Azhar）列入恐怖主义分子名单，最终于2019年5月获得通过。与此同时，巴基斯坦则呼吁将国民志愿服务团列为恐怖主义组织。印巴双方互相指控对方支持纵容恐怖主义势力，成为困扰双边关系的一个死结。

3. 巴基斯坦呼吁抵制国民志愿服务团

由于国民志愿服务团"反穆斯林"和"反巴基斯坦"的一贯立场，以及与印度人民党政府的紧密联系，巴基斯坦在多个国际场合公开抵制该组织。巴基斯坦的多位政治人士呼吁联合国将国民志愿服务团列为恐怖主义组织，伊姆兰·汗甚至将莫迪政府称为"纳粹式的政府"。此外，巴基斯坦指控国民志愿服务团受海外印度移民的资金支持从事恐怖主义活动，并向国际反洗钱金融行动特别工作组提议加大对该组织的监管力度并切断资金流。

巴基斯坦常驻联合国代表穆尼尔·阿克拉姆（Munir Akram）将国民志愿服务团指控为"暴力民族主义组织"，并将其与"伊斯兰国"和"基地组织"等恐怖主义组织相提并论。他还表示，鉴于国民志愿服务团对地区和国际和平安全造成显著影响，联合国安理会应该对包括国民志愿服务团在内的印度教民族主义组织采取行动。③

（四）增加中印关系的不稳定与不确定性

莫迪执政以来倡导"邻国优先"的外交政策，主动改善与中国等周边国家的关系，先后访问中国5次。由于印度对中国经济的依赖程度较

---

① "Kashmir terror attack: Pakistan says attack matter of concern, rejects India's charges | As it happened", *India Today*, February 15, 2019, https://www.indiatoday.in/india/story/pulwama-awantipora-jammu-and-kashmir-terror-attack-live-1456117-2019-02-14.

② "IAF airstrike translated anger of millions of India into action: RSS", *India Today*, Feburary 22, 2019, https://www.indiatoday.in/india/story/rss-iaf-airstrike-loc-pakistan-1465634-2019-02-26.

③ Aamir Latif, "Pakistan calls on UNSC to designate RSS as 'terrorist'", *Anadolu Agency*, January 15, 2021, https://www.aa.com.tr/en/asia-pacific/pakistan-calls-on-unsc-to-designate-rss-as-terrorist-/2111513.

高，本着务实主义的原则，莫迪在处理对华关系时尽量避免边界争端等问题影响双边经贸合作。然而，由于国民志愿服务团长期坚持对华敌对态度，政策立场激进强硬，一旦中印双方发生边境摩擦对峙或双边关系进入紧张状态时，国民志愿服务团和团家族成员组织就会发起"抵制中国"运动，制造反华舆论，同时，不断向政府施压，呼吁对华进一步采取强硬政策。由于印度人民党与国民志愿服务团的合作关系，在面对国内舆论压力时往往通过采取对华"示强外交"转移国内压力，对国民志愿服务团做出一定程度的政策妥协。因此，国民志愿服务团限制了莫迪政府对华战略和政策的空间，在很大程度上增加了中印关系的不稳定与不确定性。随着印度国内政治生态加速右转和日趋"印度教化"，致使印度内外政策更好冒险、更偏强硬，特别体现在对华外交方面。[①]

1. 在中印边界问题上立场强硬

在边界问题上对华强硬是印度教民族主义势力的一贯立场，早在印度独立前，印度教民族主义激进派就宣称印度要警惕中国可能的"对外扩张行为"。20世纪50—60年代，格尔瓦卡反复呼吁印度政府要积极防范来自中国的威胁，国民志愿服务团也就中印边界问题通过多项决议。

莫迪执政以来，中印边境地区先后发生了"洞朗对峙"和"加勒万河谷冲突"事件。在两起对峙冲突事件前后，国民志愿服务团发起大规模的"抵制中国"运动，在印度国内制造反华舆论，不断向莫迪政府施压，在很大程度上限制了莫迪政府的对华政策空间。为回应和转移国内压力，莫迪政府坚持对华强硬政策，不利于中印双方和平解决边界争端。同时，边界争端还迅速外溢到双边关系其他领域，进一步增加了中印关系的不稳定和不确定性。

国民志愿服务团在中印边界问题上的施压主要体现在制造反华舆论情绪和抵制中国产品。"洞朗对峙"事件发生之后，国民志愿服务团迅速鼓动反华情绪，在舆论上抹黑中国。同时，国民志愿服务团和团家族成员组织发起了大规模的抵制中国产品运动，运动范围和激进程度不断升级。民族觉醒论坛在全国发起抵制中国产品运动，并在中国驻印度大使馆和各地领事馆外游行示威。同时，出于经济和安全方面的考虑，呼吁印度政府限

---

① 胡仕胜、王珏、刘传玺：《从加勒万河谷冲突看印度陆锁式安全思维困局》，《印度洋经济体研究》2020年第4期。

制中国在印度投资。国民志愿服务团通过抹黑中国和抵制中国产品的方式，在印度国内制造反华情绪，对莫迪政府处理"洞朗对峙"事件施加了很大的舆论压力，限制了其政策的选择空间。

"洞朗对峙"结束后，国民志愿服务团将其视为"印度外交的胜利"。2017 年 9 月，国民志愿服务团召开协调会议，联合总书记曼莫汉·维迪亚称赞莫迪政府在"洞朗对峙"事件中的强势立场，印度的国际声誉得到了有效提升。巴格瓦特在 9 月底的十胜节讲话中表示经历"洞朗事件"之后，印度在国防和安全事务上不再选择妥协退让。他强调："无论是在处理边境争端层面，还是在对外关系层面，印度强硬坚决的立场在洞朗事件中得到充分体现。"① 尽管中印通过谈判协商结束"洞朗对峙"，但国民志愿服务团单方面宣称是"印度的外交胜利"，试图塑造印度对华外交强硬的形象，持续鼓动国内的反华情绪。

2020 年"加勒万河谷冲突"事件发生之后，国民志愿服务团和团家族成员组织再次大肆制造反华舆论。国民志愿服务团迅速发表声明，罔顾事实，公然宣称"加勒万河谷"冲突是中国对印度的"侵略和暴力行为"②。《组织者》杂志陆续发表多篇文章对中国进行舆论攻击，呼吁印度政府采取有效措施应对中国。面对国内日益高涨的反华舆论态势，莫迪政府授权边境部队自主开火权。在随后召开的全党派会议上，莫迪表示中国军队没有进入印度领土，也没有占领任何哨所。言论一出便引发了国民志愿服务团的强烈指责，莫迪政府随即改变表态，并向国民志愿服务团保证印度军队在加勒万河谷冲突中"占据优势"。

世界印度教大会总书记米林德·帕兰德（Milind Parande）针对加勒万河谷冲突事件表示："中国要意识到印度已不再是 1962 年的印度，我们有强大的领导人和军事力量。"③ 此外，民族觉醒论坛和全印学生联合会也陆续发起抗议活动。与"洞朗对峙"事件相比，国民志愿服务团和团

---

① "Summary of the Vijayadashami 2017 address of Sarsanghchalak Dr. Mohan ji Bhagwat", *Rashtriya Swayamsevak Sangh*, September 30, 2017, http://rss.org/Encyc/2017/9/30/mohan-bhagwat-vijayadashami-speech-2017.html.

② "Rashtriya Swayamsevak Sangh pays homage to the valiant soldiers", *Rashtriya Swayamsevak Sangh*, June 17, 2020, http://rss.org/Encyc/2020/6/17/Homage-to-valiant-soldiers.html.

③ Neelam Pandey, "VHP and its youth wings to begin 'boycott China' campaign, 'expose' its hand in Covid outbreak", *The Print*, June 18, 2020, https://theprint.in/india/vhp-and-its-youth-wings-to-begin-boycott-china-campaign-expose-its-hand-in-covid-outbreak/444294/.

家族成员组织在"加勒万河谷冲突"事件期间的反华言论更激进,抗议运动规模也更大。莫迪政府迫于舆论压力始终坚持强硬立场,中印双方经过多轮谈判仍然难以打破僵局。

2. 鼓动"去中国化"的经济民族主义政策

国民志愿服务团倡导"斯瓦德希"的经济发展理念,反对经济自由化改革,抵制进口产品,鼓励发展民族企业是其一贯的经济政策主张。2014年莫迪执政后提出了"新印度"的国家建设愿景,就经济发展政策而言,"莫迪经济学"的理念与国民志愿服务团倡导的"斯瓦德希"理念在目标上是一致的,但在具体的政策路线上则存在分歧。二者均强调通过"自力更生"的方式实现经济发展目标,但前者强调加强基础设施建设、大力发展制造业并改善国内投资环境,按照"古吉拉特模式"吸引外商投资,拉动国内经济发展。后者则强调抵制外国资本,延续"进口替代"模式,贸易保护主义的色彩十分浓厚。在两种经济发展理念的互动作用下,莫迪政府的经济政策在经济意识形态和施政方式上呈现出相互矛盾的特点。[1]

在对华经济政策上,莫迪深知印度对中国经济的依赖程度较高,尽管国民志愿服务团抵制中国产品和投资的宣传动员不断,但莫迪从政府层面保障了正常的中印经贸往来。随着中印双边贸易额的增长,印度对中国的贸易逆差进一步拉大,[2] 国民志愿服务团抵制中国产品和投资的宣传动员也不断升级。如果说莫迪首个任期坚持了实用主义和理性的对华经济政策,那么进入第二个任期,在新冠疫情暴发、国内经济持续下滑和中印边境冲突的多重原因的作用下,印度对华经济政策逐渐被国民志愿服务团倡导的"去中国化"的经济民族主义所绑架。

国民志愿服务团鼓动的经济民族主义政策主要针对中国,即实现经济领域的"去中国化"。在抵制中国产品和投资的宣传动员中,民族觉醒论坛充当了核心组织。该组织宣称中国不断向印度倾销廉价商品,对印度国内经济造成了严重冲击。同时,呼吁政府提高对中国产品的关税并对特定产品征收反倾销税。在国民志愿服务团和团家族成员组织的宣传动员下,

---

[1] 杨怡爽:《印度政府经济政策内在矛盾的政治逻辑》,《南亚研究》2021年第3期。
[2] 根据中国商务部网站数据,2014年,中印双边贸易额706.05亿美元,2019年为928.1亿美元,增长31.45%。2014年印度对中国贸易逆差378.47亿美元,2019年为568.5亿美元,增长50.21%。

莫迪政府相应进行了政策调整。2018年，莫迪政府决定对进口自中国的部分钢铁征收18%的反倾销税。进入第二个任期，莫迪政府的执政基础进一步巩固，政策路线也更加激进，对华经济政策"去中国化"的态势愈演愈烈。通过对莫迪连任以来印度对华经济政策的梳理可见，莫迪政府对华贸易抵制不断升级加码，相关政策出台的背后，国民志愿服务团和团家族成员组织均发挥了重要的推动作用。

国民志愿服务团鼓动的"去中国化"经济民族主义政策基本上遵循"逢中必反"的原则，呈现出明显的非理性特点。例如，国民志愿服务团认为《区域全面经济伙伴关系协定》是由中国主导的自贸协定，因此，呼吁莫迪政府退出谈判。在国民志愿服务团和相关利益集团的集体施压下，莫迪政府于2019年11月宣布退出《区域全面经济伙伴关系协定》谈判。莫迪政府选择退出谈判主要基于两点考虑，第一，该协定将对印度国内企业、劳工和农民群体造成较大冲击，损害了国民志愿服务团和团家族所代表群体的基本利益。另一方面，莫迪政府认为该协定由中国主导，退出谈判体现了印度抵制中国经济影响力的强硬立场。退出《区域全面经济伙伴关系协定》谈判也标志着印度后续对华一系列"去中国化"经济政策的开始。

2020年4月，莫迪政府修改外商直接投资政策，规定所有来自与印度陆地接壤国家的投资项目必须通过政府的国家安全审查，明显针对来自中国的投资项目。6月，莫迪政府计划对所有来自中国的进口货物进行查验，泰米尔纳德邦金奈港口首先暂停对中国进口货物的清关，并对所有货物进行查验。随后，印度电子信息部还以"有损印度的主权和完整、印度国防、国家安全和公共秩序"为由，禁用59款中国开发的移动应用程序，后续又分批禁用了大量中国开发的移动应用程序。此外，莫迪政府还限制中国公司参与工程项目投标并中止进行中的合作项目。7月，印度财政部修改法律，要求在公共采购项目中，凡是来自与印度陆地接壤国家的投标者，必须在相关政府部门完成登记才可参加，明显针对中国的公司。总之，莫迪政府的对华经济政策逐渐被"去中国化"的经济民族主义所绑架。

3. 操纵舆论并对华进行污名化

长期以来，美国等西方国家凭借话语权优势频繁对华污名化。莫迪执政以来，印度对华污名化的现象也有所增加。其中，以国民志愿服务团和团家族成员组织为核心的印度教民族主义势力借机炒作，不断操纵舆论并对华污名化，集中体现在对"一带一路"倡议的污名化和新冠疫情暴发以来的对华污名化。

国民志愿服务团以斯里兰卡和马尔代夫等南亚国家的"一带一路"合作项目为对象，大肆炒作"债务陷阱论"。同时，炮制中巴经济走廊"侵犯印度对克什米尔主权"的借口，呼吁印度和南亚国家集体抵制"一带一路"项目。国民志愿服务团将"一带一路"合作项目贴上"不透明""债务陷阱""附加政治条件"等一系列负面标签，渲染"一带一路"倡议对合作国家造成的负面影响。此外，国民志愿服务团还宣称"一带一路"倡议的核心战略意图是利用经济工具实现地缘政治利益，并不考虑合作国的实际经济发展，上升到对中国道德谴责的高度。

新冠疫情暴发以来，国民志愿服务团和团家族成员组织再次充当了对华污名化的核心组织。国民志愿服务团和团家族成员组织效仿美国等西方国家的错误认知和行为逻辑，将新冠病毒称为"中国病毒""武汉病毒"。例如，民族觉醒论坛全国召集人阿什瓦尼·马哈扬呼吁世界卫生组织将新冠病毒命名为"中国病毒"。全印印度教大会举行集会活动时，散布"中国人食用昆虫、蝙蝠等野生动物而感染病毒"的虚假言论。民族觉醒论坛还宣称中国在病毒出现时没有及时对外公布，[①] 指责中国是"不负责任的国家"，应该对新冠疫情大流行负责并进行赔偿。印度智库塔克夏西拉研究所的调查显示，67%的受访者将新冠病毒归咎于中国，50%的受访者认为"中国病毒"不是种族主义或污名化的名称。[②] 国民志愿服务团和团家族成员组织的对华污名化，进一步加剧了印度民众的对华负面认知。

第三节　国民志愿服务团影响政府决策的机制分析

从反对党成为执政党标志着印度人民党政治地位的实质性提升，也意

[①] 实际上，中国在获知新冠病毒信息后第一时间对外发布信息，于2019年12月31日向世界卫生组织通报，并与其保持技术沟通。同时，还根据《国际卫生条例》规定向国际社会进行疫情通报。

[②] Unnati Sharma,"67% Indians blame China for Covid-19, 50% say calling it 'Chinese virus' not racist: Survey", The Print, April 6, 2020, https://theprint.in/india/67-pc-indians-blame-china-for-covid-19-50-pc-say-calling-it-chinese-virus-not-racist-survey/396496/.

味着国民志愿服务团获得了有效的制度化政治渠道，能够更加直接地参与和影响政府决策。通过对比分析瓦杰帕伊政府时期和莫迪政府时期国民志愿服务团对内政外交的影响，可以发现，国民志愿服务团的政治影响力显著提升。尤其是莫迪执政以来，国民志愿服务团对印度人民党政府决策和印度内政外交产生了较为深刻且持久的影响。国民志愿服务团影响政府决策的具体机制与利益集团存在一定相似性，然而，作为社会运动组织又具有其独特性。因此，对国民志愿服务团影响政府决策的机制进行分析，既有助于加深对国民志愿服务团与印度人民党互动关系的认识，也有助于厘清印度人民党政府政策制定背后国民志愿服务团的作用影响。

一 观念塑造：印度教民族主义的意识形态纽带

国民志愿服务团是印度人民党的意识形态母体组织，以印度教特性为核心的印度教民族主义意识形态是二者联系的天然纽带。印度人民党在发展过程中深受国民志愿服务团思想观念的影响，具有鲜明的印度教民族主义意识形态底色。印度人民党的意识形态和政策立场始终没有偏离印度教民族主义的主线。因此，在很大程度上，国民志愿服务团的思想观念和印度教民族主义的意识形态能够深刻塑造印度人民党政府的执政理念。

例如，国民志愿服务团致力于推动印度教文化的复兴，团结印度教社会，建设一个印度教主导的印度教国家。同时，试图以印度教民族主义的叙事方式改写印度历史。印度人民党政府诸多社会、教育、文化领域的政策法律等均带有明显的国民志愿服务团烙印，包括推行屠牛禁令，修改历史教科书，推广瑜伽和印地语，颁布《公民身份修正法案》和《反改宗法》等。此外，国民志愿服务团的地缘政治观念也塑造着印度对自身国际地位和外交立场的认知判断，莫迪政府逐步将"印度优先""领导性强国"和"世界领袖"等目标融入了印度的外交战略。同时，由于国民志愿服务团对巴基斯坦和中国一贯的敌对态度，印度人民党政府对巴基斯坦和中国的外交立场日趋激进强硬。观念塑造是"潜移默化式"的，对政党和政府决策的影响也是深刻而持久的，因此，在一定程度上，国民志愿服务团的思想观念成为印度人民党政府决策的依据和前提。

二 议程设置：操纵印度教民族主义的核心议题

议程设置理论认为新闻媒介能够提高议题的显著性，在很大程度上设置了公众的议程。也就是说,新闻媒介在告诉人们怎么想的方面不成功,但在告诉人民想什么方面则非常成功。① 通过研究发现,国民志愿服务团不断鼓动舆论,发起社会动员,以议程设置的方式有效提高了公众和政府对印度教民族主义议题的关注度,并对印度人民党政府的决策产生了重要影响。国民志愿服务团长期坚持印度教民族主义的三大核心议题:在阿约迪亚重建罗摩庙;废除宪法第370条,取消克什米尔的特殊自治地位;制定统一民法。为推动实现三大核心议题目标,国民志愿服务团先后发起了一系列的大规模社会动员。一方面积极鼓动舆论,提高公众对相关议题的关注度。另一方面通过内部沟通协调的方式,推动印度人民党政府将相关议题的优先级提前。

在国民志愿服务团的影响和推动下,印度教民族主义相关核心议题已写入印度人民党的竞选宣言。大选期间,国民志愿服务团加强媒体宣传,塑造印度教身份认同,渲染印度教徒与穆斯林的对立冲突,有效提高了公众和政府对议题的关注度。相关核心议题逐渐成为国民志愿服务团操纵舆论环境,影响印度人民党政府决策的有力工具。莫迪执政以来,印度教民族主义三大核心议题的推进速度十分迅速。2019年7月,莫迪政府正式废除了穆斯林"三声离婚"制度,为制定统一民法初步奠定基础。8月,莫迪政府宣布废除宪法第370条款,取消了查谟和克什米尔的特殊自治地位。11月,印度最高法院宣布关于"罗摩出生地"案的裁决结果,印度教徒在法律上获得了争议土地的所有权,为重建罗摩庙扫清了法律层面的障碍。可见,议程设置是国民志愿服务团影响印度人民党政府决策的重要途径。

三 委托代理:与印度人民党形成委托代理关系

委托代理理论源于新制度经济学,其核心是解决在利益冲突和信息不对称的条件下,委托人对代理人的激励问题,即委托人如何设计最优契约有效激励代理人。② 该理论有两个基本假设,第一,委托人与代理人的利益相互冲突。第二,委托人与代理人之间信息不对称,代理人掌握的信息

---

① [美]马克斯韦尔·麦库姆斯:《议程设置:大众媒介与舆论》,郭镇之、徐培喜译,北京大学出版社2018年版,第5—6页。

② 刘有贵、蒋年云:《委托代理理论述评》,《学术界》2006年第1期。

多于委托人。实际上，该理论同样适用于对社会运动与政党关系的分析，进行结盟的社会运动与政党之间可以被视为一种委托代理关系，社会运动是委托人，政党是代理人。社会运动一般通过激励机制和惩罚机制来影响政党的行为逻辑，确保政党不偏离基本的意识形态和政策立场。

印度人民党源于国民志愿服务团的政治分支组织，二者存在继承关系并形成了社会运动与政党的天然联盟。国民志愿服务团和团家族成员组织为印度人民党提供竞选动员支持，推动印度人民党成功执政。印度人民党则以推行印度教民族主义政策的方式来兑现竞选承诺。国民志愿服务团将印度人民党视为"政治代理人"，通过印度人民党政府推动印度教民族主义议题。在一定程度上，国民志愿服务团与印度人民党形成了社会运动与政党之间的委托代理关系。当印度人民党偏离国民志愿服务团的意识形态和政策立场时，后者就启动惩罚机制，印度人民党将被迫修正行动路线进行妥协。当印度人民党回归国民志愿服务团的意识形态和政策立场时，后者就启动激励机制，印度人民党将主动强化行动路线进行反馈。[①] 印度人民党政府尤其是莫迪政府具有鲜明的国民志愿服务团底色，绝大多数的印度人民党高层干部均具有国民志愿服务团背景，这种人员的互动联系使得"旋转门"的政治机制持续发挥作用。因此，国民志愿服务团能够通过委托代理的方式对印度人民党政府决策施加有效影响。

四 社会抗争：外部抗争与内部参与的双重策略

通常，利益集团也能够通过观念塑造、议程设置或委托代理的方式影响政府决策，然而，上述方式均限于制度化政治渠道。与利益集团不同，社会运动具有典型的抗争性，在特定情况下可以采取游行、示威、静坐甚至暴动骚乱等非制度化政治的抗争手段。特别是在社会运动与执政党存在政策分歧和利益冲突的议题上，当内部参与方式的有效性降低时，社会运动往往诉诸外部抗争的策略。因此，作为社会运动组织，国民志愿服务团能够采取外部抗争和内部参与的双重策略，从制度化政治与非制度化政治渠道同时对政府决策施加影响。

例如，在推动重建罗摩庙议题上，国民志愿服务团与印度人民党的立

---

① 关于国民志愿服务团与印度人民党委托代理关系的进一步分析，可参见王凯《社会运动、委托代理与印度人民党的行动逻辑》，《南亚研究》2021年第1期。

场一致，前者选择以参与策略为主，抗争策略为辅，采用公众讲话和集会等温和的抗争策略对政府施压，但始终坚持政府内部沟通的参与策略，强调在宪法框架下寻求解决方案，避免与政府直接对抗。在商品和服务税改革议题上，国民志愿服务团与印度人民党存在分歧，前者选择以抗争策略为主，参与策略为辅，首先通过请愿、听证会和政策沟通会等参与策略与政府沟通，同时采取相对温和的抗争策略并取得了初步成效。然而，在核心诉求未得到有效满足时，国民志愿服务团开始采取大型集会、游行示威甚至暴动等激进的抗争策略，不断向政府施压。[①] 可见，与利益集团相比，国民志愿服务团作为社会运动组织能够采取外部抗争与内部参与的双重策略，对政府决策施加影响的有效性更高。

本章小结

当社会运动获得制度化政治渠道，与政治精英尤其是执政党建立合作关系时，就能够对政府决策施加有效的影响，而社会运动与政党的关系在很大程度上决定了社会运动对政府决策的实际影响程度。当二者合作关系破裂时，制度化政治渠道的有效性降低，社会运动对政府决策的影响就比较有限。当二者合作关系紧密时，制度化政治渠道的有效性高，社会运动对政府决策的影响就比较大。在特定条件下，社会运动与政党特别是执政党可以形成一种互利共生的关系，能够更加深刻且持久地影响国家的内政和外交。通过对瓦杰帕伊政府和莫迪政府时期国民志愿服务团对印度内政外交的影响分析，基本印证了上述判断。另外，通过上述分析还可以初步梳理国民志愿服务团影响印度人民党政府决策的四种机制：观念塑造、议程设置、委托代理与社会抗争。

瓦杰帕伊政府时期是印度人民党首次完整执政，为国民志愿服务团提供了前所未有的政治机会，国民志愿服务团在获得制度化政治渠道后，试图积极影响政府决策。然而，由于瓦杰帕伊政府是少数党联合政府，决策过程受到其他执政党的掣肘。同时，印度人民党与国民志愿服务团产生分

[①] 关于国民志愿服务团通过抗争与参与的双重策略影响莫迪政府决策的进一步分析，可参见王凯《印度国民志愿服务团对莫迪政府决策的影响——基于社会运动制度化的视角》，《南亚研究季刊》2020年第3期。

歧，二者关系从合作走向破裂，导致制度政治渠道的有效性降低，后者难以通过印度人民党有效影响政府决策。就国民志愿服务团对印度社会政治发展的影响而言，首先，推动了 21 世纪初期印度教民族主义的复兴。其次，开始了教育文化领域"橘黄色化"进程。最后，助长了针对穆斯林和基督教徒等宗教少数群体的暴力事件。就国民志愿服务团对印度外交战略和政策的影响而言，首先，推动瓦杰帕伊政府重启核试验并采取积极防御的核政策。其次，由于国民志愿服务团对巴基斯坦的敌对立场，阻碍了印巴关系的正常化进程。最后，国民志愿服务团长期防范和敌视中国，也影响了中印双边关系的改善。

莫迪政府是印度时隔三十年来首个多数党政府，国民志愿服务团和印度人民党经历了十余年的分歧、磨合和调整之后，二者的关系实现了从矛盾分歧到互利共生的转变。莫迪执政以来，国民志愿服务团的制度化政治渠道有效性迅速提升，开始更多地参与和影响政府决策，对印度内政和外交的影响达到了空前的水平。就国民志愿服务团对印度社会政治发展的影响而言，首先，推动了印度教民族主义向日常生活领域的渗透。其次，推动了教育文化领域的全面"橘黄色化"。最后，穆斯林和基督教徒等宗教少数群体的社会地位进一步边缘化。就国民志愿服务团对印度外交战略和政策的影响而言，首先，受国民志愿服务团关于印度争当"世界领袖"愿景的影响，莫迪政府对印度的国际地位判断以及外交战略目标进行了重新调整，并致力于成为"领导性强国"。其次，根据国民志愿服务团"世界一家"的传统理念，莫迪政府重视与海外印度人的联系，并积极发挥"移民外交"的纽带作用。再次，在国民志愿服务团的推动和施压下，莫迪政府对巴基斯坦的政策立场更趋强硬，导致印巴对立冲突不断加剧。最后，由于国民志愿服务团鼓动反华舆论并对政府施压，限制了莫迪政府对华战略和政策的空间，在很大程度上增加了中印关系的不稳定性与不确定性。

结　　论

本书采用社会运动理论的视角，构建了一个包含政治机会、资源动员和框架建构三大要素的整合性解释框架，以关键历史时期为线索，具体分析了国民志愿服务团是如何参与并影响印度社会政治发展的。具体包括三个子问题：第一，国民志愿服务团是如何发展壮大的？第二，国民志愿服务团在不同历史时期是如何参与印度政治过程的？第三，印度人民党执政时期国民志愿服务团对内政和外交产生了怎样的影响？在结论部分，本书首先结合研究问题探讨关于国民志愿服务团的研究发现与启示。其次，分析国民志愿服务团的个案研究对社会运动研究和社会运动理论的贡献。最后，指出本研究的不足之处以及未来进一步的研究方向。

一　关于国民志愿服务团的研究发现与启示

国民志愿服务团成立于 1925 年，经历了近百年的发展过程，尽管在历史上三次被政府取缔，但并没有走向消亡，至今已成为印度最大的非政府组织。从 20 世纪初英国殖民时期到莫迪执政以来，国民志愿服务团长期、深度参与并影响着印度的社会政治发展，其生命力和影响力甚至超过了绝大多数的政党。国民志愿服务团和团家族的社会网络规模庞大，盘根错节，俨然扮演了"深层国家"的角色。同时，作为印度人民党的意识形态母体组织，国民志愿服务团与印度人民党有着千丝万缕的联系。印度人民党的崛起和执政与国民志愿服务团的动员支持密不可分，二者逐渐形成了在政治和文化领域互利共生的关系。

莫迪执政以来，在国民志愿服务团和印度人民党的共同推动下，印度的社会政治环境发生了重要变化，印度教民族主义强势崛起并逐渐成为主流意识形态。同时，印度教民族主义势力还深刻影响并试图控制印度社会、文化和教育等公共领域。如今，国民志愿服务团深刻影响着印度的内政和外交，甚至还外溢到对南亚地区局势和全球主要大国关系的影响。国民志愿服务团的产生、发展及其参与政治过程是一种十分特殊和重要的社会政治现象，本书对该组织和这一现象进行了比较系统深入的研究，获得了诸多发现和启示。

（一）社会运动三大要素的综合作用

政治机会、资源动员和框架建构是影响社会运动产生与发展的三大要素，其中，政治机会主要影响着社会运动的发生和形式，资源动员主要影响社会运动的组织运行和动员效率，框架建构关注社会运动的主观层面，即思想动员和观念塑造，三者共同构成了成功社会运动的充分必要条件。同时，政治机会、资源动员与框架建构并非相互独立，而是在相互作用中共同影响社会运动的产生与发展。因此，成功的社会运动是政治机会、资源动员和框架建构三大要素综合作用的结果。

国民志愿服务团本质上是一个社会运动组织，从社会运动三大要素的视角分析能够带来更为全面深入的发现和启示。从政治机会来看，国民志愿服务团根据政治机会条件选择不同的发展路径，并结合政治机会的变化及时调整运动形式。同时，采取多种策略争取扩大政治机会。例如，在英国殖民时期，由于英印政府的镇压，国民志愿服务团主要专注组织发展建设，避免直接参与政治活动。印度独立后经历首次被禁，国民志愿服务团决定成立人民同盟参与政党竞争，试图建立制度政治渠道，逐步扩大政治机会。20世纪80年代以来，国大党出现执政危机，国民志愿服务团和印度人民党及时调整运动策略，转向激进的宗教政治动员，进一步扩大政治机会。瓦杰帕伊政府和莫迪政府时期，印度人民党执政为国民志愿服务团带来有效的政治机会，国民志愿服务团则积极推动和影响政府决策。

从资源动员来看，国民志愿服务团根据资源动员的需求，逐步完善组织和制度建设，在各领域建立团家族成员组织。同时，通过发起大规模的社会运动，不断巩固和扩大社会基础。例如，国民志愿服务团成立初期确立了最高领袖、沙卡和宣传干部等制度，奠定了资源动员的组织基础。印度独立后，国民志愿服务团根据动员需要，先后成立人民同盟、印度工人联合会和世界印度教大会等重要分支组织，初步形成了团家族的社会网络并在此基础上发起大规模社会运动。20 世纪 80 年代以来，由于印度社会政治环境的变化，国民志愿服务团转向激进的宗教政治动员，发起罗摩出生地运动并直接推动了印度人民党的迅速崛起。瓦杰帕伊政府和莫迪政府时期，国民志愿服务团则主要与印度人民党进行内部沟通协调，获取政府层面的政策支持。

从框架建构来看，国民志愿服务团采用印度教民族主义的叙事话语体系，形成以"反穆斯林"为核心的框架建构基础，不断操纵印度教民族主义议题，强化印度教的身份认同。同时，持续对国大党的政策路线进行舆论攻击。英国殖民时期，国民志愿服务团指出印度教社会呈现分裂衰弱状态，将穆斯林视为外来威胁，强调团结印度教社会并建设印度教国家，形成了"反穆斯林"框架建构的基础。印度独立后，国民志愿服务团延续了"反穆斯林"的框架建构，同时，聚焦了一系列印度教民族主义核心议题。20 世纪 80 年代以来，国民志愿服务团再次强调印度教集体身份认同，以"积极的世俗主义"对抗国大党的反框架建构。瓦杰帕伊政府和莫迪政府时期，国民志愿服务团则以爱国主义的名义大力宣传印度教民族主义意识形态，推动社会、教育和文化领域的"橘黄色化"进程。

（二）国民志愿服务团与政党的互动关系

传统观点认为，社会运动处于制度化政治体系之外，是一种从外部针对现有政治体系的抗争行为。然而，在现实情况中却并非如此。为了维持自身发展和提升影响力，社会运动往往与制度化政治体系中的政党产生某种联系。经验研究也表明，政党的成员、命运、结构与社会运动是密切相关的。[①] 因此，社会运动与政党的互动关系是分析社会运动参与并影响政治过程的重要观测指标。通过研究发现，国民志愿服务团产生、发展及其参与政治的过程，正是与国大党、人民同盟和印度人民党不断互动博弈的过程，而该组织的政治影响力也体现在与政党的互动关系之中。

1. 英国殖民时期与国大党的关系

英国殖民时期，国民志愿服务团面对的主要政党是国大党。二者均致力于反英国殖民的运动，但因政策路线不同，保持相对独立，没有产生直接联系。国民志愿服务团创立者海德格瓦早期曾加入国大党并积极参加独

---

① ［美］杰克·戈德斯通：《国家、政党与社会运动》，章延杰译，第 xviii 页。

立运动，他试图在国大党内部成立志愿服务组织但遭到反对。在与国大党的政策路线产生分歧之后，海德格瓦脱离国大党并成立国民志愿服务团。1929年，国大党通过争取印度完全独立的决议，国民志愿服务团表示希望与国大党开展合作。在甘地领导"食盐进军"运动期间，海德格瓦同时发起"森林进军"运动，共同抵抗英国殖民统治。

然而，国大党始终将国民志愿服务团视为教派主义组织，与其保持距离，禁止党员干部加入国民志愿服务团。在国大党领导的"退出印度"运动期间，国民志愿服务团没有正式参加，印度独立后国大党政府也没有承认国民志愿服务团的地位和作用。因此，在英国殖民时期，国大党与国民志愿服务团地位悬殊，前者是处于政治体系中的主流政党，后者则是处于政治体系外部的、边缘化的社会运动组织，二者不存在正式的互动关系，国民志愿服务团的政治影响力也十分有限。

2. 印度独立后与人民同盟的关系

印度独立后，国大党成为执政党，国民志愿服务团则受到镇压，因被指控参与谋杀甘地而被政府取缔，二者形成了社会运动与执政党之间的抗争关系。为了争取政治庇护并扩大政治机会，国民志愿服务团于1951年成立政治分支组织人民同盟，二者由此形成了联盟关系。由于人民同盟成员主要来自国民志愿服务团的宣传干部和志愿者，使得国民志愿服务团对人民同盟有着天然的影响力，后者对前者是一种非对称的依赖关系。国民志愿服务团与人民同盟之间以组织书记为联系纽带，并通过组织书记实现对人民同盟的控制和影响。在一定程度上，人民同盟成为国民志愿服务团的"政治代理人"，国民志愿服务团可以不直接参与政治活动，但仍能够通过人民同盟来提升自身的影响力。国民志愿服务团主要通过提供竞选动员支持的方式与人民同盟保持合作，共同致力于取代国大党的执政地位。

人民同盟成立初期，由于国民志愿服务团最高领袖格尔瓦卡远离政治的倾向和人民同盟的内部分歧，国民志愿服务团与人民同盟的合作关系比较松散，国民志愿服务团的发展情况和人民同盟的政治地位均不理想。直至1967年大选，人民同盟的选举表现取得重要突破，对国大党在地方的执政地位形成有效挑战，国民志愿服务团的政治影响力也随之上升。1975年，国民志愿服务团再次被政府取缔。与首次被禁不同，国民志愿服务团能够通过人民同盟联合其他政党等政治力量争取解禁。其间，人民同盟与其他政党形成竞选联盟并赢得1977年大选，组建了首个非国大党政府，国民志愿服务团宣传干部首次进入中央政府内阁，针对国民志愿服务团的禁令也随之解除。然而，由于人民同盟"双重成员"问题，人民党政府因内部分歧而解散，随后人民同盟脱离人民党独立成为印度人民党。可见，国民志愿服务团的政治影响力与人民同盟的选举表现密切相关，呈现出一定的同步趋势。

3. 20 世纪 80 年代以来与印度人民党的关系

鉴于人民党联合政府失败的经历，印度人民党开始淡化意识形态，争取建立更为广泛的社会基础和政党联盟。然而，国民志愿服务团最高领袖德奥拉斯坚持政治激进主义的路线，印度人民党的"折中路线"与国民志愿服务团坚持意识形态纯洁性的立场产生分歧，二者的紧张关系也导致印度人民党的选举失利。经历了短暂的磨合与调整之后，国民志愿服务团、世界印度教大会和印度人民党分工合作发起大规模的宗教政治动员，罗摩庙出生地运动直接推动了印度人民党的迅速崛起。1991 年印度人民党成为议会最大的反对党，1996 年成为议会第一大党，1998 年，成功组建联合政府并执政，1999—2004 年，瓦杰帕伊政府完成首个五年任期。瓦杰帕伊政府标志着印度人民党首次在中央完整执政，也意味着国民志愿服务团迎来了空前的政治机会。然而，由于印度人民党与国民志愿服务团产生分歧，二者的关系从合作走向破裂，导致制度政治渠道的有效性降低，国民志愿服务团难以通过印度人民党有效影响政府决策。在一定程度上，二者合作关系的破裂也导致了印度人民党在 2004 年竞选失败。此后，二者的紧张关系一直持续并不断恶化，直到 2009 年巴格瓦特出任国民志愿服务团最高领袖后，二者的关系才开始得到修复。

2014 年大选期间，国民志愿服务团全力投入对印度人民党的竞选动员支持，莫迪领导印度人民党以绝对多数赢得大选，结束了印度长达 30 年的"悬浮议会"状态。国民志愿服务团和印度人民党经历了十余年的分歧、磨合和调整之后，二者的关系实现了从矛盾分歧到互利共生的转变。作为政治交换，莫迪政府任命了大量国民志愿服务团背景人员担任政府和相关机构要职。因此，国民志愿服务团制度化政治渠道的有效性迅速提升，开始更多地参与和影响政府决策。2019 年印度人民党再次以绝对多数连任，国民志愿服务团对政府决策的影响也达到了空前的水平。国民志愿服务团和印度人民党的互动关系表明，社会运动与政党可以形成一种互利共生的关系，使得社会运动能够持续和深刻地影响政府的决策。

(三) 国民志愿服务团影响政府决策的机制

当印度人民党从反对党转变为执政党，国民志愿服务团面临的政治机会迅速扩大，制度化政治渠道的有效性也随之提升。因此，国民志愿服务团能够更加直接和有效地参与并影响政府的决策。通过对比分析瓦杰帕伊政府和莫迪政府两个执政时期，可以初步梳理国民志愿服务团影响政府决策的四种机制：第一，观念塑造。以印度教特性为核心的印度教民族主义意识形态是国民志愿服务团与印度人民党的天然纽带，在很大程度上塑造了印度人民党政府的执政理念。第二，议程设置。国民志愿服务团长期操纵印度教民族主义核心议题，通过鼓动舆论，发起社会动员，以议程设置的方式有效提高政府和公众对相关议题的关注度。第三，委托代理。国民志愿服务团与印度人民党形成了一种社会运动与政党之间的委托代理关系，印度人民党在一定程度上扮演了"政治代理人"的角色。国民志愿服务团主要通过激励和惩罚机制，持续影响印度人民党政府的决策。第四，社会抗争。与利益集团不同，国民志愿服务团作为社会运动组织，能够采取外部抗争和内部参与的双重策略，从制度化政治与非制度化政治渠道同时对政府决策施加影响。

二　对社会运动研究和理论的贡献

社会运动理论起源于西方国家，存在美国和西欧两大研究传统，因此，大多数的社会运动研究均为基于西方国家经验，针对非西方国家和发展中国家的社会运动研究则相对不足。发展中国家社会运动的经验现象具有显著的特殊性，印度是发展中国家的主要代表。因此，针对印度社会运动的专门研究，既有助于加深对印度社会政治发展过程和规律的认识，还有助于分析发展中国家社会运动的特殊现象。因此，本书丰富了社会运动研究的经验案例，也在一定程度上拓展了社会运动理论的解释范围。

(一) 非西方国家社会运动的特殊形式

20世纪60年代以来，美国社会发生了公民权运动、黑人解放运动、宗教运动、反战运动和女权运动等一系列社会运动。总体而言，上述社会运动有着较为具体明确的目标诉求，主要针对特定议题或群体，并拥有领导者、组织者和大量追随者。然而，相关社会运动的组织结构比较松散，一般采取静坐、游行、示威、罢工和集会等方式进行抗争，持续的时间跨度比较有限，并没有形成长期的、全社会范围的持续有效动员。随着西方国家社会运动的不断发展，社会运动组织的专业化程度不断提高，部分社会运动最终转变为利益集团或政党，制度化水平也不断提高。然而，就运动目标、持续时间跨度、组织规模、动员范围和政治影响力而言，类似国民志愿服务团的经验现象在西方国家十分罕见，在很大程度上拓展了我们对社会运动的认识。

首先，国民志愿服务团的最终目标是复兴印度教文化，团结印度教社会并建设印度教国家。国民志愿服务团的组织目标是一种宏观且长期的使命愿景，该目标难以在短期内实现，意味着国民志愿服务团发起的将是一个漫长的、推动印度社会变革的大规模社会运动。因此，无论是从追求社会变革的程度还是从运动的持续时间跨度来看，国民志愿服务团都远超过西方国家的一般社会运动。

其次，作为社会运动组织，国民志愿服务团能够取得成功的重要原因之一就是其独特的组织结构和动员方式。以国民志愿服务团为核心的团家族形成了一个类似"伞形"的庞大社会网络，该网络深入印度政治、经济、文化、宗教、教育、医疗卫生等各领域，在政党、学生、工人、农民、妇女和部落等社会阶层中均设有分支组织，成了深刻影响印度社会政治发展的"深层国家"。国民志愿服务团本身兼具专业社会运动组织和草根社会运动组织的特征和功能，一方面，国民志愿服务团形成了包括最高领袖、总书记、中央执行委员会、全国代表大会和各部门在内的科层制结构，确保组织的高效运行和相关政策的执行。同时，国民志愿服务团与各团家族成员组织形成一种非正式的关系，通过组织书记实现沟通协调。另一方面，国民志愿服务团设置了从地区级到社区级的地方分支机构，覆盖印度各级行政区划，能够实现不同层次的有效动员。国民志愿服务团通过培养宣传干部专职从事宣传动员工作，利用数量庞大的基层组织沙卡来吸引更多的志愿者加入，充分发挥了草根社会运动组织的人员动员优势。

最后，国民志愿服务团深刻影响印度人民党政府的决策，近乎扮演了"政府导师"的角色。国民志愿服务团的宣传干部是印度人民党和莫迪政府成员的最主要来源。因此，国民志愿服务团成了印度政坛的人才"孵化器"和"储备池"。① 莫迪政府任命了大量国民志愿服务团背景人员担任政府和相关机构要职，这种人员的互动联系使得"旋转门"的政治机制持续发挥作用，国民志愿服务团对印度人民党和莫迪政府保持了天然的影响力。值得注意的是，国民志愿服务团的最终目标是实现广泛而深刻的社会变革，建设一个印度教国家。因此，对政府决策的影响只是一种途径和手段，这与西方国家社会运动或利益集团以影响政府决策为最终目标有所不同。

（二）社会运动的制度化过程

在社会运动的产生和发展过程中，为避免遭受国家镇压，将会尝试与政治精英建立联盟，开辟制度化政治渠道。当社会运动尝试与制度化政治体系建立联系时，需要在一定程度上遵循常规政治准则，也就意味着某种程度的制度化。社会运动的制度化具有不同的表现形式，既包括社会运动目标和策略从激进转向温和，社会运动理念被正式接受等主观层面的制度化，也包括社会运动组织的正式化、官僚化和专业化，社会运动与政治精英结盟，进入政治体系，转变为利益集团或政党等客观层面的制度化。与政党建立联盟是社会运动制度化最常见和最主要的方式，一般表现为社会运动为政党提供竞选动员支持，政党执政后以满足社会运动目标诉求作为政治交换。

经验研究表明，西方国家的社会运动往往最终走向完全制度化，即彻底转变为利益集团或政党。然而，完全制度化相当于放弃了社会运动的自主性而被国家"收编"，不再具有抗争性，失去了社会运动的基本特征和形式。在该情况下，利益集团或政党将受到制度化政治体系的严格限制，通常只能通过制度化政治渠道实现目标诉求。而国民志愿服务团则有所不同，它没有彻底转变为利益集团或政党，而是通过与印度人民党建立联盟的方式实现部分制度化。这样既能够通过制度化政治渠道对政府施加影响，同时，又能够通过原有的非制度化政治渠道进行外部抗争。与完全制度化的社会运动相比，部分制度化的社会运动能够游走于制度化与非制度化政治之间，同时采用外部抗争与内部参与的双重策略，更容易实现目标诉求，也有利于自身的长期生存发展。因此，部分制度化是社会运动制度

---

① 许娟：《宗教政治化：印度教民族主义的再次兴起及其对印度外交的影响》，第13页。

化过程的一种特殊形式，国民志愿服务团部分制度化的现象为我们提供了重要的经验和启发。

三 研究不足与未来研究方向

莫迪执政以来，国民志愿服务团引起了国内外学界越来越多的关注。然而，整体而言，国内学界关于国民志愿服务团的研究仍然以梳理和介绍为主，尚缺少专门的系统性研究，存在着较大的研究空间。本书以国民志愿服务团为研究对象，从社会运动理论分析了国民志愿服务团如何参与并影响印度社会政治发展，为丰富国内学界关于国民志愿服务团的研究做出了一些尝试和努力。然而，限于笔者研究能力、时间以及既有的研究资料和条件，本书尚存在一些不足之处。同时，本书只是笔者关于国民志愿服务团研究的起步，后续仍有诸多问题有待进一步研究。

（一）主要的研究不足

总体而言，本书存在的不足体现在以下两点：第一，研究涉及的时间范围跨度较大，难以有效还原国民志愿服务团完整的发展过程。本书将研究时间范围设定在1925年国民志愿服务团成立至今，时间跨度接近100年。在对繁多的历史事件进行梳理和筛选时，因选择偏差或资料限制，难免遗漏重要信息。为此，本书主要以印度社会政治发展的关键时期为参照，围绕社会运动理论的三大核心要素，梳理国民志愿服务团发展历史的重要事件，最终确定了该组织主要发展时期的划分。第二，对于国民志愿服务团的持续深入研究仍需要更多的第一手资料。本书引用了较多国民志愿服务团以及印度人民党的章程、讲话、会议决议、竞选宣言、出版物、著作等第一手资料，但整体而言，第一手资料仍然不够充分。例如，缺少针对国民志愿服务团的参与式观察和对成员的访谈资料，仍有待于在今后的调查和研究中不断补充和完善。

（二）未来的研究方向

以上研究不足之处也是笔者在未来研究中努力的方向，除此之外，今后还可以尝试社会运动的跨国比较研究。比较研究可以解释差异和探索机制，由于本书研究主要针对国民志愿服务团的个案，相关经验和结论的适用范围有限。后续研究可以以国民志愿服务团为基础进行跨国比较研究，尤其是发展中国家社会运动之间的比较研究。例如，土耳其与印度的国情具有很大的相似性，两国历史上都存在世俗与宗教之争，存在多元文化的交融碰撞，也都存在复杂深刻的教派矛盾。最为关键的是，同为社会运动，土耳其的社会伊斯兰运动——"居伦运动"与印度的国民志愿服务团具有较多的相似性，为什么类似"深层国家"的社会运动会在这些国家出现？二者的发展过程和政治影响力有何不同？对这些问题的探讨既有助于加深对发展中国家社会政治发展过程和规律的认识，也有助于拓展对发展中国家社会运动产生和发展一般机制的理解。

参考文献

一 中文参考文献

陈金英:《社会结构与政党制度:印度独大型政党制度的演变》,博士学位论文,复旦大学,2007年。

陈金英:《价值与工具:印度人民党意识形态诉求的政治学分析》,《武汉大学学报》(哲学社会科学版)2008年第5期。

陈金英:《莫迪执政以来印度人民党的扩张及其原因》,《当代世界》2018年第5期。

陈小萍:《远程民族主义视角下的印度教认同与美国印度移民政治》,《世界民族》2013年第3期。

陈小萍:《从印度人民党的选举战略看莫迪政府政策走向》,《南亚研究季刊》2014年第2期。

陈小萍:《印度教民族主义与独立后印度政治发展研究》,时事出版社2015年版。

大卫·布鲁斯特:《印度之洋:印度谋求地区领导权的真相》,杜幼康、毛悦译,社会科学文献出版社2016年版。

杜幼康、李红梅:《印度发展的内外环境及其崛起的战略支撑》,《印度洋经济体研究》2016年第3期。

杜幼康:《"一带一路"与南亚地区国际合作前瞻》,《人民论坛·学术前沿》,2017年第8期。

厄内斯特·盖尔纳:《民族与民族主义》,韩红译,中央编译出版社2002年版。

冯立冰:《莫迪执政以来印度人民党的组织资源与动员策略》,《南亚研究》2020年第4期。

冯仕政：《西方社会运动理论研究》，中国人民大学出版社 2013 年版。

傅菊辉、汪长明：《印度教民族主义对南亚国际关系的影响》，《世界民族》2009 年第 2 期。

葛维钧：《印度社会政治简史》，中国社会科学院南亚与东南亚研究所，1988 年。

胡仕胜、王珏、刘传玺：《从加勒万河谷冲突看印度陆锁式安全思维困局》，《印度洋经济体研究》2020 年第 4 期。

胡仕胜、王珏：《印度对华示强外交的行为逻辑》，《现代国际关系》2020 年第 7 期。

江亦丽：《橘黄旗下的联盟——印度教教派组织国民志愿服务团（RSS）剖析》，《南亚研究》1994 年第 2 期。

杰克·戈德斯通：《国家、政党与社会运动》，章延杰译，上海人民出版社 2009 年版。

李珉：《印度教与印度民族主义》，《南亚研究季刊》2004 年第 4 期。

李智育：《从"政治机会结构"理论视角看土耳其"居兰运动"的发展》，《现代国际关系》2015 年第 4 期。

林承节：《印度的独立后的政治经济社会发展史》，昆仑出版社 2007 版。

林良光：《印度政治制度研究》，北京大学出版社 1995 年版。

刘嘉伟：《印度社会政治发展与印度国民志愿服务团》，四川美术出版社 2018 年版。

刘静：《印度国民志愿服务团》，《当代世界》1999 年第 5 期。

刘思明：《社会运动与印度人民党的发展》，硕士学位论文，南京大学，2016 年。

刘思伟：《印美核关系：分歧与协调》，时事出版社 2015 年版。

邱昌情：《印度加入上海合作组织的进程、动力及影响》，《南亚东南亚研究》2019 年第 3 期。

邱永辉：《"印度教特性"释义》，《南亚研究》2003 年第 1 期。

邱永辉：《印度教、民族主义与印度人民党》，《南亚研究季刊》1998 年第 4 期。

任远喆：《印度外交理念的演进与莫迪政府外交变革初探》，《太平洋学报》，2017 年第 10 期。

荣鹰、张蕾：《"新印度"愿景与中印更加紧密的发展伙伴关系构建》，

《国际问题研究》2019 年第 6 期。

尚会鹏：《种姓与印度教社会》，北京大学出版社 2016 年版。

宋海啸：《印度对外政策决策——过程与模式》，世界知识出版社 2011 年版。

宋丽萍：《试析印度人民党的双重属性》，《当代世界社会主义问题》2005 年第 4 期。

宋丽萍：《印度教特性运动的政治文化解读》，《南亚研究》2019 年第 4 期。

宋丽萍：《印度人民党研究述略》，《世界历史》2004 年第 2 期。

宋丽萍：《印度人民党意识形态的发展变化》，《唐都学刊》2008 年第 6 期。

王邦佐：《政治学词典》，上海辞书出版社 2009 年版。

王佳尼：《社会运动理论视角下的土耳其伊斯兰运动研究》，博士学位论文，上海外国语大学，2017 年。

王金良：《社会运动研究：一个学术史的梳理》，《教学与研究》2015 年第 8 期。

王娟娟：《冷战后印度政党格局与政党政治：历史经验与未来走向》，《南亚研究季刊》2019 年第 3 期。

王凯：《印度国民志愿服务团对莫迪政府决策的影响——基于社会运动制度化的视角》，《南亚研究季刊》2020 年第 3 期。

王凯：《社会运动、委托代理与印度人民党的行动逻辑》，《南亚研究》2021 年第 1 期。

王丽：《国大党的兴衰与印度政党政治的发展》，博士学位论文，华东师范大学，2005 年。

王瑞领：《论莫迪执政以来印度外交政策的调整——基于印度政治发展的视角》，《南亚研究》2019 年第 4 期。

王世达：《印度教民族主义强势崛起及其影响》，《现代国际关系》2020 年第 2 期。

吴晓黎：《解析印度禁屠牛令争议——有关宗教情感、经济理性与文化政治》，《世界民族》2016 年第 5 期。

吴永年：《当代印度宗教研究》，上海外语教育出版社 1998 年版。

吴永年、赵干城、马孆：《21 世纪印度外交新论》，上海译文出版社 2004

年版。

夏立平:《论印度核政策与核战略》,《南亚研究》2007年第2期。

谢代刚:《印度国民志愿服务团研究》,巴蜀书社2016年版。

谢岳、曹开雄:《集体行动理论化系谱:从社会运动理论到抗争政治理论》,《上海交通大学学报》(哲学社会科学版)2009年第3期。

许娟:《宗教政治化:印度教民族主义的再次兴起及其对印度外交的影响》,《南亚研究》2020年第2期。

杨洁勉:《当代大国相互定位及时代特征分析》,《国际展望》2020年第3期。

杨洁勉:《新时代中国外交的战略思维和谋划》,《外交评论(外交学院学报)》2018年第1期。

杨洁勉:《中国特色大国外交的理论探索和实践创新》,世界知识出版社2019年版。

杨新天:《印度人民党意识形态的适应性演变及其成效分析》,《南亚研究》2020年第2期。

叶海林:《身份认知偏差对中印关系前景的影响》,《印度洋经济体研究》2020年第3期。

叶海林:《中国崛起与次要战略方向挑战的应对——以洞朗事件后的中印关系为例》,《世界经济与政治》2018年第4期。

曾祥裕、张春燕:《印度人民党与印度国民志愿服务团:协调、分歧与未来走向》,《南亚研究季刊》2017年第4期。

张莉:《民族主义与民粹主义:意识形态的构建还是政治策略的选择——以匈牙利民族民粹主义政党尤比克党为例》,《国外社会科学》2018年第2期。

张四齐、宋丽萍:《透视印度宗教危机管理机制——古吉拉特教派冲突个案分析》,《南亚研究季刊》2004年第1期。

赵鼎新:《社会与政治运动讲义》,社会科学文献出版社2012年版。

赵干城:《印度:大国地位与大国外交》,上海人民出版社2009年版。

赵干城:《中印关系:现状·趋势·应对》,时事出版社2013年版。

赵干城:《印度"东向"政策的发展及意义》,《当代亚太》2007年第8期。

周陈:《试析20世纪80年代印度教民族主义的政治复兴》,《南亚研究季刊》2004 年第 2 期。

朱明忠：《印度教民族主义的兴起与印度政治》，《当代亚太》1999 年第 8 期。

朱晓黎：《政治机会理论视角下的宗教组织与社会运动——以东欧独立和平运动为例》，《国际论坛》2012 年第 2 期。

［美］本尼迪克特·安德森：《想象的共同体：民族主义的起源与散布》，吴叡人译，上海人民出版社 2005 年版。

二 英文参考文献

Adeney, Katharine, and Lawrence Saez, eds., *Coalition Politics and Hindu Nationalism*, London: Routledge, 2007.

Advani, L. K., *My Country, My Life*, New Delhi: Rupa, 2008.

Ambedkar, B. R., "Did Hindu Never Eat Beef? In The Untouchables: Who Were They and Why They Become Untouchables?" in *Dr. Babasaheb Ambedkar Writings and Speeches* (Vol. 7), Bombay: Government of Maharashtra, 1990.

Ambekar, Sunil., *The RSS: Roadmaps for the 21st Century*, New Delhi: Rupa Publications India, 2019.

Anand, Arun., *Know About RSS*, New Delhi: Prabhat Paperbacks, 2019.

Anand, Arun., *The Saffron Surge: Untold Story of RSS Leadership*, New Delhi: Prabhat Paperbacks, 2019.

Andersen, Walter K., "The Rashtriya Swayamsevak Sangh: I: Early Concerns", *Economic and Political Weekly*, Vol. 7, No. 11, 1972.

Andersen, Walter K., "The Rashtriya Swayamsevak Sangh: II: Who Represents the Hindus", *Economic and Political Weekly*, Vol. 7, No. 12, 1972.

Andersen, Walter K., "The Rashtriya Swayamsevak Sangh: III: Participation in Politics", *Economic and Political Weekly*, Vol. 7, No. 13, 1972.

Andersen, Walter K., "The Rashtriya Swayamsevak Sangh: IV: Jan Sangh and Other Organisations", *Economic and Political Weekly*, Vol. 7, No. 14, 1972.

Andersen, Walter K., and Shridhar D. Damle, *The RSS: A View to the Inside*, New Delhi: Penguin Viking, 2018.

Andersen, Walter K., and Shridhar D. Damle, *The Brotherhood in Saffron:*

The Rashtriya Swayamsevak Sangh and Hindu Revivalism, Haryana: Penguin Random House India, 2019.

Andersen, Walter K., and Shridhar D. Damle, *Messengers of Hindu Nationalism: How the RSS Reshaped India*, New Delhi: Hurst Publishers, 2019.

Anthony, Elenjimittam, *Philosophy and Action of the R.S.S. for the Hind Swaraj*, Bombay: Laxmi Publications, 1951.

Bacchetta, Paola, *Gender in the Hindu Nation: Rss Women as Ideologues*, New Delhi: Women Unlimited, 2004.

Banerjee, Partha, *In the Belly of the Beast: The Hindu Supremacist RSS and BJP of India an Insider's Story*, New Delhi: Ajanta Books International, 1998.

Bapu, Prabhu, *Hindu Mahasabha in Colonial North India, 1915 – 1930: Constructing Nation and History*, London: Routledge, 2013.

Barthwal, Harish Chandra, *Rashtriya Swayamsewak Sangh: An Introduction*, New Delhi: Suruchi Prakashan, 2015.

Basu, Amrita, *Violent Conjunctures in Democratic India*, Cambridge: Cambridge University Press, 2015.

Basu, Tapan, et al., *Khaki Shorts and Saffron Flags: A Critique of the Hindu Right*, New Delhi: Orient Blackswan, 1993.

Benavides, Gustavo, and M. W. Daly, *Religion and Political Power*, Albany: SUNY Press, 1989.

Benford, Robert D., " 'You Could Be the Hundredth Monkey': Collective Action Frames and Vocabularies of Motive within the Nuclear Disarmament Movement", *The Sociological Quarterly*, Vol. 34, No. 2, 1993.

Benford, Robert D., and David A. Snow, "Framing Processes and Social Movements: An Overview and Assessment", *Annual Review of Sociology*, Vol. 26, 2000.

Bhambhri, C. P., *Bharatiya Janata Party: Periphery to Centre*, New Delhi: Shipra Publications, 2001.

Bharatiya Jana Sangh, *Party Documents (1951 – 1972)*, New Delhi: Bharatiya Jana Sangh, 1973.

Bharatiya Janata Party, *Election Manifesto 2014*, New Delhi: Bharatiya Janata Party, 2014.

Bharatiya Janata Party, *Election Manifesto* 2019, New Delhi: Bharatiya Janata Party, 2019.

Bhatt, Chetan, *Hindu Nationalism: Origins, Ideologies and Modern Myths*, Oxford: Berg Publishers, 2001.

Bhave, Y. G., *Modern Hindu Trinity: Ambedkar-Hedgewar-Gandhi*, New Delhi: Northern Book Centre, 2005.

Bidyut, Chakrabarty, and Kumar JhaBhuwan, *Hindu Nationalism in India: Ideology and Politics*, New York: Routledge, 2020.

Brass, P., "Elite Groups, Symbol Manipulation and Ethnic Identity Among the Muslims of South Asia", in D. Taylor and M. Yapp, eds., *Political Identity in South Asia*, London: Curzon Press, 1979.

Bright, Jagat S., *Guruji Golwalkar & R. S. S.: India's Man of Destiny and His Mighty Movement*, New Delhi: New India Publishing, 1972.

Chatterji, Angana P., Thomas Blom Hansen and Christophe Jaffrelot, eds., *Majoritarian State: How Hindu Nationalism Is Changing India*, New Delhi: HarperCollins Publishers India, 2019.

Chitkara, M. G., *Rashtriya Swayamsevak Sangh: National Upsurge*, New Delhi: APH Publishing, 2004.

Chopra, Rohit, *The Virtual Hindu Rashtra: Saffron Nationalism and New Media*, New Delhi: HarperCollins India, 2019.

Csíar, Ondřej, "Interest Groups and Social Movements", in David A. Snow, Donatella D. Porta, Bert Klandermans and Doug McAdam, eds., *The Wiley-Blackwell Encyclopedia of Social and Political Movements*, Malden: Wiley-Blackwell, 2013.

Curran, Jean Alonzo, *Militant Hinduism in Indian Politics: A Study of the R. S. S.*, New York: Institute of Pacific Relations, 1951.

Dasgupta, Swapan, ed., *Awakening Bharat Mata: The Political Beliefs of Indian Right*, New Delhi: Penguin Random House India, 2019.

Dass, Sujata K., *Atal Bihari Vajpayee: Prime Minister of India*, New Delhi: Kalpaz Publications, 2004.

Deoras, Balasahab., *Hindu Sangathan: The Need of the Nation*, New Delhi: Suruchi Sahitya, 1979.

Dhooria, Ram Lall, *I Was a Swayamsevak: An Inside View of The RSS*, New Delhi: Sampradayikta Virodhi Committee, 1969.

Eisinger, Peter K. , "The Conditions of Protest Behavior in American Cities", *American Political Science Review*, Vol. 67, No. 1, 1973.

Eklavya, *How RSS Is Financed*, New Delhi: Sampradayikta Virodhi Committee, 1971.

Fitzgerald, Timothy, *Religion and Politics in International Relations: The Modern Myth*, London: Continuum, 2011.

Freeman, Jo. , *The Politics of Women's Liberation: A Case Study of an Emerging Social Movement and Its Relation to the Policy Process*, New York: Longman, 1975.

Ghosh, Partha S. , *BJP and the Evolution of Hindu Nationalism: From Periphery to Centre*, New Delhi: Manohar, 1999.

Golwalkar, M. S. , *We or Our Nationhood Defined*, Nagpur: Bharat Prakashan, 1945.

Golwalkar, M. S. , *Bunch of Thoughts*, Bangalore: Sahitya Sindhu, 2018.

Goyal, D. R. , *Rashtriya Swayamsevak Sangh*, New Delhi: Radhakrishna Prakashan, 2000.

Graham, Bruce Desmond. , *Hindu Nationalism and Indian Politics: The Origins and Development of the Bharatiya Jana Sangh*, Cambridge: Cambridge University Press, 1990.

Hansen, Thomas Blom, and ChristopheJaffrelot, eds. , *The BJP and the Compulsions of Politics in India*, New Delhi: Oxford University Press, 1998.

Hansen, Thomas Blom, *The Saffron Wave: Democracy and Hindu Nationalism in Modern India*, Princeton: Princeton University Press, 1999.

Hewitt, Vernon, *Political Mobilisation and Democracy in India: States of Emergency*, Oxon: Routledge, 2008.

Hibbard, Scott W. , *Religious Politics and Secular States: Egypt, India, and the United States*, Baltimore: JHU Press, 2010.

Hutter, Swen, Hanspeter Kriesi and JasmineLorenzini, "Social Movements Interactions with Political Parties", in David A. Snow, Sarah A. Soule, Hanspeter Kriesi and Holly J. McCammon eds. , *The Wiley Blackwell Companion to Social Movements*, New Jersey: Wiley-Blackwell, 2018.

Islam, Shamsul., *Religious Dimensions of Indian Nationalism: A Study of RSS*, New Delhi: Media House, 2006.

Islam, Shamsul., *Know the RSS: Based on Rashtriya Swayamsevak Sangh Documents*, New Delhi: Pharos Media & Publishing, 2017.

Jaffrelot, Christophe, *The Hindu Nationalist Movement and Indian Politics: 1925 to 1990s*, New Delhi: Penguin Books, 1999.

Jaffrelot, Christophe. *India's Silent Revolution: The Rise of the Lower Castes in North India*, New Delhi: Permanent Black, 2003.

Jaffrelot, Christophe, ed., *The Sangh Parivar: A Reader*, New Delhi: Oxford University Press, 2005.

Jaffrelot, Christophe, "The BJP and the 2004 general election: dimensions, causes and implications of an unexpected defeat", in Katharine Adeney and Lawrence Saez, eds., *Coalition Politics and Hindu Nationalism*, London: Routledge, 2007.

Jaffrelot, Christophe, *Religion, Caste, and Politics in India*, New Delhi: Primus Books, 2010.

Jaffrelot, Christophe, "Refining the Moderation Thesis. Two Religious Parties and Indian Democracy: The Jana Sangh and the BJP between Hindutva Radicalism and Coalition Politics", *Democratization*, Vol. 20, No. 5, 2013.

Jaffrelot, Christophe, "The Fate of Secularism in India", in Milan Vaishnav, ed., *The BJP in Power: Indian Democracy and Religious Nationalism*, Carnegie Endowment for International Peace, 2019.

Jaffrelot, Christophe, ed., *Hindu Nationalism: A Reader*, Ranikhet: Permanent Black, 2019.

Jha, D. N., *The Myth of the Holy Cow*, New Delhi: Navayana Publishing, 2009.

Jha, Prashant, *How the BJP Wins: Inside India's Greatest Election Machine*, New Delhi: Juggernaut, 2019.

Joshi, Subhadra, ed., *RSS: A Danger to Democracy*, New Delhi: Sampradayikta Virodhi Committee, 1967.

Kanungo, Pralay, "Hindutva's Discourse on Development", in Gurpreet Mahajan, Surinder S. Jodhka, eds., *Religion, Community and Development: Changing*

Contours of Politics and Policy in India, London: Routledge, 2010.

Kanungo, Pralay, *RSS's Tryst with Politics: From Hedgwar to Sudarshan*, New Delhi: Manohar, 2017.

Katju, Manjari, *Hinduising Democracy: The Vishva Hindu Parishad in Contemporary India*, New Delhi: New Text, 2017.

Katju, Manjari, *Vishva Hindu Parishad and Indian Politics*, Hyderabad: Orient Longman, 2010.

Kaushal, Dharmendra, *R. S. S. RESOLVES: 1950 – 2007*, New Delhi: Suruchi Prakashan, 2007.

Kelkar, Sanjeev, *Lost Years of the RSS*, New Delhi: Sage Publications, 2011.

Klandermans, B., "Mobilization and Participation: Social-Psychological Expansions of Resource Mobilization Theory", *American Sociological Review*, Vol. 49, No. 5, 1984.

Kulkarni, Suchitra, *RSS-BJP Symbiosis: On the Cusp of Culture and Politics*, New Delhi: Prabhat Prakashan, 2017.

Kumar, Kedar Nath, *Political Parties in India, Their Ideology and Organisation*, New Delhi: Mittal Publications, 1990.

Kuruvachira, J., *Politicisation of Hindu Religion in Postmodern India*, Jaipur: Rawat Publications, 2008.

Mahendra, K. L., *Defeat the RSS Fascist Designs*, New Delhi: Communist Party Publication, 1977.

Malhotra, I., *Indira Gandhi: A Personal and Political Biography*, London: Hodder and Stoughton, 1989.

Malhotra, Vijay Kumar, and J. C. Jaitli, eds., *Evolution of BJP (Party Doucment Vol – 10)*, New Delhi: Bharatiya Janata Party, 2006.

Malik, Yogendra K., and V. B. Singh, *Hindu Nationalism in India: The Rise of Bharatiya Janata Party*, New Delhi: Vistaarr, 1994.

Malkani, K. R., *The RSS Story*, New Delhi: Impex India, 1980.

Malkani, K. R., *How Others Look at The R. S. S.*, New Delhi: Deendayal Research Institute, 1992.

McAdam, Doug, and SidneyTarrow, "Ballots and Barricades: On the Reciprocal Relationship between Elections and Social Movements", *Perspectives on*

Politics, Vol. 8, No. 2, 2010.

Mcadam, Doug, John D. Mccarthy and Mayer N. Zald, eds., *Comparative Perspectives on Social Movements: Political Opportunities, Mobilizing Structure, and Cultural Framings*, Cambridge: Cambridge University Press, 1996.

McAdam, Doug, "Recruitment to High-Risk Activism: The Case of Freedom Summer", *American Journal of Sociology*, Vol. 92, No. 1, 1986.

McGuire, John, andIan Copland, eds., *Hindu Nationalism and Governance*, New Delhi: Oxford University Press, 2009.

Modi, Narendra, *Jyotipunj*, New Delhi: Prabhat Prakashan, 2015.

Mookerjee, Syama Prasad, *Leaves from a Diary*, Calcutta: Oxford University Press, 1993.

Mukhopadhyay, Nilanjan, *The RSS: Icons of the Indian Right*, New Delhi: Tranquebar, 2019.

Nag, Kingshuk, *The NaMo Story: A Political Life*, New Delhi: Lotus Collection, 2013.

Nag, Kingshuk, *The Saffron Tide: The Rise of The BJP*, New Delhi: Rupa Publications, 2014.

Naqvi, Saba, *Shades of Saffron: From Vajpayee to Modi*, New Delhi: Westland Publications, 2018.

Narayanan, Dinesh, *The RSS: And the Making of the Deep Nation*, New Delhi: Penguin Viking, 2020.

Nikhilananda, Swami, *Vivekananda: A Biography*, New York: Ramakrishna-Vivekananda Center, 1953.

Noorani, A. G., *The RSS and The BJP: A Division of Labour*, New Delhi: LeftWord, 2000.

Noorani, A. G., *Article 370: A Constitutional History of Jammu and Kashmir*, New Delhi: Oxford University Press, 2011.

Noorani, A. G., *The RSS: A Menace to India*, New Delhi: LeftWord Books, 2019.

Palshikar, Suhas, et al., eds., *Electoral Politics in India: The Resurgence of the Bharatiya Janata Party*, New York: Routledge, 2017.

Pandey, Hemant Kumar, and Manish Raj Singh, *India's Major Military &

Rescue Operations, New Delhi: Horizon Books, 2017.

Pandya, Samta P., *Faith Movements and Social Transformation: Guru Charisma in Contemporary India*, Singapore: Springer, 2019.

Passy, Florence, "Socialization, Connection, and The Structure/Agency Gap: A Specification of the Impact of Networks on Participation in Social Movements", *Mobilization: An International Quarterly*, Vol. 6, No. 2, 2001.

Brass, Paul R., *The Production of Hindu-Muslim Violence in Contemporary India*, Seattle: University of Washington Press, 2005.

Puniyani, Ram, *Religion, Power and Violence: Expression of Politics in Contemporary Times*, New Delhi: Sage Publications, 2005.

Puri, Geeta, *Hindutva Politics in India: Genesis, Political Strategies and Growth of Bharatiya Janata Party*, New Delhi: UBS Publisher, 2005.

Rajagopal, Arvind, *Politics after Television: Hindu Nationalism and the Reshaping of the Public in India*, Cambridge: Cambridge University Press, 2001.

Sinha, Rakesh, *Understanding RSS*, New Delhi: HAR-ANAND PUBLICATION, 2018.

Ranade, Eknath, *Sadhana of Service: A manual on self unfoldment and Team work*, Chennai: Vivekananda Kendra, 2014.

Rashtriya Swayamsevak Sangh, *RSS: A Bird's Eye View*, Banglore: Prakashan Vibhag, 1978.

McVeigh, Rory, Daniel J. Myers and David Sikkink, "Corn, Klansmen, and Coolidge: Structure and Framing in Social Movements", *Social Forces*, Vol. 83, 2004.

Safran, William, ed., *The Secular and the Sacred: Nation, Religion and Politics*, London: FRANK CASS, 2003.

Sahai, Govind, *R. S. S. : Ideology, Technique, Propaganda*, Allahabad, 1948.

Sarkar, Tanika, "Problems of Social Power and the Discourses of the Hindu Right", in Raka Ray, Mary Fainsod Katzenstein, eds., *Social Movements in India: Poverty, Power, and Politics*, Lanham: Rowman& Littlefield Publishers, 2005.

Savarkar, V. D., *Hindutva: Who Is a Hindu?*, New Delhi: Hindi Sahitya Sadan, 2018.

Sen, Amartya, *The Argumentative Indian: Writings on Indian History, Culture and Identity*, London: Penguin Books, 2005.

Seshadri, H. V., ed., *RSS: A Vision in Action*, Bangalore: Jagarana Prakashana, 1988.

Seshadri, H. V., *The Way*, New Delhi: Suruchi Prakashan, 1991.

Seshadri, H. V., *Dr. Hedgewar The Epoch-Maker*, Bangalore: Sahitya Sindhu Prakashan, 2015.

Sethi, Rajat, and Shubhrastha, *The Last Battle of Saraighat: The Story of the BJP's Rise in the North-East*, New Delhi: Penguin Viking, 2017.

Shah, Ghanshyam, ed., *Caste and Democratic Politics in India*, London: Anthem Press, 2004.

Sharda, Ratan, *RSS 360: Demystifying Rashtriya Swayamsevak Sangh*, New Delhi: Bloomsbury India, 2018.

Sharma, Jyotirmaya, *Hindutva: Exploring the Idea of Hindu Nationalism*, New Delhi: Penguin Books, 2011.

Sharma, Jyotirmaya, *M. S. Golwakar, the RSS and India*, New Delhi: Context, 2019.

Singh, Manoj, *Ram Mandir*, New Delhi: Lakshay Books, 2018.

Smith, Donald Eugene, *India as a Secular State*, Princeton: Princeton University Press, 1967.

Snow, David A., and Robert D. Benford, "Ideology, Frame Resonance, and Participant Mobilization", in Bert Klandermans, Hanspeter Kriesi, and Sidney G. Tarrow, eds., *From structure to action: comparing social movement research across cultures*, Greenwich: JAI Press, 1988.

Snow, David A., "Framing Processes, Ideology, and Discursive Fields", in David A. Snow, Ssarah A. Soule and Hanspeter Kriesi, eds., *The Blackwell Companion to Social Movements*, MA: Blackwell Pub, 2004.

Sridharan, E., "Coalition Strategies and the BJP's Expansion, 1989–2004", *Commonwealth and Comparative Politics*, Vol. 43, No. 2, 2005.

Swidler, A., "Culture in Action: Symbols and Strategies", *American Sociological Review*, Vol. 51, No. 2, 1986.

Thachil, Tariq, *Elite Parties, Poor Voters: How Social Services Win Votes in*

India, Cambridge: Cambridge University Press, 2014.

Tharoor, Sashi, *Why I Am a Hindu*, New Delhi: Scribe Publications, 2018.

Trivedi, Preeti, *Architect of A Philosophy*, Uttar Pradesh: Bhartiya Sahitya, 2017.

Udayakumar, S. P. , *Presenting the Past: Anxious History and Ancient Future in Hindutva India*, Westport: Greenwood, 2005.

Upadhyaya, Deendayal, *Integral Humanism: An Analysis of Some Basic Elements*, New Delhi: Prabhat Prakashan, 2016.

Vajpayee, Atal Behari, "The Bane of Secularism", in S. S. Bhandari, ed. , *Jana Sangh Souvenir*, Delhi: BJP, 1969.

Veer, Peter van der, *Religious Nationalism: Hindus and Muslims in India*, New Delhi: Oxford University Press, 1996.

Vivekananda, Swami, *The Complete Works of Swami Vivekananda*, Vol. 3, Calcutta: Advaita Ashrama, 1997.

Weber, Max, *Economy and Society: An Outline of Interpretive Sociology*, Berkeley: University of California Press, 1978.

Zirakzadeh, Cyrus Ernesto, *Social Movements in Politics: A Comparative Study*, New York: Palgrave Macmillan, 2006.

后　　记

　　本书是在我的博士学位论文基础上修改完成的。本书从选题构思到资料收集，从集中写作到打磨润色，经历了一个十分漫长且艰辛的孵化过程。令人欣慰的是，最终论文被答辩委员会评定为优秀，并获评上海外国语大学优秀博士学位论文。完成论文答辩意味着四年博士学习阶段的收尾，而首部学术专著的出版则标志着个人学术生涯的新篇。

　　人生是一场长跑，从乡镇到县城，从省会到上海，读书的经历也代表了我人生的轨迹，随着知识半径的扩大，也越感知识边界的无涯。我从教育学转入政治学，有种"误入藕花深处"的意味，幸入中国国际关系学界知名学者杨洁勉教授门下求学。常言"师傅领进门，修行在个人"，我从"门外汉"到渐入门道，经历了比较漫长的摸索和试误的过程，最终选择区域国别研究的学术路径，将印度政治与外交确定为主攻方向。读博期间，先生的两点忠告铭记于心：一是学术研究要避免"逐热点而行"，既要有全局意识，又要有战略定力；二是区域国别研究不能"偏安于一隅"，需具备开阔的视野，胸怀服务国家外交事业的使命担当。先生年逾古稀，依然笔耕不辍，以德立学，以德施教，对晚辈的教育感化是深刻而持久的。

　　读书与研究不仅是对思维方式的打磨，更是对心性的历练。博士学位论文是一项"系统工程"，撰写过程犹如在黑夜中前行，每遇瓶颈便心生怀疑，难免陷入困顿与彷徨。唯有抬头看路，然后继续埋头，坚持阅读文献，坚持写作不停，终有"柳暗花明"的一瞬，而走过的弯路早已沉淀为来路的基石。核心期刊发表的经历告诉自己，做研究是厚积薄发的过程，急不得；好文章是反复修改的结果，亦快不得。通过读博也更加深切地体会了一个简单的道理，一件事情只要坚持做下去，总会有结果，从量变到质变是一个铁律。以学术为业，就是选择了一种自律、思辨与现实关怀的生活方式。诚然，学术的道路注定是孤独的，然而，在当今社会，读书、写作与研究何尝不是一件幸事。

在此要特别感谢胡礼忠教授、杜幼康研究员、赵干城研究员、武心波教授、晋继勇教授、仇华飞教授、张海冰研究员、钱皓教授、陈金英教授在博士学位论文开题、预答辩和正式答辩环节提供的宝贵意见。同时，感谢陈金英教授在论文选题和期刊发表提供的指导建议，感谢吴永年教授、尚劝余教授、刘宗义研究员、留学生同学笑笑为赴印访学提供联系帮助，感谢尼赫鲁大学国际关系学院谢刚教授、印度国防分析研究所辛柏山博士、印度中国研究所梁珏、华东师范大学段彬博士在印期间提供学习和生活上的指导帮助，感谢刘佳程博士在日常交流讨论中带来的启发和帮助，感谢匿名评审专家的建设性修改意见，感谢中国社会科学出版社编辑赵丽在本书出版过程中的辛勤付出。

此外，我要特别感谢我的爱人马璐和父母的理解支持，他们承担了更多的照顾孩子等家庭责任，让我有精力投入学习，尤其是在我面临重要决定的时刻始终选择支持。当然，曾给予我帮助的师友亲人众多，难免挂一漏万，在此一并感谢。如果说我能看得更远，是因为我站在了别人的肩膀上。

回首向来萧瑟处，也无风雨也无晴。博士毕业之后，我和家人选择了在新的城市开启新的生活。都说"此心安处是吾乡"，或许人生就是如此，当你走过一个十年，却发现路才刚刚开始。

本书是我学术训练积累所孕育的果实，也是个人学术生涯的里程碑。当然，由于研究能力、时间以及资料的限制，本书仍有许多不完善之处，还望学界各位同人多批评指正。

2022年4月于成都光华村